中国社会科学院创新工程学术出版资助项目

Finding Leisure in China

Conversation across the Pacific

寻找中国的休闲

——跨越太平洋的对话

宋 瑞　〔美〕杰弗瑞·戈德比（Geoffrey Godbey）　著

社会科学文献出版社

SOCIAL SCIENCES ACADEMIC PRESS (CHINA)

目 录

◇ **第三章　休闲的含义**

◇ **第四章　休闲的演进**

◇ 第五章　休闲与日常生活

◇ 第六章　休闲与城市

◇ 第七章　休闲与自由选择

◇ 第八章　休闲与承载力

◇ 第九章　休闲与街道

◇ 第十章　休闲与环境

◇ 第十一章　休闲与未来

序一　寻找大洋两岸休闲
价值的共同所在

宋瑞和戈德比教授合作的这本书，以"交谈"的方式"寻找中国的休闲"，令人充满好奇，也充满期待。两个不同文化背景的人，以何种方式"交谈"，"谈了什么问题"，"谈论中是否有交锋、有冲突"，"交谈的结局如何"……书稿尚未打开，我的脑海里便冒出了这些问题。戈德比教授发来邮件邀我作序，我欣然应允。

戈德比教授是我的老朋友，1998年我作为第一位受邀的中国学者访问了他。在他的助力下，我于当年组织翻译的中国第一套"西方休闲研究译丛"五本书得以顺利出版。其中有他的两本专著以及与他人合作的一本。这套"译丛"很快在中国售罄，并连续再版。随后戈德比教授便成为刚刚兴起的中国休闲研究领域的知名学者，并与中国休闲学界结下了不解之缘。十六年来，他成为中国学者们的良师益友，成为中美文化交流的护花使者。

戈德比教授在美国休闲研究领域是受人尊敬的资深教授，《21世纪的休闲与休闲产业》、与托马斯·古德尔合作的《人类文化思想史中的休闲》、与约翰·P.罗宾逊合作的《时间分配的社会学调查与方法》都是他的代表著，对国内外学界影响很大。他善于科学分析当今世界的各种变化，并始终把休闲问题置于人类未来发展的背景下加以观察与瞭望。这已经成了他的学术特色，并独树一帜于美国休闲研究学界。我始终记得 16 年前接受他邀请时，他在电子邮件中给我提出了若干问题，希望与我讨论，诸如：中国老龄化、城市垃圾处理、留守儿童、移民问题、互联网时代的劳动用工问题等等。当时，我很是不解——这些问题与休闲有什么关系呢？他对中国问题的高瞻远瞩，那个时候，我还不能完全理解。由此可见他学术研究的独到之处，以及对中国问题的深远思虑。这么多年以来，他倾心于研究中国发展进程中的休闲问题，倾心于对中国休闲研究的扶助及人才的培养。他的良苦用心在这本书中处处可见。

我与宋瑞也相识十余年，亦是朋友。她多年来从事旅游与休闲的交叉研究，近些年一直主编"休闲绿皮书"系列，在业界、学界产生了积极的影响。三年前赴美国访学，并师从戈德比教授。这本《寻找中国的休闲：跨越太平洋的交谈》可以看作是她此次访问的重要收获。我想，这首先得益于宋瑞的勤奋与刻苦，其次是她良好的英语优势为这次合作奠定了重要基础。

本书虽为二人合作，却是在同一主题下各抒己见，在体例上似乎有些"另类"。因为是"交谈"，所以尽显灵活、轻松，显得形散而神聚；因为要"寻找中国的休闲"，所以二人纵横捭阖，不乏真知灼见。

书中，他们共同关注了休闲与日常生活、休闲与城市、休闲与自由选择、休闲与承载力、休闲与街道、休闲与环境、休闲与未来等话题。这种内容设计很符合戈德比教授一贯的学术追求和学术风格——在务实中延展战略思想，而战略思想却又实实在在地扎根于现实与生活之中。在过去 16 年中，戈德比教授数十次来访中国，多个城市与乡村都留下了他的足迹，更留下了他对中国人休闲生活方式、休闲与可持续发展、休闲与人文关怀的深切思考。

在北京、上海、杭州这样的大城市，他眼见一座座大楼拔地而起，忧虑城市居民的游憩空间严重不足。因此，他以美国为例，提出"核心性休闲活动"的建设，甚至提出可以提供"可移动"休闲服务，比如邀请艺术家到社区表演等形式，不仅丰富市民生活，减少社会冲突，还可以提升政府公共服务的社会形象。他对中国城市居民的休闲生活很感兴趣。一次在北京，我带他到附近的公园，看见很多人在跳交际舞，我们驻足观看，他也受舞者之邀，与人共舞。他感受到了北京人的热情、奔放。然后，他对我说，北京作为特大城市，休闲场所不足是可想而知的，但是，民众因地制宜创造了各种休闲形式，并愉悦了自己的生活，这是很好的休闲方式，以"非正式的市民团体协助解决了休闲制约问题"，"就休闲、娱乐、公园、文化生活、运动和相关领域而言，中国必须创造出自己的变革模式。这种变革模式会让中国变得更美丽，因为它扩展了闲暇时间人类得到成长和愉快的机会"。（见《休闲与日常生活》一章）

再比如，关于休闲与城市的关系问题，他对中国"休闲城市"的评定另有看法。他认为，"目前中国难有真正的休闲城市，这个概念在中国很难付诸实施"（见"休闲与城市"一章）。他的坦诚是一贯的，他从不附庸某些时髦或功利的噱头。作为学者，他喜欢调查、观察、体验、获得第一手资料，然后建言献策。这些细微之处，足见他的人品与学品。

记得有一次我陪他去河南的路上，火车途经河北一带时，他指着窗外散落的农舍问我，这一带农户家的厕所怎么解决？我如实地告诉了他。他说，中国人口众多、地域广大，区域发展不平衡问题依然突出，休闲问题不是学者笔下所谈那么轻松、那么单纯。我们可以从本书多个篇章中看到，对事物的细心观察带给他的或欣慰或忧虑的情绪。中国犹如他的第二故乡，让他充满责任感和使命感。

在"休闲与街道"一章中，他说，汽车，不仅是一个交通问题，更像一个哲学问题；汽车正在终结中国作为一个高度集体化的社会的历史。同样，汽车造成的大气污染是一个世界性难题，在中国，情况更为严峻。不仅如此，街道作为社区和人民生活的有机组成部分，却因交通对街道的扩张，给行人带来安全隐患，让孩子们没有了玩耍的空间……

他在书中还直言不讳地讨论了中国的环境问题。他说得很干脆——

"中国的污染问题不能得到解决，其他事情都免谈！""中国环境污染程度之深令人难以置信"。他查阅和引证了中国权威部门的大量文献和数据，比中国学者搜集到的还多。可见他是花了大功夫的。16 年前，当他与我谈到城市垃圾问题时，他手头就有一份"垃圾包围中国城市"的资料。那份忧心，犹如对待自己的家。正如宋瑞所言：戈德比教授擅长从广阔的视角和人类长期社会发展进程出发去研究休闲、展望未来，他运用想象力带领我们去拥抱一个更加美好的未来。

宋瑞在与戈德比教授对谈这些话题时，也表现出了"对话"的独立性和灵活性，其特点正如宋瑞自己所言："既有理论探讨，也有实践措施；既有宏观发展背景，也有个体微观体验；既有理性思考，也有强烈感情；既具有数据，也有感触。"（见第一章"发现休闲"）在某些观点上他们有共识，但似乎也有"冲突"。也正是因为如此，让我们看到了一个"和而不同"、"各美其美"的多元"对谈"场景。在休闲理念、休闲赋权、休闲与日常生活、休闲与城市、休闲与自由选择、休闲与承载力、休闲与街道、休闲与环境、休闲与未来等问题的对谈中，宋瑞都提出了自己的见解。这对戈德比教授以及众多的西方读者深入了解中国文化、文化传统、中国当代社会都有重要帮助。戈德比教授说："她在宾夕法尼亚州立大学做访问学者时，我们有了更进一步的了解。显然，她能够引导我理解中国的休闲。"（见第一章"发现休闲"）宋瑞在一年的访学时间里查阅了大量的文献资料，也听了许多课程，这使她眼界大开。在这本书里，她把相关文献、资料、数据有机地穿插在文中，每个细心的读者都会从中获益。书的后面还附录了"世界怎样看待中国：皮尤全球态度调查"和"休闲服务组织所扮演的角色"两个文本。这些对于中国研究者和相关决策部门都会有很重要的参考价值。

中国人的休闲在哪里？戈德比教授说：每一种文化都发明着休闲，每一个时代也都如此。每个国家都有每个国家的休闲生活方式，这并不是文化的优劣，而是他们有各自的传统。作者希望让中国人明白——你们应该相信自己，展望你们的未来，找到改善生活的现实道路。这并不意味着摒弃所有的外来事物，只是想提醒一下，好点子来自全世界，当然包括中国自己。宋瑞说：预测总是有风险的，没人能准确知道未来将发生什么，但是我们仍然可以憧憬一个更加美好的未来——在那里，人们更加自由、有效、平等地享受休闲。

　　作为两位作者共同的朋友，我对他们的作品有幸先睹，并从中受益。感念戈德比教授在古稀之年，依据他几十年的教学智慧、咨询经验和多种文化阅历为当代中国发展出谋划策。我想，无论是学界、业界乃至各级决策者都应当倾听他的声音，分享他的思想。宋瑞作为年轻才俊正在步入事业的盛年，所思、所想、所作、所为，说小一点是为中国人休闲生活方式寻找最佳路径而尽学者之责；说大一点如果能在休闲理论上有所突破，那么对正在转型的中国——无论是社会生态、政治生态、律法生态、人文生态还是文化生态的发展将会产生重要而现实的影响。

　　毕竟，中美两国，不论是历史，还是现实，在很多方面没有可比性，当然很多方面也不用比。但是，休闲发展终究是有"准星"的，这个"准星"应当是——休闲：文化的基础（皮普尔）。休闲，是人类文化中最古老的理念；休闲能成全一个民族的文化与文明，亦能拖累甚至毁坏一个人、一个家庭、一个民族。谈论休闲是一个极其重要的话题，无论在历史上、当代还是将来。"寻找中国的休闲"仍然任重而道远，希冀二位矢志不渝，在中美文化交流的互动中，找到大洋两岸休闲价值的共同所在。

中国休闲研究中心主任

马惠娣

2014 年 11 月 25 日

序二　休闲：人的天性，人的共性

宋瑞博士和杰弗瑞·戈德比教授的新著《寻找中国的休闲：跨越太平洋的对话》即将付梓，宋瑞瞩我写一些话，于是我在出差途中，借助高铁安静的环境，读完了这本书，感慨良多，写下来，不敢称序，只能算作读后感。

这是一本很好看也很好玩的书。两位作者，一老一小，一西一中，通过对话的方式，探讨休闲理论，尤其是中国和西方休闲意识和休闲行为的不同，借助经济学、社会学、文化学、心理学等学科的分析工具，又通过调查统计等实证研究的分析结果，古今中外天南海北了一番，如同抽丝剥茧，层层深入，说了十一个题目，引人入胜。

戈德比先生我见过几次，第一次是在北京，当时马惠娣老师组织了一套"西方休闲研究译丛"，共计五本，把五个作者请到中国，开了一个会。这是我第一次系统接触休闲理论，颇有收获。在会上我提了一个问题：这套书，从人类思想史上的休闲，说到21世纪的休闲，甚至说到妇女休闲和残疾人的休闲，为什么没有提及休闲经济或者休闲产业？戈德比先生的回答是，"我们已经超越了那个阶段"。我当时感慨，这就是阶段性差距，不在于技术环节，根本在于理念。之后，又几次见到老先生，风度翩翩，知识渊博，见解深刻，尤其是他对中国的感情，显然是从文化品位出发的，具有超越性。我与宋瑞也接触多年，她勤奋治学，俨然成为学霸，也隐隐有大家气度。这自然也和文化追求直接相关。

时至今日，悠悠 15 年时间过去了。在此期间，我参与了大量的中国休闲发展的实际工作，深切感到，这种阶段性的差距并没有缩小。在学术界，理念基本接轨，至少能与老外对话了。在具体项目上，差距仍然较大，用传统观光旅游方式做休闲项目的现象很普遍。在政府部门，差距更大，多数官员人云亦云，不知休闲为何物，也不知道为什么要做。从顶层到基层，在官本位的传统和现行体制下，以战争年代和革命时期的方式对应和平年代和建设时期，也确实很难理解休闲。这本书视野开阔，条分缕析，比较透彻地说清了这些问题。

仔细想来，中国的休闲似乎也没有那么复杂。休闲是人的天性，也是人的共性，不分中外，无论古今。只不过在不同的时代和不同的意识形态之下，说法不同。

第一，关于好吃懒做。骂一个人好吃懒做，是很严重的批评。其实，好吃懒做是人的天性，没有人天生就勤快，只是因为有了社会评价，刻苦耐劳才变成了社会的主流价值观。但是从社会生活来看，好吃懒做恰恰是进步的动力。因为好吃懒做，大家才绞尽脑汁研究如何吃得好，如何少干活，推动了社会的进步。"好吃"是农业社会的主要追求，自古民以食为天，先是吃饱，再是吃好，所以孔老夫子两千年前就提出"食不厌精、脍不厌细"，至今仍然是吃货们的指导思想。但是在技术条件局限之下，好吃之徒不能不勤快，扩大食材范围，丰富烹饪做法，所以勤快就演变成为一种道德。懒做是工业化时代的主要追求，三次工业革命，从根本上解放了人类。机械革命延长了人类的四肢，动力革命增长了人类的力量，交通革命扩大了人类的出行范围，电子革命改变了人类的大脑，信息革命扩大了人类的视野。即使在中国，短短 30年之内，重体力劳动基本淘汰，社会生产力以几何级数增长。方便食品大行其道，傻瓜系列层出不穷，好吃加上懒做，成为真正的可能。创造正在形成真正的社会主流。那么，人类解放出来的体力和时间如何打发呢？这就形成了后工业化社会的主要追求，好玩玩好。休闲生活开始大行其道，精神生活的花样越来越多，多元化多样化成为常态，移动终端成为须臾不可离手的重要工具。美人香草是屈子的譬喻和寄托，其实就是对人生美好的追求，无论是好吃懒做还是好玩玩好，几千年一以贯之，老百姓的生活是实实在在的，不必戴什么大帽子。生活方式变了，生活态度变了，思维方式自然也要改变。

第二，关于休闲文化。从本质上来说，休闲是一种文化现象，虽然有各种活动作为载体，以各种物质条件作为支撑，但是人在这个过程中追求的是个性张扬和自我实现，所以其本质就是一种文化。一个人的休闲是个别活动，但对于整个国家整个世界来说，就是一种普遍性的社会现象。由于休闲是个性化选择，毫无疑问，在这个过程中就会有一系列鱼目混珠的行为，对此我们不必大惊小怪。我们不能把休闲这样一个文化现象挂在天上，必须把它落到地上，变成老百姓的日常生活。休闲需要文化的支撑。无论世界各国，还是国内现在培育起来的休闲企业，凡是做得好的都有强烈的文化支撑，都会形成自己的文化，都注入了一系列的文化内容。正因为这样的注入，休闲作为一种文化追求才得以实现。

伴随着经济的全球化和文化的全球化，休闲的全球化也是其中应有之义。现在有很多人很担心，在这个过程中强势文化压倒弱势文化。这个规律是不可扭转的，现在欧美的文化、西方文化还是强势文化，尤其是在休闲文化方面，已经形成了主导性潮流，这种主导性的潮流迅速向发展中国家扩充，中国接受这些也是很自然的。这样就形成了新的问题——西方休闲文化的侵入。按理来说不应该用侵入这个词，因为这个词有一定的贬义，有一定的是非评价或者道德评价，可是不用这个词不足以描绘现在这种现象。可以说，国际休闲文化大规模进入中国，而且迅速形成主流文化。但是我相信，下一步肯定会有一个转变，主流文化进入以后要和我们的传统文化结合，形成交融状态。有些事情我们用不着呼吁，但是要用我们的根来对应外来的东西，在对应过程之中嫁接、变种，达到融合。对于休闲文化的侵入大可不必大惊小怪，把它看作是文化侵略。持有这样的心态，说到底还是弱势民族的弱势心理。中华民族的传统休闲文化，如果真正做到位了，就无惧外来文化。之所以现在担忧这些问题，说明我们传统文化虽然有其根基，但是对应现代社会的现代休闲需求，还需要进行根本性的改造。如果这个改造完不成，传统智慧只会局限于书本上，而不会真正渗透到我们的现实生活中。

第三，休闲的特色应当细分。一个国家的休闲特色的形成，涉及多种要素，包括历史、阶层、地域、民族、空间等等。任何国家都是如此，对于中国这样一个国家来说，更不宜笼统而言。从文化的角度来解读，对我们的传统休闲文化需要反思，传统的休闲文化大致可分为三大类。第一类是贵族式的休闲，主要体现在宫廷。如唐代就有马球，而且是宫廷贵妇热衷的休闲方式。这方面也留下了很多优美的诗文，但那是少数人的，贵族化的。这种贵族化的休闲文化传统现在已经完全断代了。欧洲虽然也经历了大革命，经历了工业化，一直到现代化，但是贵族化的文化传统一直得到传承，而且成为西方休闲文化的高端，而我们在这方面已经断代了。第二类是士大夫的休闲文化，琴棋书画，这种休闲文化历史上还有所遗存，但是新中国成立以来所经历的各种运动，尤其是破四旧，也使得这一块也基本断代了，只是在一些老人身上还有遗存，新一代人基本没有了。这才是真正的危机。因为士大夫的休闲文化代表了社会的生活追求，代表了一种优雅，代表了一种品味。希望发展到一定时代，会有一个"文化复兴运动"，大家重新来体味传统休闲文化。第三类是市井的休闲文化，打牌、喝酒、斗蟋蟀、听评书，这一套东西是老百姓的文化。这些文化具有强大的生命力，因为这是本土生出来的东西，一直到现在还在延续，只不过表现形式有所变化。所以如果对传统的中国休闲文化进行反思，不能只看书本上的论述，要从社会生活来看。目前一系列新型的休闲文化正在中国形成，比如最普遍的广场舞。这样的休闲文化看起来不土不洋，不伦不类，甚至可以说是不三不四，但是恰恰孕育了将来的发展，也正是这样一个新型的休闲文化从本质上把休闲与文化结合起来了。现在，中国人休闲的最大问题是休闲空间严重不足，尤其书中谈到的核心性休闲，空间成为短缺资源，甚至引发社会矛盾。如果下一步城镇化发展再挤压市民的休闲空间，恐怕只能靠移动式休闲了。

第四，中国的根本特点。中国的根本特点，一是人口多，二是国土面积大，尤其是两者叠加，常常令人瞠目结舌。因此，其他国家的一些经验，往往在中国很难适应。作为个体的选择，休闲的多样性是必然的，但是这里边要考虑一个问题，中国人的多样性往往体现为集群性的多样性。比如一个领域可以区分出一百种多样性来，但是对应几亿人的市场，每一个个性化都有一群个性化，绝对的个性化在我们这里极少，甚至是不成立的，可是这种集群性的个性化是我们市场上的一个根本特点。对应集群性的个性化，同样也可以达到规范化、标准化和规模化。这么大的国家，这么多人的普遍性需求，首先要研究普遍性，形成产业化、集群化，同时要研究规模化、标准化和个性化之间的关系。标准是底线，个性是高线，创造是无限的。

第五，是要形成休闲文化的自觉。要把外来的休闲文化和中国的休闲文化结合在一起，培育出新型的休闲文化。以我们这么多人的聪明才智和创新精神，将来培育出的中国的休闲文化在世界上也会独树一帜。这样才会促进整个休闲产业的发展，通过休闲活动的普遍化，达到一个普遍休闲的社会，使中国人真正享受好的生活。

希望这本书能够成为一个新的起点，给读者更多启迪。

世界旅游城市联合会专家委员会主任、
全国休闲标准化技术委员会副主任
魏小安
2014 年秋

第一章 发现休闲

生命里不只有工作和家庭
揭示、拥抱和享受休闲

生命里不只有工作和家庭

杰弗瑞·戈德比

那时，我正与一位中国商人和几位教授坐在野餐桌前吃午饭。一位老妇人走到距离我们不远的水井边，开始摇动辘轳，将一个硕大的水桶从井底拉拽上来。我注视了她片刻，又继续用餐。当我再次回眸时，只见她的双脚消失在井里。顷刻之间，村民们都蹦了起来，奔向井边。大家叫喊着，转动辘轳，不过那位老妇人又出现了——一副受了惊吓又故作镇静的样子。在村民们的帮助下离开井口后，她颇有些悻悻然地走开了。在这起事件中，更让她担忧的，恐怕不是受伤，而是丢了面子。中国就如同这位老妇人一样——依靠自己的人民，从井底往上拉——虽然还在井道中间，但已然能够看到井口四周的光亮了。

中国与休闲

据中国海军司令员吴胜利所言，在近现代历史上，中国遭受了来自西方和日本侵略者超过 470 多次的入侵（Rubin，2013）。中国在第二次世界大战中作为西方大国同盟国的地位，在很大程度上并不为世人所知。抗日战争中，有 1400 万人丧生（Mitter，2013）。上海的基础设施被毁了多一半，南京被毁的更是高达 80%。中国与盟军、英国、美国和苏联并肩作战，英美各损失 40 万人，中国和苏联的损失最大。

中国也经历过"大跃进"，私营企业被收为国有，农民变成产业劳动者。数以百万的人丧生。文化大革命导致大学关门，千千万万的知识分子和领导干部被下放到农村，教育陷入停滞。然而中国还是崛起了，独生子女政策避免了人口的失控，邓小平领导的改革开放将中国带入更加宽广的世界。经济基础得以扩大，基础设施建设速度惊人，制造业生产效率越来越高，城市化程度快速提升……所有这些都创造了经济和文化的奇迹。大学院校如雨后春笋般发展起来。中产阶层数量不断增加，2000 年人均收入达到 760 美元，城市典型三口之家如今每年收入差不多能达到 1 万美元。考虑到避税等因素，这个数字还可能被低估了。中国改革基金会的王晓璐教授估计，人们的实际平均收入可能要比政府的统计数据高 90%（Xiaolu，2013）。

伴随着这些变化，中国人爱上了一个在很大程度上是舶来品的概念——休闲。我遇到的几乎每位中国市长都告诉我，他的城市是一个休闲城市。大学成立了休闲研究中心，"休闲"一词被用来销售各式各样的产品和服务。人们通常把休闲和美国联系在一起。美国人打发时间的很多方式，从星巴克到嘻哈文化（Hip Hop），都开始在中国流行起来。当然中国人也有自己的休闲——麻将、购物、乒乓球、羽毛球、卡拉OK、逛公园、泡茶馆、观光。舞厅也很流行。电视和手机的使用已经极为普及。当然，还有饮食。甚至可以说，中国的休闲开始于饮食。中国饮食文化如此之复杂，甚至于生活在美国的华人抱怨最多的就是没法找到最好的菜、饺子、米饭。其他抱怨就是——他们很孤独。在中国，休闲往往都是集体性的。

尽管除了特殊场合（如婚宴或者传统节日）外，农村人的生活依然几乎只有劳作，但是在城市里，如今很多人都是一周工作五天，并享有两个"黄金周"和三个小长假。这对于中国的发展而言，具有深远意义。没有活跃的休闲文化，社会很难进步。

汉字里"休闲"中的"休"是人依木而歇之意。对于辛勤劳动的人而言，休息当然是非常重要的。然而休闲的功用不仅在于休息、放松，还可以发展为追求愉悦、更好地了解世界和自己。当有了自由时间之后，人们就会追问这样的问题——"什么是值得做的"。伴随着中国的现代化，"什么是值得做的"这个问题不能仅仅依靠文化舆论来回答，也越来越需要依靠个体体验来回答。中国人已经开始回答这个问题了，当然，还仅仅是开始而已。

本书的设想

本书肇始于一位长期对了解中国人深感兴趣的美国人，来自他对中国人的生活以及中国人能怎样获得更多休闲所做的浅显思考。在一定程度上，本书是概念性的，而不是指导性的，不是要教中国人如何美国化。相反，作者衷心希望中国人能明白——你们应该相信自己，展望你们的未来，找到改善生活的现实道路。这并不意味着要摒弃所有外来事物，只是想提醒一下，好的想法来自全世界，当然包括中国。

针对我在每个章节中所写的内容，中国休闲和旅游领域的一位青年学者——宋瑞博士将一一做出回应和拓展。虽然我们认识已有十余年，但我也只是这几年才开始慢慢意识到，在中国休闲研究领域，她是位一流专家。本书的每一章，皆先由我引出中国休闲发展的相关话题，而后由宋瑞博士加以批判、延伸并提供相关背景。因此，本书呈现给读者的，首先是一位美国学者对过去20多年里中国的发展所做的观察、思考，他的看法以及个人经历；之后由担任中国"旅游绿皮书"系列和中国"休闲绿皮书"系列主编的一位见多识广的中国学者做出回应。

如何让中国人更好地享受休闲

从历史长河来看，其他国家国民的日常生活已经发生了改变，而目前的中国也正处在这样的节点上。法国知识分子在第二次世界大战后发出了"重整日常生活（rehabilitation of everyday life）"的倡议，其核心内容基于一个概念——"日常化能否在平常中揭示超常"（Lefebvre，转引自 Hunnicutt，2006）。中国已经为这种重整做好了准备。在这里，提几个操作层面的问题。例如，为什么不要求所有房地产开发商都建造屋顶花园？这并不会花太多钱，相反还会省钱。为什么餐馆里会有那么多食物浪费？为什么城市里只有街道而没有给人留下足够空间？中国正在跨越历史，而且是再次跨越，究竟能否成功呢？当然能！现在是时候改善人们的日常生活了，我说的不只是物质层面。举个例子，很多住在公寓楼里的人都互不相识，因此应该加强社会的组织化（social fabric），应该鼓励发展各类市民组织和志愿者机构。

目前中国已经有一小部分人富裕起来了。正如在其他国家所发生的那样，这些人首先会用其财富炫耀，也就是所谓的"有闲阶级"。牵着白色小狗、喝星巴克、泡吧、打高尔夫球等等各种方式，是他们发现和体验财富所具有的功能的第一阶段。而美国的这个阶层，已经成为资助博物馆、剧院、大学，促进各式休闲以及培养青年品格等社会活动的重要力量。在中国，这种现象将会更大规模地出现——向多得者要更多，甚至很多。

我一次次地见识了中国人的勇气，这种勇气常常令我惊叹。举个例子来说，一次我去爬长城，当时非常疲惫，还在倒时差，自我感觉很不好。于是我就坐在台阶上休息，朋友们继续朝前走。突然间，一个中国男子走上台阶，对坐在台阶上的我笑了笑，做了一个加油的姿势，然后继续往上爬。令我震惊的是，他是一个双侧截肢者，完全没有双脚，双手套着厚厚的手套走路。我目睹了他的勇气，深感自愧不如。他的形象永远地留在了我的心底。

最后，还得有些批评吧？为什么学校的文化、体育设施通常会在周末和节假日关闭，这时候完全可以用来供人休闲啊？为什么不能更多地循环使用？在温哥华，居住着30%的华裔加拿大人，几乎所有家庭垃圾都可以循环再利用，从铝制品到残羹剩饭。为什么在中国就不行？在公共场所，哪里有坐的地方？从休闲角度来看，作为中国人民的老朋友，我的建议是，不要总是把美国当作休闲的范本。看看中国周围那些富裕的国家和地区吧。新加坡乃至日本，中国的台湾和香港，在发展休闲方面都是更好的范本。

本书写作中，我有幸得到了宋瑞博士的帮助。她是中国休闲和旅游研究领域中一流的青年学者。她在宾夕法尼亚州立大学做访问学者时，我们有了更进一步的了解。显然，她能够引导我理解中国的休闲。作为中国"旅游绿皮书"系列和中国"休闲绿皮书"系列的主编，她有能力就美国学者对中国休闲发展的看法做出回应和判断。

中国人喜欢将登高作为一种休闲活动，不管是大山、佛教寺庙还是历史景点。当中国人拾级而上的时候，休闲应该成为越来越多人日常生活的一部分。

揭示、拥抱和享受休闲

宋　瑞

2014 年初的一天，我收到戈德比教授关于此书的第一段文字，随即一口气读完。那些文字中所体现的与众不同的独特视角、娓娓道来的语言风格以及背后蕴含的深厚情感深深吸引并打动了我。因此，当我们决定合作完成这样一本既有意思又有意义的著作并出版中英文版本时，我备感欣喜与荣幸。

休闲在中国的兴起

英国学者罗伯茨（Roberts，1999）指出，休闲是居民生活水平和经济发达程度的标志。人类发展至今，"休闲已成为人们日常生活的重要组成部分，也是生活质量的标志……人们的财富——物质的、精神的、社会的，都越来越取决于其所拥有的休闲"。正如戈德比教授所提到的，20 世纪，中国经历了一段艰难的历史时期，而改革开放则从各个方面解放了生产力，促进了经济和社会的发展。20 世纪 80 年代中后期，休闲一词开始出现，首先是作为日常用语和商业宣传语，例如休闲鞋、休闲服、休闲饰品等等，20 世纪 90 年代中期逐渐成为一个学术术语。休闲在政府文件，尤其是中央政府报告中出现得相对较晚，只是近几年的事。在休闲不断普及的过程中，人们最经常引用的是 1999 年末分别刊发在美国《未来学家》和英国《经济学人》上的两篇文章。前者指出，未来 10～15 年，部分发达国家将进入"休闲时代"，发展中国家紧随其后；专门提供休闲服务的产业在 2015 年将会主导劳动力市场，休闲相关产业在美国 GDP 中将占据半壁江山。后者则预言，人类在 2015 年将迈过信息时代踏入休闲时代。在中国，那些对休闲感兴趣并热心发展休闲的人，被这些论断所启发和鼓舞着，到处引用，几乎没有人去质疑其可靠性以及在中国的适用性。

20 世纪 90 年代后期，多种因素促使休闲成为一个越来越重要的社会经济现象，包括但不限于：不断增长的可支配收入、新的假日制度所带来的自由时间的增加、被释放的消费潜力、全国上下掀起的旅游热潮、城市居民生活方式的现代化等等。不管是否以休闲的名义出现，休闲领域的投资增长都极为惊人。竞争"休闲城市"的称号成了很多市长——如果不是所有市长的话——的一项重要任务。几个省份发布了省级休闲政策或者休闲纲要。2013 年，第一个全国性的休闲政策在经历长达数年广泛而热烈的讨论后终于得以出台。尽管还没有全国性的权威统计数据，但根据可以观察到的现实以及我们的初步调查，家庭休闲消费增长显著。根据历年中国"休闲绿皮书"的初步估算，核心休闲消费占到社会零售品销售总额的 15%～18%，相当于 GDP 的 6%～8%。看起来，中国和中国人似乎已经做好准备，迎接休闲甚至"休闲时代"的到来了。

个人的休闲研究

2001 年，我发表了第一篇关于休闲研究的学术论文，并计划着手完成以休闲为主题的博士毕业论文。彼时，"假日经济"的兴起引起了学术界和大众媒体的广泛关注。1998 年 10 月开始实施、用以刺激内需的长假期——"黄金周"，其经济收益得到了普遍推崇。然而，游客的"井喷"也带来了旅游体验不佳、车票一票难求、景区拥挤不堪、道路交通堵塞等问题。很多旅游景点人满为患，游客怨声载道，这种现象甚至延续至今。于是那时的我开始思考一些基本问题，例如人们在"黄金周"之外的其他空闲时间里会做什么，自由时间的价值何在，等等。我四处查找文献，阅读相关书籍、论文和报告，试图找到答案。就像一个闯入神秘花园的孩子，我被当时找到的为数不多的英文文献（其中包括戈德比教授的著作）深深吸引。我觉得自己找到了一个从未被打开的宝盒，心中窃喜，兴奋不已。然而，当听说我要写一篇关于休闲的博士论文时，很多朋友都深感不解。他们抛出了各种问题，比如什么是休闲，研究休闲究竟有什么学术价值，怎么来衡量和研究休闲，等等。幸运的是，我得到了这个领域的开拓者的支持。国内首位研究休闲、被誉为国内外休闲研究桥梁的学者——马惠娣老师鼓励我，希望我能从自己所学专业出发研究这个新的社会现象。也是在2001年，我第一次在杭州遇到了戈德比教授。至今依然清楚地记得我和他在西湖游船上的合影，看起来令人忍俊不禁，像是一个玩具娃娃站在巨人旁边。遗憾的是，由于其他一些原因，我最终没能将休闲作为博士论文选题。然而，对于休闲研究的兴趣却从未中断过。尤其是2009年担任"休闲绿皮书"系列主编以来，有机会更加深入地参与其中，并得到了一些学界前辈（如刘德谦、魏小安、高舜礼）以及诸多有共同学术兴趣的年轻同行（如董二为、厉新建、程遂营、刘慧梅、魏翔、吴文新、李洪波等）的鼓舞。从这个角度而言，与戈德比教授合著此书，是我十多年休闲研究生涯中最为渴望的事情，没有之一。

对本书的参与

正如戈德比教授所提到的，本书的主要内容是讲述一位美国人眼中的中国人的生活，以及他对中国人如何获得更多休闲所做的思考。而我之所以参与本书的写作，主要是由于如下四个方面的原因。

首先，观察视角的不同。如同其他领域一样，对中国人而言，在休闲方面，我们习惯于了解国外，也习惯于自我审视，但是其他国家的人如何看待我们，这方面的研究似乎并不多见。尽管我在宾夕法尼亚州立大学访问期间和戈德比教授就此话题进行过多次讨论，但依然觉得有必要更加系统地梳理、展示和深化这些讨论。这样的讨论，能够让我们知道，外界如何看待我们，如何看待我们的休闲生活、我们的文化和我们的未来，他们的观察和我们有什么不同，为何不同，等等。

其次，写作风格的不同。本书的目标读者，既包括学者，也包括普通大众。在写作风格上，作者试图将学术著作和大众读物的特色相结合：既有理论探讨，也有实践措施；既有宏观发展背景，也有微观个体体验；既有理性思考，也有强烈感情；既有数据，也有感触。对我而言，这种写作风格很有意思，也颇具挑战。

再次，两位作者的不同。正如我在本书第二章中将提到的，我和戈德比教授在知识结构、个性特点、成长背景等方面的差异与我们的身高、体形差异一样，都是极为明显的。彼此了解得越多、越深入，就越能意识到我们之间的异同。很多时候，这些都是语言所无法表达的。这种奇妙的感觉也是推动我写作的动力所在。

最后，语言表达的不同。为了便于沟通，本书的写作先用英语完成，而后翻译成中文。对我而言，这是个不小的挑战。一方面，这种写作方式使我的表达不那么自由、流畅和充分；另一方面，也促使我真正按照双向思维来思考问题。当然，由于能力有限，我或许不能实现自己最初设定的目标，为读者展示一个有关中国休闲的综合图景。实际上，当完成本书的中文译文时，我就已深深地感受到了这一点：语言的反复转换，令表达变得不再灵动和自然，平添了几分疏离、生涩甚至别扭之感。或许这是跨文化研究所必须付出的代价吧。

本书写作中，两位作者做了一些分工。由戈德比教授提出写作框架，阐述他的观察、分析和预测，有些情况下，他也会提出一些问题。尔后由我逐章做出回应、补充、反思甚至是反驳。在某些情况下，我还会介绍美国和其他西方国家的一些情况，尽管对于戈德比教授和其他西方人而言，这似乎没有必要，但对于中国读者来说，却是必不可少的。

具体来看，我从以下几个角度参与本书的写作：一是提供更加详细的信息来支持戈德比教授的观点；二是通过回顾历史发展、分析社会背景，解释为什么这些现象会在中国发生、为什么他的观察和结论会是那样的；三是在我们了解了旁观者的视角和观点之后，还应该思考哪些问题，应该关注哪些方面；四是在必要时对他的结论进行反驳，尽管年轻学者反驳著名资深教授这种做法似乎有悖于中国传统，但这是我们两个人都很喜欢的方式。

我在本书中的主要观点

如前所述，本书框架由戈德比教授提出。在阅读了他的内容之后，我逐章做出回应。基于他的讨论，本书中我对中国休闲发展的主要观点概述如下。

（1）看起来中国和外部世界之间似乎已然颇为了解，但遗憾的是，事实并非如此。举个例子来说，中国人对美国当下的了解多于对其历史的了解，而美国人似乎正好相反，他们脑海里的中国，更多的是历史而不是现实。由于各种原因，双方通常都会标签化地理解对方。我们不是我们本来的样子，而只是在别人眼中甚至耳中的样子。在这种情况下，休闲（包括旅游）能够架起桥梁，让我们更好地了解对方。

（2）在中文里，休闲有着各种不同语境和比英文译名更为复杂的内涵。从词性来看，休闲可以当作形容词、动词，也可以当作名词。就其内涵而言，休闲可以被解释为时间、活动、心态、生活方式、消费类型、社会阶段以及上述概念的任意组合。在中国，休闲的定义更加哲学化，而非统计意义的、规定性的。自下而上的定义方式的缺乏，制约了中国休闲研究的发展及其对现实的概括能力和解释能力。除了学术讨论和争论外，休闲的所谓"非学术"认知和定义也应得到重视和研究。

（3）诚然，中国传统文化中确有休闲的基因和历史，但是毋庸置疑，作为一种普遍的社会经济现象，休闲在中国的发展也只有短短二三十年。其推动力包括经济持续发展、公共假期政策、刺激内需政策、生活方式转型、城镇化进程加速等因素。目前中国仍处在高速发展和全面转型之中，因此很难就休闲发展及其在更广泛的社会经济领域中的位置勾画出一个全面、统一的图景。休闲研究者有幸、也有责任探究中国休闲的多样性和复杂性。

（4）尽管近年来中国社会上上下下都开始强调休闲、家庭、生活等非工作的重要性，但是仍然有很多人，包括我自己，依然面临如何平衡工作与生活的难题。似乎大多数人都苦苦挣扎在天平的两端。我们的调查显示，尽管大多数受访者普遍认可休闲的益处和重要性，但是在面临现实选择时，往往又不得不将赚钱、事业发展等放在比休闲更重要的位置。

（5）关于中国人的休闲体验，目前研究还很欠缺。有些学者认为道教和儒教影响着中国人的休闲态度和休闲行为，但是我个人认为，这种影响不能高估。劳动力人口的变化、社会结构的调整、社会心态的多元、消费观念的变化、不断提高的现代化和全球化水平以及技术革命等等这些因素，都在改变着中国人的工作和休闲状态。"自由"是理解西方人休闲时最为关键的概念，但是在用它来解释中国人的休闲时，还需要与"和谐"或"平衡"相结合。对于中国人来说，在休闲中追求人与自然、身体与心灵、自我与他人、挑战性与成就感等等之间的平衡，是非常重要的。由"自由"和"和谐／平衡"组成的这个矩阵也许可以解释中国人与西方人休闲的异同。当然，这只是一个假设的模型，还有待于理论和实证的检验。

（6）改善每个人每一天的休闲生活，不仅对个人、家庭有益，也对社会和世界有益。我们的调查显示，很多中国人都面临着休闲制约（leisure constraints）。例如：假期太少，尤其是可自由支配的时间太少；与休闲服务收费相比收入太低；休闲设施和空间的条件不好，可进入性不强；等等。同时，调查还显示，与平衡性休闲（balance leisure）相比，民众更期盼增加或改善与核心性休闲（core leisure）有关的空间、设施、服务。在这里，平衡性休闲活动是指特殊的、通常需要精心策划、花费较高、涉及旅行、能提供独特体验的活动，而核心性休闲活动则是指常规的、一般在社区或者社区附近进行的、花费不高的、无须精心组织的活动。

（7）如同在其他国家一样，应该将休闲同时作为公民权利和消费者权利加以发展，不可只强调后者，而忽视前者。保障和促进公民的休闲权利是政府的职责所在。当然，企业会满足大部分的消费者需求，政府对其加以必要的规范，某些情况下，还会提供授权和资助。

（8）像美国一样，在中国，休闲发展在中央政府层面涉及数十个部门。这些部门均以某种方式在某种程度上参与休闲发展，但往往既不是以休闲的名义进行，也不以休闲本身为目的。尽管2008年国务院的"三定"方案中将"引导休闲度假"的职能赋予了国家旅游局，但是显然这并不能解决目前分散化、间接性的管理现状。中央政府在如何建立一个统一的、有效的体制来改善民众休闲生活这个问题上，尚未有明确的部署。2013年国务院办公厅下发了《国民旅游休闲纲要（2013~2020）》，但至今尚未提出具体的实施办法和时间表，不同主体以及不同层级的不同政府部门之间各自的职责和分工也不明确。尤其是在全面实施带薪休假制度这个关键问题上，尚未有统一、严格的措施。

（9）毫无疑问，城市和休闲之间存在密切关系。21世纪初，"休闲城市"在中国成为一个热词。一方面，"休闲城市"排名热激发了地方政府改善其城市休闲功能的热情，从而实现了从重视生产到重视生活、从重视外来游客到同时重视当地居民的重要转变；但是另一方面，很多城市其实只是把精力放在如何通过短期营销来获得"休闲城市"的头衔上，至于长期的持续发展，似乎并不十分关注。在建设"休闲城市"过程中，当地政府需要考虑产业结构、城市格局、建筑风格、公共绿地、雕塑园艺等各种因素，其中最为重要的，是要关注当地老百姓的日常生活。

（10）尽管在西方研究中，休闲赋权（leisure empowerment）是休闲应对（leisure coping）框架中的一个概念，主要侧重于心理角度，但是本书试图用它来概括实现戈德比教授提出的"给予人们想要的，并使其通过学习知道自己想要什么"的所有途径。例如，要让人们在其一生都能够欣赏休闲、重视休闲、掌握休闲技能，要开展各种形式的休闲教育，包括：正式的和非正式的休闲教育；让人们学会休闲，并通过休闲达到学习的目的；居家的、在校的、社区的和社会的休闲教育，个体的和集体的休闲教育，自学的和别人教授的……所有这些都应该得到重视和推广。城市的社区中心应该保持商业和公益的平衡；在农村，应该激发和利用农民的主动性、活力和创造性，使其有机会、有能力发展出适合自己的休闲。

（11）中国人口密度大，因此对于大部分中国人来说，和"拥挤"共存，是习以为常的事。20世纪90年代末期我国实施了"黄金周"制度。"黄金周"期间惊人的、不断加剧的拥挤引起公众对承载力问题的关注。尽管承载力概念包含了生态、心理、物理、社会、经济等各个维度，但是对于中国人而言，安全才是底线。当下中国，承载力问题的根源既包括历史原因，也有现代因素，既和需求特征密切相关，也与供给体系存在联系。由于缺乏有效的惩罚措施，承载力相关规定尚未得到有效实施。我国学者和政府部门还没有认识到承载力在理论层面和实践层面的局限性。

（12）汽车已经，还将继续通过各种方式改变中国人的生活，包括中国人的休闲生活。戈德比教授号召"要回街道"，作为回应，我个人建议：大力推广"主动交通"；部分恢复街道作为休闲空间的功能；建设和完善城市绿地系统、休闲商业街和中央游憩区；将休闲需求和休闲功能纳入到包括公路、高速公路、高铁、乡村公路等在内的所有交通系统之中。在这方面，美国有丰富的经验值得借鉴。

（13）中国的环境破坏和环境退化已非常严重，所带来的经济损失、社会矛盾和健康损害正受到越来越多的关注。正如戈德比教授所指出的，改善环境是我们最后的机会。为此，社会所有主体、每个个人都应该动员起来。作为普通公民，我们十几亿人有很多事情可做，从停止使用塑料袋、减少开车、可能的情况下尽量少开空调，到对不环保的生产和消费说"不"。

（14）预测总是有风险的，没人准确知道未来将会发生什么，但是我们仍然可以憧憬一个更加美好的未来——在那里，人们更加自由、有效、平等地享受休闲。戈德比教授将为我们展示一个令人赞叹的蓝图：马路上跑着无人驾驶汽车、小型电动自行车，地下高铁连接上海和北京，大部分污染都已经得到治理，公寓楼向住户提供核心性休闲活动。而我想说的是，在抵达这幅美好图景的路上，我们应该对来自如下方面的挑战做出审慎的思考和系统的安排：人口转型，尤其是快速老龄化；家庭结构小型化、多元化；史无前例的大规模人口进城；城市群体从以单位为主转向以社区为主；中产阶层扩大以及惊人的技术革命，等等。

本书由来自中美两国的两位学者合作而成。这是中美两国休闲研究领域的第一次尝试。我们诚恳地希望能以这种对话的方式，为读者提供有关中国休闲的信息和思考，共同探索出让13亿中国人了解、拥抱和享受休闲的现实道路。

参考文献

Hunnicutt, B. citing Lefebvre. , 2006. "The History of Western Leisure", in *A Handbook of Leisure Studies*. Edited by Rojek, C. , Shaw, S. , and A. Veale. London：Palgrove Macmillan.

Mitter, R. , 2013. *Forgotten Ally—China's World War* II *1937 - 1945*. London：Allen Lane.

Roberts, Kenneth, 1999. *Leisure in Contemporary Society*, Wallingford, UK:

CABI Pub.

Rubin, T., December 9, 2013. "Chinese Intentions Remain A Mystery to U. S". Philadelphia：Philadelphia Inquirer.

Wang X., 2013. "China's Middle Class Boom". CNN Money. http：//money. cnn. com/2012/06/26/news/economy/china‐middle‐class/index. htm.

Xiaolu, W., 2013. "Credit Suisse Report" cited in "China's Middle Class Boom", CNN Money. Money. CNN. Com.

社会科学文献出版社出版的历年《中国休闲发展报告》（即"休闲绿皮书"系列）。

第二章 中西方的相互了解

我们不能假装彼此了解
怀着尊重之心去理解对方

我们不能假装彼此了解

杰弗瑞·戈德比

那是凌晨 4 点钟，我在一位中国朋友的陪同下，正从杭州赶往上海浦东机场。为了能让我及时到达，他可能两点半就起床了。他打算陪我去机场，我说真的没必要，我认识机场的路，而且司机也去过好多次了。"我一定得去，这是我的荣幸"，他一再坚持。我想起了自己以前在机场送别美国朋友们时的情形。如果是男性朋友，我会把他们丢在机场门口，说"嗨，伙计，旅途愉快"；当然他们也会这么对我。但是中国人不仅会陪你到机场，还会把你送到安检门口，一直挥手告别、拍照，直到再也看不见了。是我太没礼貌了吗？还是中国人有强迫症，或责任感所使？也许两者都不是，只是我们所处的文化背景不同罢了。在一个文化中被视为粗鲁的东西，在另一个文化中却不是。中国人和美国人生活在不同的精神世界之中。一些研究者找到了一些证据，证明文化已被植入人的大脑，并变成一部分基因遗传给下一代（Kitayama & Uskul，2011）。因此，不同文化中的人们用不同的方式观察和思考，其差异不是细枝末节性的，而是根本性的。事实上，我们并不了解对方。美国人通常不会对其他文化产生好奇，普通中国人传统上也没有太多与不同文化背景的人打交道的经验。我们是如此不同！

举个例子来说吧。在一项研究中，实验者让中国人和美国人观察一些照片，并问他们看到了什么。结果是，中国人声称看到的是海洋环境，而美国人则看到了一条鱼。美国人会快速分类，而中国人的观察更加辨证（Nesbitt，2003）。中国人看到了事物之间的联系，而美国人看到的是物体本身。美国人看到了一张图的"主题"，而中国人看到的则是全体。美国诗人默温（W. S. Merwin）写道："告诉我你看到什么在消失，然后我会告诉你你是谁"（Merwin，1963）。中国佛教协会的慈济告诉我们，"我们想什么，我们就会变成什么"。如果我们思考方式不同，如果我们看到不同的事物出现和消失，那么，我们便不会以同样的方式理解这个世界。我们因思考方式的不同而不同。

19世纪30年代，美国大革命半个世纪后，法国历史学家兼政治思想家托克维尔（Alexander De Tocqueville）在亲临美国后领悟到了美国的本质。他写道：

> "美国人建立组织以便提供娱乐活动，建神学院、建旅馆、造教堂、传播书籍、将传教士派遣到对跖点；同样的，他们建立医院、监狱和学校。如果想要通过榜样来教授一些真理或者激发一些感触的话，他们就会组建一个社团。在新兴行业的领导位置上，在法国，你看到的是政府，在英国，你看到的是一个地位极高的人，而在美国，你看到的是一个协会。"

托克维尔说，跟政治活动和经济活动一样，不同个体之间用来打发时间的方式差异很大。尽管从社会意义而言所有人的地位都是平等的，但他们的观点和品味并不相同，因此，他们被分成了许多小的私人团体。中国没有类似的市民社会。

托克维尔发现，美国人普遍相信，人类是可以不断完善的——人类个性是没有限制的。带着对人类社会平等和自由的信任，美国人在物质和道德上不受限制地改善自己——他们不这样做，就会被认为是错的。亚里士多德式的国家会很自然地让人类追求完美的空间变得很窄，而民主国家则会不合理地扩展。可完善性（perfectibility）这个观念在中国并不那么流行。因此，通常，中国人认为人的健康就应该包括进入平衡和走出平衡。人们有时候感到身体好，有时候感到身体差，这都是很自然的。而当美国人感觉身体差的时候，他们会觉得是什么地方出问题了——不应该这样。感觉身体好才是正常的！

社会差异

美国人往往喜欢彼此，但老是不能很好地相处。中国人通常能和谐共处，但未必相互喜欢。在很多事例中，我看到中国人和美国人合作，而美国人把这当成中国人喜欢他们的信号。这也许是真的，也许不是。对一个中国人来说，他们的这些行为，更可能是出于责任和"面子"，而不是饱含感情的结果。孔子认为，最主要的道德体系是君臣、父子、夫妻、兄弟、朋友之间要遵守的一系列详细规则。争吵是不被提倡的。我曾经在北京参加一个会议，一个专家应该在下午四点评论一篇论文，可他却在五点半才到——那时会议都快结束了。他到了之后径直走到讲台，坐下开始讲话，声称尽管他还没有来得及阅读那篇论文，但还是想讨论讨论。当时，没有人离开，或者当面对他说些不好听的话。这种社会和谐并不总是代表着绝对的一致，而是许多微小的差异混合在一起最终所形成的和谐。

在很多事情上，美国人表达自我的方式几乎都很直接。我记得曾看见林登·约翰逊（Lyndon Johnson）总统在国家电视台里掀起衬衫给公众看他近期手术后留下的伤疤。恐怕任何一个中国领导人都不会这么做。美国人巨大的纯真感也许能解释这种行为——几乎马上就会产生亲密感。对中国人来说，自我展示是一个很缓慢的过程——如果真的会发生的话。我在中国结交的男性朋友在许多年后才承认我们之间的友谊。一些中国女性也许在获得信任感后会更快地确认这份友谊。少数中国人会告诉芭芭拉和我，他们爱我们——这是一件罕见而又美妙的事。我们会告诉他们，我们也爱他们。然后，我们相视而笑。那些在中国演讲的美国人总会发现，在中国，他们的美式幽默似乎不怎么管用。中国听众用耳机听到经过翻译的笑话之后，表情并没有什么变化。不过我的经验是，一旦他们信任你了，并且觉得可以开玩笑了，他们就会笑。下面这首诗是我写的，表达了这种笑的重要性，即便当你面对的是苦难的历史。

中国

如果你感到痛苦
你会燃尽
没有青烟
或者记忆

如果你理解
那种耐心
它需要三生
和额外的一天

如果你知道
长发女子的
高跟鞋的后跟
在刺向什么
你也许
会理解
过去泥泞中的
大米和鲜血

裹足
化为小小的翅膀
却永远无法飞翔

如果他们

和你一起大笑

那儿便会有

放生的鸟儿

飞向空中

一种理解

会漂浮在

烟雾中

在空气中爬行

去山顶

因为曾经生活的地方

一直都在

文化差异

　　和许多母女一样，我的妻子芭芭拉小时候经常和她母亲产生分歧。当她母亲要求她去做某件事时，芭芭拉总会问——为什么，她母亲通常会这样回答："因为我让你去做"。对于一个西方人来说，这个回答其实不够。西方哲学经常以"为什么"作为起点和终点。中国人比西方人少一些好奇心，或者说惊奇感。不可能找到单一而又完整的答案，因此也就没必要去找了。即使有这样的答案，它们也很可能是辩证的、有关联的。"原因"一词在中国式思维中有时是缺失的。尽管中国人发明了很多东西，但大多都是基于实用原因而发明的。

　　中国人最早发明或独立发明了灌溉系统、墨水、陶瓷、指南针、马镫、独轮手推车、深井钻井、帕斯卡三角形、运河上的磅锁、纵向航行、尾舵、明轮船、定重分析、疫苗技术、天文观测、地震仪、声学（Nesbit，2003）。

在台北故宫博物院，我注意到一个狗的雕像，距今已有好几百年了，身上多个关节都打上了小孔。我问身为临床兽医的女儿，那是做什么用的。女儿告诉我，那些孔是针灸点。中国人已经在动物身上使用针灸好几百年了，而几十年前美国才将其合法化。

尽管如此，中国人对知识的兴趣也不是为了形成笼统的理论或者抽象的原则，而是为了解决实际问题。以下是理查德·尼斯比特（Richard Nisbitt，2003）归纳的美国文化和中国文化的差异。

- **"坚持个人行动"与"偏好集体行动"**

我和我的同伴，在抵达一座中国城市后，在一些东道主官员的陪同下直接开始考察。我已经旅行了 30 小时了。负责组织此次游览活动的女士告诉我们，只是看看这座城市。两个小时过后，我筋疲力尽，就直接告诉这位组织者。她对我表示了同情，但没说别的。当我再次鼓起勇气告诉她，我现在想回酒店了，我已经精疲力竭了，却得到了"考察还没有结束"的回答。最终，当我们走出车门去参观一个佛教寺庙时，我直接打了辆出租车，给司机看了下我的酒店地址，便回去了。当我打算离开（同时也激怒了组织者）时，我发现，即使同行的中国人当时非常疲惫甚至生病或者也觉得该走的时候，他们依然会选择跟着大部队。

- **"保持个体独特性"与"偏好和谐共处"**

尽管这个谚语有很多版本，不过在亚洲的很多地方，人们都会这么说："出头的钉子挨捶敲（或者枪打出头鸟）"。在美国，独特性和吸引他人注意是很正常的，每个应聘者都会告诉面试官，对于这份工作而言他们有何独特之处。"出头的钉子"反而有更好的机会得到工作。在中国，爬山时大家一起爬台阶。一些人快些，一些人慢些，但是通常都是以一个整体开始和结束的。当我比大家爬得慢的时候，我看到所有同行者都在等我。如果是在美国，我的朋友们会说，我们在山顶等你，然后就继续往上爬了。

- **"偏好平等主义、努力获得的地位"与"接受等级、被赋予的地位"**

不同文化的差异是十分巨大的。等级（hierarchy）在美国通常是一个贬义词。"老板"总不免让人联想到不好的形象。现在一些美国公司的 CEO 只有 20 出头。年龄、性别、种族等因素显得越来越不重要。尽管种族、性别和其他形式的歧视在美国依然存在，但是通过自身努力获得的地位，通常比接受别人所赋予的地位更加重要。在中国，等级非常常见，如果你质疑它，问题就来了。在餐馆或者在家和客人吃饭时，美国人通常会把座位打乱，或者说"想坐在哪儿就坐在哪儿吧"，但是在中国，谁坐在什么地方都是很有讲究的，换句话说，是和地位挂钩的——重要客人绝不能背对着门。在中国的会议上，首先发言的肯定是领导，然后是年长者，最后才是年轻人。这种局面正在改变——只是一点而已。

- **"坚信任何规范行为的规矩应当是通用的"与"倾向于考虑背景和具体关系来采取特定方法"**

一些美国人喜欢这么说，"如果你让资本主义来统治，经济会自己管好自己"或者"如果你吃了维生素 D，你的感冒会好点儿"或者"民主党关心人民"。中国人也有一些政治口号，但他们在做出判断时往往更加小心谨慎，会考虑到其他可能具有普遍性的因素。他们内心可能对于一个问题有相反的看法，但却不会感到不舒服——对美国人而言，这做起来好难啊。福克斯新闻台在报道政治和军事问题时，经常提到"好人"和"坏人"。中国式思维通常比这个更复杂。

当然，这种差异在签订合同时可能会带来问题。对于西方人来说，一旦你签订了合同，那么不管情形如何，木已成舟，就这样了；但是对于中国人来说，情形的改变也许会使合同改变甚至失效。对于美国人来说，合同通常比实际情况更为重要。

我母亲曾是肯塔基大学的最佳辩手。那时候，一位女性参加辩论队是不太常见的，但她参加比赛时表现得得心应手。在西方世界，辩论是一种被高度重视的休闲活动。对于高层次的学习而言，这是很有必要的。确定一个论题，然后提出对立的或者可替代的论点，之后开始辩论，向大家展示逻辑性、说服力和相关信息，从而获得某种综合性的或者是新的理解。在正式辩论中，根据谁更好地阐述了观点来分出胜负。死刑应该废除吗？答案取决于谁更好地论证了这一论题。有时，一个辩手在这场辩论中站在这一边，而在另一场辩论中则站在另一边。之所以这么做，是认为这样可以更充分地理解问题，同时也能提升辩手的辩论技能。

"辩论在现代亚洲并不常见，在古代中国亦是如此"（Nisbett，2003）。这个表述在老一辈中国人中体现得极为突出。不过我发现，现在中国的一些大学生会告诉你，他们觉得你错了。也不是完全错了，他们会告诉你，你的想法太西方化了，你说的那些在中国不管用。通常，他们需要某些示意——辩论不仅是被允许的，而且是受欢迎的。而美国学生有时甚至在不甚了解辩论主题的时候就争辩起来了！

其他差异

中国人经常认为他们知道他人的需求，而美国人则会先问问对方。中国人认为"面子"是最重要的。很多美国有钱人都藏富，而中国有钱人却常常炫富，尽管其中有些也开始藏富。美国园丁拔掉地上的杂草，而中国人则用大蒜和酱油把杂草做成一盘菜。中国很少有素食者，除了佛教徒；但在西方世界，素食正在成为一种流行——我自己就是素食者，坚持素食已经有 30 年了。我们无法在中国找到类似美国动物权利运动的活动，而且按照美国人的标准，中国有些地方对动物颇为残忍。很多 40 岁（甚至 70 岁）的美国女性还在约会，而中国女性如果到了二十六七岁还单身的话就会非常焦虑。中国文明已经有五千年了，而美国文明才几百年。

尽管我们不那么了解对方，但是以一种奇特的方式，我们却是你中有我，我中有你。在金融方面，中国和美国以根本性的方式联系在一起。举个例子，中国比美国家庭拥有的美国国债还多。沃尔玛和其他大型零售公司销售大量来自中国的商品。

我们是不同的，但我们依旧是朋友。如此一来，我们这两个不同的世界就会变得更为相似。

中国人的悲怆之感

历史上，中国曾被侵略过上百次，忍受过长期饥荒，有过数以千万的难民，遭遇过洪水、瘟疫，经历了残酷血战后建立起来的历朝历代，充当过西方势力和东方势力博弈游戏中的棋子。这些都使中国人深刻领会到了生命的悲剧特质。一般来说，美国人不会这样。美国当然也有过悲剧，一场悲怆的南北战争，在这场战争中战士们发射火炮，以古老的英式风格作战。美国遭遇过干旱和20世纪30年代的沙尘暴（the Dust Bowl），参加了两次世界大战，由于原则问题、商业兴趣以及获取廉价石油的目的，也被卷入其他战争之中。不过美国从来没有被入侵过。日本袭击珍珠港是个例外，造成的伤害也不大。恐怖分子驾驶飞机撞上了纽约双子塔，死伤数千人，但从来没有发生过大举侵犯美国的事件。美国曾经爆发饥荒，但不是非常严重。来听听一位中国村长关于1942~1943年饥荒的话吧。

干旱开始后，侯华村（音）大约有800位居民，其中15%，也就是125人饿死了；200个家庭中有180个，也就是90%卖掉了土地——这大概是土地总面积的80%——并逃离本地；8%再也没有回来过。在临近的两个集镇和内皇（音）宅邸中，建了两个特殊市场用来贩卖妇女和女童。侯华村（音）里的50个家庭中，有不少女性在那里或其他地方被卖掉。甚至有非法市场贩卖人肉当作食物……（Seybolt，1996，p.10）。

中国人有着一种深入骨髓的认知，认为在宇宙中得自力更生，只有靠自己。美国人则普遍认为，我们天生便是领袖——生而为赢，天生有能力忽略过去。上帝是站在我们这边的，或者说很多美国人相信如此。而中国人看到过黑暗，也看到过光明。

中国人在美国

中国人也许在哥伦布到达之前很久就到过美洲了。郑和制作的一张可以追溯到1418年的地图展现了关于美洲的各种细节。像每个美国学龄儿童所知道的那样，哥伦布到达美洲的时间是"在1492年，哥伦布在茫茫大海上航行"。这证明，郑和比哥伦布更早发现美洲新大陆。有些人说哥伦布实际上是复制了郑和的地图来规划其航行的（Mendiez，2013）。郑和，一个穆斯林出身的太监，可以说是中国历史上最著名的探险家。奉皇帝之命，他与中国舰队踏上了发现之旅，帮助皇朝扩充了关于世界的知识，了解了先前所不知道的中东和非洲区域。他对亚洲文化的影响如此之深远，以至于他在印度尼西亚等地区都被奉为神灵。

从19世纪开始就有中国人移居美国，大致可分成三波。最初以劳工为主，尤其是在横贯大陆的铁路（如中央太平洋铁路）建设过程中。也有在矿井工作的。和大部分的移民群体一样，他们遭受了严重的种族歧视。或许，比其他人更多——这同样折射出当今墨西哥移民以及其他种族的经历。当雇主迫切想要得到这种新来的、廉价的劳动力时，普通白人公众则被这种"黄祸"所激怒。尽管1868年提出了对中国移民一视同仁的伯林盖姆（Burlingame）条约，但政治组织和劳动组织集结在一起，反对这种被他们看作低等种族和"中国廉价劳动力"的移民。报纸谴责雇主，甚至教会领袖批评黄种人进入教堂这种只有白人能进入的地方。反对的声音如此之激烈，以至于1882年美国国会通过了排华法案。此后十年，都禁止中国移民（Wikipedia，2014）。随后该法在

1892 年通过吉尔里（Geary）法案得到扩充。排华法案是唯一一项基于种族的禁止移民和入籍的美国法律。它不仅禁止了新的移民，而且给已经移民的那些中国人带来了巨大痛苦，上千名已经生活在美国的中国男子（指离开了中国，却没有带上妻子和儿女的中国男子）无法和家庭重聚；很多州的反通婚法律禁止中国男子和白人女子结婚。

1924 年，法律进一步禁止了中国人的进入；那些已经在美国生活的中国人早已没有资格获得美国身份。而且，所有的亚洲移民（除了菲律宾移民——菲律宾在 1898 年成为美国附属国）受到法律上的排斥，法律拒绝承认其身份，不让入籍，并禁止他们与高加索人通婚或者拥有土地。直到 20 世纪 40 年代，当中国和美国成为第二次世界大战的同盟国时，入境、入籍和通婚的限制才逐渐放宽，华裔的境遇才开始有所改善。1943 年，由于麦诺森（Magnuson）法案，中国人才再次被允许移民去美国，长达 61 年的针对华裔的官方种族歧视才终于宣告结束。由于 1965 年移民和国籍法案提高了出身国配额，因此直到 1965 年才开始有大规模的中国移民出现。第二次世界大战之后，对亚裔的偏见逐渐减少，华裔移民和其他亚裔（如日本裔、韩国裔、印度裔和越南裔）一样逐渐被接受、认可（Wikipedia，2014）。

如今，华裔成为亚裔美国人中最大的群体，约占 22%，他们用事实向那些早期预言中国人难以融入美国社会的人们证明了自己。

根据 2010 年美国人口统计数据，华裔美国人达到 330 多万，约占总人口的 1%。在加拿大，有 130 多万华裔——约占总人口的 3%。华裔的数量还在继续增加。每年众多华人从中国大陆、中国台湾，小部分华人从其他东南亚国家迁往美国。到 2012 年，华裔数量已超越了西班牙裔和拉丁裔移民（Wikipedia，2014）。

美国人在中国

美国人声称自己很早之前就对中国感兴趣。1784 年，美国独立战争刚刚结束，第一艘飘扬着美国国旗的巨轮驶离纽约。这辆商船名叫中国皇后号，目的地是中国广东。

美国人对中国的兴趣一开始表现在经济上。因为英国人拒绝和美国人有商贸往来，美国人要寻找新市场来购买商品。而中国人也乐于和美国人来往，因为美国人会购买中国人的货物，而欧洲人只想卖东西给中国人。

到了19世纪中期，中美关系逐渐加强。美国教会率先开始在庞大的中国人口中寻找信奉基督教的人。美国传教士于1830年代开始在中国传教，尽管当时他们并不能合法前往很多区域。传教士是第一批学习中国文化和语言的美国人，他们帮助中国塑造了美国人眼中的中华帝国。一些中国领袖人物也受到美国政治系统的启迪。传闻现代中国之父孙中山就是受了林肯有关政府是"民有、民治、民享"的信念的启发，才形成了他的"三民主义"政治哲学。1911年，当孙中山推翻清朝、成立中华民国时，这些主义就变成了新民国的宪法。然而，美国支持蒋介石，在蒋介石逃往台湾后把台湾视为合法的"中国"，并以各种方式反对共产党，自此双方关系开始恶化。第二次世界大战后，美国支持日本而不是中国，并在中华人民共和国试图成为联合国成员国时，不予支持。

总体来说，美国人并不太了解中国。旅游也不能太多地增进了解，不仅因为中国还没有彻底向外国游客开放，而且因为很多美国人对中国缺乏好奇心。大部分美国观光客在中国从未造访过一个中国家庭，没有在乡村待上一段时间，没有和一个中国人探讨过政治问题，对中国历史的了解也仅限于皇宫、宗教以及导游的讲解。导游对政治体系、农村或者中国的革命只字不提。观光通常不能让美国人真正了解中国，不仅因为中国由于历史原因提防外国人从而对旅游过程加以控制，也因为美国人更喜欢住在市区铺着大理石地板、有西式设施的酒店里。

待在中国的美国人不多，不到10万吧。大部分居住在香港，小部分分布在北京、广州、上海、沈阳和成都等地。

香港回归之后，美国人超过英国人成为当地最重要的非中国影响力。在那里居住的美国人多于英国人，1100 家美国公司雇用了 10% 的香港劳动力；如今的香港总商业厅长伊登·伍恩（Eden Woon）先生是香港历史上第一个在这个职位任职的美国人。美国海军舰队每年入港 60 ~ 80 次。

当我身处中国，人们经常会好奇地看着我，有时是偷偷地看，有时则会停下来用目光追随我。在更偏远的农村，我遇到过一些人，他们会径直走过来，摸我手臂上的汗毛——当时我穿着短袖衬衫。芭芭拉也碰到过类似情况。我们看起来的确不一样。中国人也想要拍下我的照片，让他们的孩子跟我用英语或者以其他方式交流一番。我时常会觉得自己像是动物园里的动物。当然，对此我的解释是——尽管中国已经对西方开放，但在中国的西方人并不多，尤其是在小城市和农村。因此，我就像一个刚刚登陆地球的火星人。

据 2010 年进行的第六次全国人口普查，共有 71493 名美国人在中国大陆生活，是第二大外国人群体。自 1994 年起，美国人开始来中国寻找就业机会。20 世纪前十年后期和近几年，越来越多二三十岁的美国人被中国高速增长的经济和较低的失业率所吸引，到中国谋职。他们中的很多人做的都是基础性工作，比方说为中国商人和学生服务，也有越来越多的拥有电脑、金融和其他领域技能的美国人来到中国（Wikipedia，2014）。

了解中国人

中国人和美国人依然不能通过纯粹理性、相似的价值观、社会关系或者历史来了解对方。了解对方的方式并不是通过我们的大脑，而是通过我们的心。也许我们互相不完全了解，但还是有可能相互喜欢。我们可以对对方做出一些善意举动，并且相信会有好的结果。爱并不总是要求解释所有事情，而事情也不可能全部被解释清楚。几个中国朋友告诉我们，他们爱我们，这让我和妻子颇感惊讶。我们爱他们，但我并不认为说出爱是合适的。当然，爱的部分原因是老一辈喜爱新一辈，年轻人就像我们的孙辈一样。不过，这也让我发现，中国人其实具有深爱的能力。未来就存在于此。同样，就像我们会看到的那样，"休闲"有时不就是找到你喜爱做的事情吗。因此，中国人十分善于休闲——你们自己的休闲。

怀着尊重之心去理解对方

宋 瑞

在进一步讨论中美两国乃至中西文化差异之前，我想先就两位作者之间的差异做些简要说明，因为文化之间的差异可能会被个体之间的差异所影响，甚至是掩盖。作为美国宾夕法尼亚州立大学的荣誉教授，戈德比教授在学术研究、人生阅历、个人体验方面都拥有丰富的经验和独到的见解。他不仅在北美学术界享有至高声誉，而且得到了中国休闲学者的一致尊敬。他往来于中美之间长达数十年，结识了各行各业的中国人，从政府官员、商人、学者到乡间老人，并与他们结下了友谊。他关心每一位前往宾夕法尼亚州立大学研究休闲的中国访问学者，就像对待自己的孩子一样。至于我，尽管已年过40，但仍乐意被人称为"年轻学者"。我出生于西安灞桥的一个村庄。阅读，尤其是与专业紧密相关的阅读，是我积累知识的主要途径。这种专注，固然使我能够在高度专业化的学术研究领域立足，却也难免限制了我的眼界和高度。尽管我也曾游历世界，但旅行的宽度、长度、深度都无法和戈德比教授相比。一年的美国生活，让我得以近距离地感受美国文化，但还谈不上理解，更不消说深刻体会。我们之间在知识和经验上的鸿沟是显而易见的。不过，很荣幸有机会就他的观点做一些回应。显然，这是个颇有挑战性的工作。这种双面镜似的写作让我有机会重新思考一些问题。当然，希望这个双面镜不会成为哈哈镜，或者魔镜。

我们有何不同：超越简单的二元论

在文化上，中国人和美国人被认为是处于两个极端。人们最常提到的中美之间的文化差异就是个人主义和集体主义。传统上，中国和其他东方文化强调对等级和家庭的依附，而美国和其他西方文化则更注重个人特点和个性。美国人对个人隐私更为谨慎，而中国人如果比较熟悉甚至在不太熟悉的时候，通常都不怎么在意隐私问题。人们认为，美国人更加开放、更加直接。举个例子来说，当我在美国宾夕法尼亚州立大学以访问学者的身份上课时，博士生们会直接向教授提出不同意见。然而在中国，含蓄已深深根植于我们的文化基因之中，直接反对教授会被视作不礼貌的行为。中国人一般不会当面或者直言不讳地揭短。人们认为，中国人在社交生活中礼数更多。正如戈德比教授所注意到的，在社交场合，任何宴会上，座席顺序的安排都是很有讲究的。美国人不论男女老少，都被培养得很独立。在中国，过于独立的女性被略带贬义地称为"女汉子"或"女强人"。中国人被认为在消费上更为保守，而美国人总是被说成是过度消费。人们经常会用一个也许是虚构的故事来解释这种差异。故事里，中国老太太对于去世前用尽一生积蓄买下一套房子深感欣慰，而美国老太太为去世前还完房款而高兴。穷其一生，前者居住在一个破房子里，而后者生活在一个用贷款买来的漂亮大房子里。美国人吃饭习惯 AA 制，但是对于一些中国人来说，这会让他们感到很不舒服甚至有羞辱之感。这种两极化的差异无以计数。然而，不容忽视的是，这种简单二元论的刻板定型忽略了两个国家内部的巨大差别。中美两国分别拥有 13 亿和 3 亿人口，而且都由不同的种族、层级、教育背景、收入和其他社会经济特点的人群所组成。用二元论来概括两国人之间的差异，多少有些武断。更重要的是，中国正经历着空前的、经济上、社会上和文化上的全面变革。不同年龄、群体和层级之间的差异超乎想象。要用上面那种假设的刻板模子来套所有中国人，显然不够准确，也是不客观的。

我们了解对方多少

中美关系一向被认为是复杂而多面的。今天，美国和中国分别是全球第一和第二大经济体，两国间贸易总额位列世界第二。伴随持续的起起落落，两国在经济和文化上走得越来越近。两国间不同层次的交流使得两个国家的人们更加了解对方。尽管和其他西方人一样，美国人仍旧被戏谑地称为"大鼻子鬼佬"或者"洋鬼子"，但是实际上中国人对他们非常之友好。习近平主席 30 多岁时住在爱荷华州的一个家庭里，并和他们成为亲密的朋友。像我一样的普通人，多多少少也都有一些美国朋友。在美国的中国人和在中国的美国人数量都很庞大。在受美国留学生欢迎的国家中，中国排名第五；而中国学生在美国学习的数量超过了其他任何国家。看起来似乎我们已经十分了解对方了，但遗憾的是，事实并非如此。

除了历史原因所造成的文化壁垒之外，媒体宣传造成的误解和片面性也不容忽略。一方面，美国媒体依然高度或者过度关注中国的负面新闻，例如人权、民族冲突、腐败、食品安全和其他社会问题。中国被描绘成一个混乱的社会，民不聊生。另一方面，又极力证明，中国经济的快速增长对西方世界造成威胁，尤其是对于世界第一大经济体的美国而言。中国被宣传成一个倾销廉价商品的侵略者。在一些人眼里，烦人的中国游客用令人厌恶但又不可抗拒的方式横扫世界。美国媒体的傲慢与偏见遭到了中国学者和政府的批判。相应的，尽管中国比过去更加开放，但对于"西化"的担忧依然存在。中国主流媒体对美国的关注，经常集中于民主、经济、政治霸权的负面影响，以及枪击、犯罪、地震和台风。即使两国的大门确实已经开得更大，但是这种有色眼镜，连带其他历史和文化因素，依然妨碍着我们对彼此的了解。在某种程度上，意识形态上的差异掩盖了文化上的差异。对社会主义和资本主义之间差异的过分强调，可能会使人忽略人性的一致性。总体来说，中国人对美国现状的了解多于对美国历史的认识，而美国人所了解的中国，则是历史多于现实。中美双方往往是通过给对方贴标签的方式来相互了解的。我们不是我们本来的样子，而是他人眼中甚至是耳中的样子。

休闲：了解对方的一种新方式

中国著名文学家林语堂写道，"我们只有知道一个国家人民生活的乐趣，才会真正了解这个国家，正如我们只有知道一个人怎样利用闲暇时光，才会真正了解这个人一样"。戈德比教授曾经带领我们参观他的蔬菜园，并展示如何用生态环保的方式防止兔子破坏蔬菜。我们分别做了中餐和美餐，一起坐在他家阳台上海阔天空地闲谈。我喜欢他做的鸡蛋沙拉，他偏爱我做的凉拌木耳。他教我女儿打鼓，我为芭芭拉写下中餐食谱。休闲时光让我们更加了解对方，也走得更近，感觉更亲。在中国，美式休闲活动被新富们和受过良好教育的年轻人奉为潮流而备受追捧，高尔夫、骑马、滑翔伞甚至驾驶飞机，都越来越流行。迪士尼乐园是几乎所有中国城市孩子的梦想之地。《泰坦尼克号》和《阿凡达》等美国大片经常创下票房新纪录。NBA 比 CBA 拥有更多的中国粉丝。iPad 几乎成为中国城市儿童的娱乐标配。相反，看过奥斯卡获奖影片《卧虎藏龙》的美国人似乎并不多。尽管《功夫熊猫》在商业上大获成功，但它只是美国人眼中的中国文化。作为经济发达国家，美国在很多方面一直是中国模仿的对象，包括休闲活动。然而，作为一个历史悠久、文化和自然资源都极为丰富的发展中国家，中国应该倡导富有自身特色的休闲活动，并把中国式休闲传播到世界各地。

休闲活动中的文化差异

八年前，我和家人在德国黑森林地区的一个宿营地遇到一对德国夫妇。当他们听说我们来自中国并要开车游历欧洲多国时，显得非常惊讶。那位女士很坦诚地告诉我，她所认识的所有中国人都酷爱加班，一门心思想着怎么赚更多的钱。直到今天，我依然清晰地记得她的笑容、话语和惊讶的表情。

在中文里，Leisure 一般被翻译成"休闲"。来自中国大陆和台湾的学者，连同两位美国学者（Huimei Liu, Chih-Kuei Yeh, Garry E. Chick & Harry C. Zinn, 2008）追溯了"休闲"的来源，并阐述了古文中的深远含义。他们描述说，"休"是"人"和"木"这两个象形字组成的会意字，描绘了人倚靠在树上的生动画面。在农业背景下，靠在一棵树上一般意味着休息。辛勤劳作后休息一会儿能帮助人放松并恢复力气。"闲"的意思是"无事"或"没有被占用"。当"休"和"闲"组合在一起，"无事"和"放着不用"的意思就被进一步强化。目前，中文里休闲的含义和英文中 Leisure 的含义基本相似。就像 Leisure 一样，休闲可以被解释为"无所事事"或者"懒散"，也可以被当作是一种舒适的社会地位，一种精神的或者审美的状况，或者只是一种存在的状态。不过，与西方所不同的是，很少有中国人把休闲当作是社会管制（social control）的手段。

学者们对中国人和美国人以及更广泛的西方人之间的差异做过很多研究。一些人认为，道家和儒家思想这两种中国主流思想对塑造中国式思维和中国人的休闲活动模式产生了深远影响。中国文化历史中，休闲被紧密地和自然联系在一起——自然指的是人和自然之间的完美和谐。中国人被认为更喜欢带有安静、平和、舒缓、温和、自我陶冶、和谐等特点的休闲活动，比如坐禅、养花、钓鱼、打太极等等。相反，西方人喜欢具有挑战性的、危险的、激进的、富有激情的甚至疯狂等特征的户外活动，例如打猎、踢足球、徒步、远足、骑马（Zen Mengrui, 2009）。中国人通过休闲活动追求内心的宁静，而西方人通过休闲达到释放生命的目的。一些学者把古代学生的基本技能——六艺，即礼、乐、射、御、书和数，视为休闲（马惠娣，2003）。中国人追求人与自然的和谐，而西方人享受征服自然带来的快乐。中国人把休闲当作一种保持健康、求得长寿的方式，而西方人通过休闲展示生命的力量，甚至不惜以牺牲生命为代价。西方人喜欢对抗性的活动，比如足球、篮球、美式橄榄球、曲棍球，还有极限运动（蹦极、滑翔、赛车、攀岩）。

如同其他二分法的思维一样，这种过分简单化的区分只能对两国文化的现实做出极为有限的解释。在各种各样可供选择的休闲活动中，人们往往根据诸多因素来选择最热爱或者最常做的那些活动。事实上，越来越多的中国年轻人偏爱富有活力、充满挑战甚至是危险性的娱乐活动，就像他们的西方同龄人一样；而越来越多的美国年轻人对太极、武术和中国书法感兴趣。很多中国老年人在广场上跳交谊舞，而这项运动曾经被认为是有伤风化的西洋玩意儿。我经常会在家附近碰到一个60多岁英姿飒爽的老先生在户外滑轮滑。我原本希望女儿会喜欢中国古典乐器，但她一眼就爱上了击剑，并打算六岁以后开始系统学习。戈德比教授不仅是一名好园丁，而且是一个专业鼓手。对我来说，他打壁球的时候是一个传统的美国人，但是当他与树耳语、撰写诗歌时，更像一位中国古典吟游诗人。

我们怎样看待对方：游客认知

过去十年里，美国成为中国第三大入境旅游国。2012年，有超过6700万人次的美国人在中国过夜。同时，对美国人来说，中国是发展最快的市场，尤其是在2008年美国成为中国官方核准海外旅游目的地国家（ADS）之后。在促使两国走得更近、相互更加了解方面，旅游扮演了重要角色。

一位在美国上学、工作的年轻中国学者李想（王素洁、胡瑞娟、李想，2010；Xiang Li and Svetlana，2011）分别与中美两国研究者合作，完成了两项研究。一个是中国游客对美国这个旅游目的地的心智图景，另一个是美国休闲旅游者选择出境游目的地尤其是中国时，会考虑哪些因素。

第一个研究显示，总体上中国出境游客认为美国城市化水平高、经济高度发达、具有开放民主的社会体系，并对其高科技和大城市印象深刻。针对涉及旅游目的地形象的三个开放性问题，1600 名受访者提出了 12831 个生动词语。就常规印象问题，共有 269 个形象词；就情感方面的问题，共有 138 个形象词；就独特性方面的问题，共有 129 个形象词。中国游客对美国的总体印象详见表 2-1。

表 2-1　中国游客关于美国的总体形象描述

分类	频数	比重（%）	举例
美国各州、城市及名胜	3355	26.1	纽约（628），三藩市（418），华盛顿（380），洛杉矶（267），白宫（244），拉斯维加斯（212）
真实的景观之美	1605	12.5	很美/景色不错（161），沙滩/海滩（218），阳光（71），夏威夷（525），大峡谷（213），黄石（95），尼亚加拉大瀑布（60），瀑布（63），广阔的地域（32），山脉/山峰（17）
令人兴奋、娱乐	1435	11.2	令人兴奋（764），夜间娱乐生活丰富（32），加州迪士尼乐园（272），主题公园/游乐园（22）
自由的民主社会	1310	10.2	自由女神像（403），民主/自由（346），开放（234），友好热情的当地人（194），多种族（29），平等（11），多样性（8），愉悦（1245），快乐（1191），心情舒畅（30），幸福生活（15）
经济发达、繁荣	967	7.5	经济发达（420），高科技（123），现代化（94），先进（45），时尚之地（91），富有（56），购物（34），高消费（19），奢侈品（15），奢侈的生活（10）
放松	612	4.8	放松（268），享受生活/度假（2020），安适（96），都市（448），唐人街（134），高楼大厦（45），交通方便（49），文化博物馆（20）
环境	437	3.4	环境干净（81），环境优雅（90），环境舒适（39），环境安静（23），气候适宜（19），植被多/绿地多（13），空气清新（12），福利政策好（20），教育程度高（23）
前往的地方	409	3.2	新奇（138），希望参观的地方（81），有趣（32），有很多观光的地方（23），独特/与众不同的地方（15），为了丰富我的知识/开阔视野（22），体验异国的文化和习俗（21）

续表

分类	频数	百分比（%）	举例
消极情绪	305	2.4	紧张（70），沮丧（43），焦虑（18），不安全（21），暴力/恐怖袭击（15），签证/很难获得签证（40）
超级大国	106	0.8	超级大国（29），军事大国（26），物质财富丰富（17），政治大国（14），五角大楼（12）
其他	597	4.7	浪漫（43），富有活力（35），热情（26），牛仔（25），米老鼠（15），好莱坞影星（12）
总数	12831	100.0	

资料来源：Xiang（Robert）Li and Svetlana Stepchenkova, 2011, Chinese Outbound Tourists' Destination Image of America, *Journal of Travel Research*, 51：687 - 703。

第二个研究探索了美国休闲游客在选择国际旅游目的地，尤其是中国时所考虑的重要因素。研究中使用了重要性 - 表现分析（IPA，

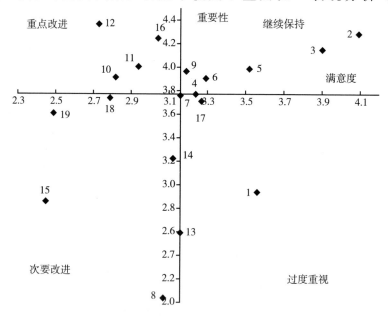

图 2 - 1　基于曾来过中国的美国休闲游客提供数据的 IPA 坐标

注：①购物；②历史文化遗产；③自然景观；④气候；⑤美食；⑥住宿；⑦服务质量；⑧会议与展会设施；⑨友好的当地人；⑩良好的可进入性；⑪便利的公共交通；⑫安全性；⑬娱乐与夜生活的丰富程度；⑭游憩；⑮语言的差异；⑯性价比；⑰旅游信息；⑱干净程度；⑲环境质量。

importance-performance analysis）。中国被当作一个拥有丰富文化和自然资源、美食和舒适的住宿、友好主人的国家。不过，美国游客在某些重要因素，例如可达性、安全性和性价比等方面，对中国的评价却不太高。夜生活和娱乐活动的选择、干净度、环境质量和语言差异方面的分数也不高，而这些因素对于美国游客来说却非同小可。

熟人社会：中国传统文化的影响

传统上，中国是一个熟人社会，人情、关系和背景扮演着至关重要的角色。因此，应酬是接近一些人尤其是重要人物的重要方法，在很多人的日常生活中都是不可避免的。不仅那些想要发展生意的商人如此，几乎每一个社会化的人都难以避免。熟人社会的准则是人情关系，而不是合同或法律。任何一个熟人圈子自身就是一个小型权力网络，是一个对内相对亲近而对外相对隔离的亲密圈子。就像一个多层圆圈的水波纹，家庭是第一个圈，之后是亲戚，然后是熟人，最后才是陌生人。亲疏差异影响了关系的远近，也决定了对待方式的不同。有些中国人的不文明行为，其实多少与熟人社会的这一套规则有关。在熟人社会中，人们对熟人特别友好，但是这份友好并不会自然而然地延伸到陌生人身上。举个例子来说，有些中国人没有为陌生人留门的习惯。在商场门口，你或许会被前面那个人离开后甩过来的门帘打到脸。因为缺乏公共秩序的观念，一些中国人不由自主地把公共场所当作自己的空间。人们基于亲疏和熟悉程度被区别对待，而不是根据公共法则。

被空前发展机遇和竞争压力裹挟的当代中国人

除了传统熟人社会所带来的影响外，了解中国人时还需要考虑另一个重要因素——无处不在的竞争。流行电视节目《超级大脑》一期节目中，有两个 12 岁男孩参加脑力比赛，一位来自中国，一位来自意大利。其间中国男孩误以为自己输了，当场崩溃，号啕大哭。现场的所有人，包括主持人、评委、他的父亲和意大利男孩都跑过去安慰他，可他只是不停地哭，嘴里念叨着"我输了，我输了"。富有戏剧性的是，最后是中国男孩赢了比赛。实际上早在比赛之前，观众和裁判们就注意到了这两个男孩的明显不同。中国男孩在严父指导下接受了多年的严格训练。虽然他很渴望和小伙伴一起玩耍，但父亲坚决不允。当他在第一场比赛获胜时，主持人给他一个机会许愿。他的愿望是——玩儿三天，只玩儿三天。相反，意大利男孩平时可以自由自在地踢足球、从事各种运动。中国男孩压抑渴望的表情和意大利男孩轻松阳光的微笑形成了巨大的反差，也深深地震撼了我。中国人有望子成龙的传统。现如今，从幼儿园甚至出生前到上学，从商业到学术，几乎每个人都被无处不在的竞争所裹挟着、逼迫着。中国家长们有意或无意、自觉或勉强地接受着同一个观念——不能让孩子输在起跑线上。孩子们都很忙，放学后辗转于各种兴趣班之间。这些兴趣班也许听起来和休闲相关，比如弹钢琴、跳舞、绘画、跆拳道等等，但实际上很多孩子都是因为父母才去上的，并非自己所愿。很多家长把孩子送去兴趣班，也不是为了休闲，而是为了考证。证书等级越高，孩子们入学考试的加分越多。上一所名校、得到一份更好的工作、争取更高的职位、挣更多的钱，这些成为当下中国人普遍的追求。竞争确实让很多人受益，使其生活得到改善。但是，这种竞争和成功导向的环境也给几乎所有人带来了无形的压力。不计一切代价地赢，是很多领域、很多人的第一法则。也许有人会说，世界到处都有竞争，在美国竞争更为激烈。的确如此。在一个高度重视个人能力的社会，人们也许会感受到更多的压力。不过，在这里我想说的是，在一个人口密集的社会，在一个处于高速发展之中的国家，我们每个人都获得了机会，同时也承受着压力。我在宾夕法尼亚州立大学时发现，系里的每位老师都有自己的爱好——园艺、球类、摄影、旅行、手工，各种各样，五花八门。但是据我所知，我在中国的同事、同辈们几乎很少娱乐，有的甚至完全没有——如果和工作相关的旅行和摄影不包括在内的话。

从"受冲击的文明"到"平坦的世界"

塞缪尔·亨廷顿（Samuel P. Huntington，1996）认为，意识形态主导的时代已经结束，世界进入以文化冲突为特征的常态之中。在他看来，冷战后，人们的文化和宗教身份将会是冲突的主要来源。对于亨廷顿来说，文明的冲击代表着历史的发展。在古代，国际体系的发展历史主要表现为君王之间、国家之间和意识形态之间的斗争。这些冲突主要可见于西方文明之中。而冷战结束后，世界政治朝着新的方向发展——非西方文明不再是西方文明的剥夺对象，而是与西方一起书写历史的另一个重要角色。当然，亨廷顿的观点受到了许多学者的批判。他们从实证、历史、逻辑或者意识形态层面对他的观点提出了挑战。托马斯·弗里德曼（Thomas L. Friedman，2005）的观点鲜明地体现在他的畅销书——《世界是平的：21世纪简史》的书名之上，这一观点影响了人们对商业之外的世界的理解。他的书告诫我们，在一个历史和地理区隔（也许包括文化差异）都变得越来越无关紧要的全球市场中，国家、公司和个人想要保持竞争力，就必须在认识上有所转变。以上这两本书，各自侧重于政治和经济，因此不能直接加以对比，但是二者确实反映了不同的视角。传统上，中国人习惯认为世界是和谐的，而不是受到冲击的，尽管有时它并不那么和谐。现如今，被迅疾又广泛的全球化进程所推动，中国人相信世界在变小，尽管还不是平的。对于中国人而言，在政治上、经济上和文化上去理解和被理解，都是极为重要的。

如何更好地了解对方

无论在什么场合，当我和戈德比教授合影或者拥抱时，都会不由自主地踮起脚尖。他看起来像是一个巨人，而我更像是一个小矮人儿或者玩具娃娃。我们在身高和体型上的差异，极其明显。文化背景、知识结构、生活方式和生活条件上的差异，也是如此。然而，当我们坐在阳台上看着他巨大的后院，当他模仿小狗的样子在地上爬来爬去逗我女儿笑，当我们在杭州一个会议室外的长椅上谈天说地，我感到他是那么亲近，甚至比我那保守到永远不说"我爱你"三个字的父亲还要亲近。尽管我们在年龄和文化上有着显著的差异，但这并没有妨碍我们成为朋友，而且是很好的朋友。除了共同的学术志趣、性格上的部分相似以及对研究的执着追索之外，坦率和互相尊重也是我们结下友谊的重要原因。对于来自不同文化背景的人而言，这是理解、感恩和赞赏对方的基本原则。

写作本章时，正值美国第一夫人米歇尔·奥巴马（Michelle Obama）和她的母亲及女儿访问中国之际。彭丽媛女士陪同她们参观了故宫、一所高中和北京大学，一同尝试用毛笔写字。这种休闲式的交流让中美两国受益。

全球智库21世纪委员会（也被称为"G20的影子"）于2013年11月在北京召开了年会。会议主题是"了解中国"。李克强总理在演讲中指出，了解中国并非易事。的确，互相了解并不容易，不过尝试怀着尊重之心，摒弃偏见去相互了解，终究是有益的，也是必需的。

参考文献

Cheng, D. 2012. "The Complicated History of U. S. Relations With China". http://www.heritage.org/research/reports/2012/10/the-complicated-history-of-us-relations-with-china.

De Tocqueville, "A. Democracy in America". FUTURECASTS online magazine. www.futurecasts.com. Vol. 8, No. 10, 10/1/06.

De Tocqueville. 1990. *Democracy In America*. New York: Vintage Books.

Godbey, G. 2013. In China. Unpublished poem.

Huntington, Samuel P. 1993. "The Clash of Civilizations?" *Foreign Affairs*, vol. 72, no. 3, Summer, pp. 22 – 49.

Huntington, Samuel P., *The Clash of Civilizations and the Remaking of World Order*, New York, Simon & Schuster, 1996.

Huimei Liu, Chih-Kuei Yeh, Garry E. Chick & Harry C. Zinn. 2008. "An Exploration of Meanings of Leisure: A Chinese Perspective", *Leisure Sciences*, 30: 5, 482 – 488.

Kitayama, S., & Uskul, A. 2011. "Culture, Mind, and the Brain: Current Evidence and Future Directions". *Annual Review of Psychology*, *62*, 419 – 49.

Mendies, G. and Hudson, I. 2013. *Who Discovered America*. New York: Harper Collins.

Merwin, W. 1963. *The Moving Target*. New York: Atheneum.

Nisbett, R. 2003. *The Geography of Thought—How Asians and Westerners Think Differently... and Why*. New York: The Free Press.

Seybolt, P. 1996. Throwing the Emperor from his Horse—Portrait of a Village Leader in China, 1923 – 1995. Boulder: Westview Press, 1996.

Wikipedia. Japanese People in China. 2014.

Wikipedia. Chinese People in America. 2014.

Xiang (Robert) Li and Svetlana Stepchenkova, 2011. Chinese Outbound Tourists' Destination Image of America, *Journal of Travel Research*, 51: 687 – 703。

费孝通:《乡土中国生育制度》,北京大学出版社,1998。

费正清:《美国与中国》,张理京译,世界知识出版社,2001。

林语堂:《中国人》,学林出版社,2000。

马惠娣:《人类文化思想史中的休闲——历史、文化、哲学的视角》,《自然辩证法研究》2003 年第 1 期。

王素洁、胡瑞娟、李想:《美国休闲游客对中国作为国际旅游目的地的评价:基于 IPA 方法》,《旅游学刊》2010 年第 5 期。

第三章 休闲的含义

休闲在西方的含义：在中国也是对的吗
对今天的中国人而言，休闲意味着什么

休闲在西方的含义：
在中国也是对的吗

杰弗瑞·戈德比

对于"休闲"一词在中国历史上的含义，人们看法并不完全相同——每一种文化都"创造了"休闲，至于创造了些什么，通常情况下都存在争议。上一章中，宋瑞博士对此做出了部分解释，在此我想再展开论述下。每次讨论"休闲"时，总有学者倾向于从古典的视角出发，即"休闲曾是古代文明的基础，而它却在现代文明中没落了"，或者他们会探讨什么样的休闲一步步演化到了今天。开放主义的信奉者（或者称自由派）认为，普通人应该享受休闲，无论他们选择何种方式；而保守派则假设，大多数人没有能力智慧地享受，普通人拥有太多休闲，将物质资源消耗在休闲上，这样会使休闲受到损害。下文内容也许会有部分重叠，但这会有助于澄清有关休闲的上述立场。

休闲的含义：中西异同

本章的标题也许应该反过来——在中国，"休闲"的含义是什么，它适合北美吗？我想起这一点，是因为我的朋友——中国艺术研究院休闲研究中心的研究员马惠娣和哈尔滨工业大学人文与社会科学学院的刘耳教授刚给我发来一篇文章。他们将在世界社会学大会上宣讲这篇论文，主题是"中国传统文化视角下休闲的价值"。

这篇文章谈到了休闲价值的大部分内容。实际上，在我看来，古代中国人对于休闲的认知倒是很西方化的。他们写道：

> 在中国的传统文化中，早在远古时代，我们现在使用的两个象形字"休闲"就有着深刻的内涵，它揭示了古人眼中人与自然、人与生活、个体和社会之间的和谐关系。休闲以其独特的价值，潜移默化地渗透在人们的生活方式和行为模式之中，从而成为中国传统文化中对待生活的一种智慧。

他们又提醒，组成"休闲"一词的两个字——"休"和"闲"，彰显了古人的智慧，对我们理解休闲的价值具有深远意义。

> 象形字"休"（"亻"意为人，"木"意为树）描绘了一个人靠着一棵树休息的情形，生动刻画了人与自然之间的和谐关系，体现了庄子的"天地与我并生，万物与我为一"的理想境界。根据《康熙字典》的解释，"休"也有吉祥、欢乐和祝福的意思，人遵循老天的自然历程，与世间万物融为一体才能获得这一切。人本身就是自然的产物，必须与自然和谐相处。这是古人的生活态度——他们敬畏自然（Ma Huidi；Liu Er, 2014）。

孔子的思想，在某些方面，与亚里士多德的观点及西方人文科学的源头——雅典、希腊文明相一致。这些人文科学得以传承下来，是因为其必要性，人们创造它们，是因为它们本身有其价值。这种观点认为，生命中最重要的东西并不取决于其经济价值或效用。一个新生的婴儿有什么经济价值？夕阳的效用是什么？中国的童谣有什么价值？一个中国孩子在我客厅里唱"一只蜘蛛"的儿歌（描述一只爬进水管的小蜘蛛，被雨水冲出水管，当太阳升起来的时候，那只小蜘蛛又爬进水管）有什么价值？

> 儒家思想的核心是仁或善，同时儒家思想也试图把"六艺"即礼（礼仪）、乐（音乐）、射（箭术）、御（驾车）、书（书法）和数（算数）结合起来，而这原本是周朝的官学教育的重要组成部分，后被吸收成为儒家思想的一部分，由此更具普世意义。

在古代的休闲中，音乐被视作最纯粹的艺术，其他艺术均从其演化而来，这是西方人被灌输的观点。事实上，人们的创作灵感来源于"缪斯女神"——神话故事中赋予一些人绘画、歌唱、写诗、创作的灵感的女神。而且，很显然的是，根据儒家思想，体育的作用和人的运动都基于必要性之外的其他原因。

同样明显的是，古代中国人和古代西方人都认为，浑浑噩噩度过一生的人，其价值远不如省察生命的人，任何有关人生的审视都不得不考虑到一些哲学问题，而这些问题永远也没有最终答案。对于中国人来说，人类与自然的关系是核心，人与自然和谐共处是重中之重。事实证明，这些情感既不是东方的，也不是西方的，而是全人类的。我们应如何与动物、树木、水共处？我们要如何在星空下生存？答案很简单：和谐共处。

马惠娣、刘耳的观点，与塞巴斯蒂安·格拉齐亚（Sebastian de Grazia）的观点相一致。这位学者在 20 世纪 60 年代出版了一本书，书中指出，美国文化没有休闲，因此震惊了美国人。他指出，人们当然拥有自由时间，但这些时间必须被填满，其合理性基于能让人重新回到工作之中，意味着资本主义有机会在电视上推销商品和服务，通过广告激发人们占有更多东西的欲望。他在书中指出，美国人的自由时间，已被电视所掌控，电视界定了人们晚上干什么。塞巴斯蒂安·格拉齐亚捍卫了地中海式的理想的安宁，安宁意味着和谐。安宁涉及信任这个世界，而这份信任又是通过和谐实现的。正如塞巴斯蒂安·格拉齐亚所指出的，

"商业"（business）来自于同词根"忙碌"（busyness）。资本主义通常认为，工作和生产高于一切。不工作就意味着"懒"。在中国也一样。

塞巴斯蒂安·格拉齐亚在《时间、工作与休闲》一书中探究了很多和马惠娣、刘耳文章相同的观点。首先，过去，理想的休闲比工作更为重要、位置更高；后来，劳动、物质、无限制的消费和物质贪婪等迅速发展，事情发生了巨大转变。如此一来，休闲就变成了嫌犯。其次，"被占用的必要性的缺失"是休闲得以存在的重要条件。再次，休闲提供了人文科学的路径，不管是射箭、放风筝，还是油画、诗文、书法、京剧或杂技。马惠娣和刘耳的想法，以一种极为美妙的方式，同格拉齐亚的观点聚合在了一起。休闲已经被遗失了，剩下的只是自由时间。自由时间只是让人们在工作过后恢复精力。此外，休闲意味着一个人拥有足够的物质财富，足以保障他/她将生命用于比"获得更多东西"层次更高的活动中去——格拉齐亚认为"休闲"要求一个人略有盈余或者不需要通过出售时间这种方式来赚钱。它还要求消费很快就达到极限——一个总是希望占有更多物质的人是无法享受休闲的。

以上这些观点可以粗略地归结为保守派观点，因为他们假定古代的休闲更好，应该被保留下来。进一步看，这些观点对于大多数人是否拥有休闲并没有表现出太多的关注。正如格拉齐亚所说，大部分美国人不想要休闲，他们想要的是方便和丰富（de Grazia，1962）。因此，理想的休闲只适用于少数人，它也应该只适用于少数人。所以，请记住，根据格拉齐亚的观点，休闲是不可能存在于一个民主政治之中的。

"休闲"意味着生命必须得到省察和审视——什么是超越生存需求之外的更高层次的活动，是什么造就了人类。"游憩"（recreation）并不必然地意味着这个问题。"游憩"，被视作是工作以外的活动，是让人们神清气爽、获得愉悦、恢复体力所必需的，它通常被当作是工作－娱乐－工作循环的组成部分，借此获得存在的合理性。在这里，工作是更高层次的，使劳动者得到身心恢复后重新回到工作中去是一个很有用的目标。

现在，让我们再来看看象形字"休闲"。一个人倚靠在树上可能意味着恢复体力，而不是休闲。他只是在值得和必要的时候休息、休息休息，但这似乎更像"游憩"而不是休闲。我们必须想象一下，这个人在休息过后会做什么，很可能是重新劳作。当然，结果如何，我们不得而知。中国文化中总是把休闲和懒惰紧密联系起来，因此人休息的目的是为了能够重新劳作。

格拉齐亚关于"一个民主政治中不可能有休闲"的观点很有意思。一些人不得不从工作中被"解脱"出来而去休闲。古代雅典人认为，休闲在大多数人手中都是一种浪费——他们会放荡不羁，吃喝玩乐，不会做出什么有意义的事情。他们不会自己选择做造福社会的事。但是，对于那些少数引领休闲生活的人而言，文化将会变得很伟大。正是在休闲之中，才表达出伟大的思想，谱写出优美的旋律，实现了伟大的政治发展。在休闲中，文化得以创造。在许多方面，这些想法都来源于中国，远早于西方文明。尽管有人认为希腊存在民主，但是极为有限，大部分人都不包括在其中，例如妇女、数量庞大的奴隶和在其他国家出生的人。中国从来没有出现过西方术语中的民主。和古代希腊一样，在中国，那些享有休闲的人都依赖于一种制度，这种制度指定了不同人在文化中所扮演的不同角色。这些角色被假定为是来自于天意。

雅典人认为，对于大多数人来说，娱乐消遣都不是必需品。"Schole"是希腊文字中的休闲，暗含主动学习之意——不断发现的生活及自由选择。这种生活仅限于少数人享有。我们现在看到了另外一个和中国类似的地方。雅典社会的等级制度，在中国很早以前就已经建立了。假设他们能够探索生命的可能性，一些古代中国人，例如王公国戚、艺术家、作家、宗教人士可以免去必要的劳动。

西方的休闲适合中国吗

这个问题忽略了当今世界的巨大变革，这一情况很可能在未来数十年内得到强化。的确，中国拥有几千年的历史，中国人的生活方式早已深入骨髓。这是谁都不能抹灭的事实。但是，急剧的变化已经带来了认同感的缺失，许多中国人不知道自己到底是谁。我们无法判断，与西方世界相比，中国人对休闲时间的利用情况是更好还是更坏。21世纪，在物质生活方面，西方显然优于东方，但这只是一个让人们简单了解历史进程的窗口。而对于这个进程，最好不要去评判它。西方的休闲方式往往是消耗型的，在能源、资源、循环利用、保护和控制人口等方面没有取得巨大成就之前，世界的物质消耗水平不能简单模仿西方。当然，技术变革的速度要求能够而且将会重新改变所有这些影响因素。现代化，并不必然是"西方化"。

政治学家塞缪尔·亨廷顿（Samuel Huntington）和其他一些人认为，世界伟大的文化总是处于冲突之中。

> 我的假设是，未来新世界的冲突，基本根源将不再主要是意识形态的或者经济的。人类之间最大的分歧、冲突的主要来源都将是文化性的。国家依旧会在世界事务中扮演最强大的角色，但是全球政治的主要冲突将在不同文明的国家和群体之间进行，文明的冲突将主宰全球政治，文明间的断裂带将成为未来的战线（Huntington，1993）。

大中华文明是他确定的主要文明之一。但是，基于一个既定文化内所存在的丰富多样化以及不同"文化"之间的互动、世界文化的相互影响等，有人对这些观点进行了批判。当然，这些批评中确实有些是有道理的。对世界上任何一个国家而言，"传统"文化都处于不断变化之中，一方面是因为世界经济日益增长的相互依赖性，另一方面是因为互联网。移民和流动人口快速增长，世界人口老龄化可能会加速移民。像我一样，那些曾经出国旅游或居住在国外的中国学者和研究生们经常告诉我，觉得自己是世界公民。我不觉得我是一个美国公民，虽然我的护照上是这么写的。我相信我是世界公民。即便是在家里，我也有这种感觉。

今天，我看见两位女士在健身中心学太极，我买了一个中国制造的园艺喷壶，我在一家中日餐厅吃了顿饭，我通过邮件与一位来自尼日利亚的研究生讨论了休闲制约问题。我的妻子芭芭拉出生于英国，她的父亲是罗马尼亚人。我的小女儿住在加拿大。我唯一会说上几句的外语是西班牙语。我们的朋友克里斯（Chris）和苏珊娜（Suzannne）将从澳大利亚过来看我们。静来自中国，彭菲是个中国人但居住在加拿大埃尔伯塔的埃德蒙顿。我的姐姐是一个法国孩子的教母；我在 Venture 出版社共事 32 年的伙伴有意大利和巴斯克血统。我的弟弟加朗（Galan）去过印度无数次，他了解那里的各种文化。居住在我们附近的、人口最多的少数民族阿米什人拒绝使用许多现代技术，其文化根源是在德国。我热爱网球，也守在电视机前观看比赛，目前最好的女选手大多来自东欧地区。那些能让房子保持整洁的女人很多是乌克兰人，她们会讲俄语和英语。我们的朋友玛丽（Mary）是第二代爱尔兰裔美国人和天主教教徒。

这个世界早已不能用独特的文化来诠释——这种解释往往会导致思想的退步，而不是前进。因此，当中国的汉族人与非洲人结婚时，人们会认为这很奇怪，并且认为这不是一件好事，尽管它已经发生了。当我的一位来自亚洲印度的朋友宣布将迎娶一位加拿大新娘时，他的母亲冲进聚会的修行处（Ashram）并威胁说要自杀。在美国，许多政治上持保守观点的人，他们忽略历史，认为这是一个白人国家。世界正在更加紧密地联系在一起，因此休闲应该能够反映这种文化和体验的交融。

像生物学一样，当人们谈到休闲一词时，会认为多样性是更好的。我们都知道，多样性与千篇一律相反，是自然的选择。尽管我们讲植物学和动物学中的"侵入性"物种，但是如果它们开始在另一个国家繁衍生长，蔓延开去就变得极为自然了。如果种下的树都是相同品种的，一旦感染了一种病，所有的树木将无一幸免。相同的，如果你相信每个人在面对工作与义务约束力最小化的生活中，都应该表现一致的话，那么就破坏了休闲的多样性。如果每个人都去西湖，都去踢足球，都去过斋月或者复活节，人的神奇感就会减少，识别自身的能力就会减弱。

对于某些美国人而言，多样性是很难的，对于中国也是如此。不过，世界上有关生存的极致渴望就是道法自然，而自然更喜欢多样性。因此，休闲必须要考虑多样性。

休闲的古代理念仍然适用吗

在许多古老文明中，只有极少数人有资格享受休闲生活。这部分人创造了大量的艺术作品、体育、政治、科学、宗教。他们对于休闲的利用使社会通过各种方式受益。有这样一个历史时期，休闲看起来是那么纯粹。那时，休闲作为文化的基础，并不因无尽的欲望而被破坏。但是，人类对生活的期望值很低。对于绝大多数人来说，休闲是排他的。生活就是工作、家庭、战争、饥饿和痛苦。而今这已经不再是人们能够接受的。

当然，工作并不"坏"；相反，它是极好的且有必要的。从历史来看，中国人对工作的态度要部分归根于中国东南地区种植水稻这一特点。在全球的小麦种植地区，因为漫长的寒冷季节，那里的农民很多时候几乎没有什么农活可做，而大米则可以常年生长。稻田不仅是一个复杂的农业活动，且需要很长时间的辛劳劳作。因此，中国的谚语如是说（Gladwell，2008）："人勤地不懒。"

在中国历史上，休闲很大程度上专属于王公国戚和少数享有特权的人。雅典也是如此。尽管让不同的人享有休闲不可能产生相同的结果，但是中国和希腊文明中享有休闲的基础都是武断而有害的。在智慧地使用休闲方面，男性未必比女性更有能力。在很大程度上，判断一个人享受休闲的能力取决于机会。对大多数中国人与雅典人而言，机会从未降临到他们头上。如果你是一个奴隶，一个来自农村的人，一位女性，一个被贵族讨厌的人，你发展技能的机会就会很少，甚至没有。

那些看似微不足道的东西，例如出生日期，实际上对发展休闲技能都很重要。一项针对加拿大少年冰球运动员的调查研究发现：那些在年初出生的人在适龄年纪的冰球联赛上更容易获胜（Gladwell，2008）。这些年轻的球员有更多的时间来发展技能，相比于那些出生在年尾的人，会更快成为合格的球员，他们可以更早地开始学习和练习。而那些出生在11月或12月的人则不得不等待更长的时间来练习、参与其中。现在我们知道了，机会在很大程度上，决定了享受休闲的能力。因此，那些在"文革"期间受过教育的人，和当前受过教育的人相比，会有完全不同的命运。如前面所说，你的出生时间会影响你的机会，而你居住的地方同样如此。

不难理解，那些家附近有散步步道的人，通常会比那些住家附近没有步道的人更多地享受到散步带来的乐趣（Godbey，Caldwell，Floyd & Payne，2005）。换句话说，休闲的天赋在根本上并不是与生俱来的，在一定程度上，取决于机会。当今世界，拥有这项天赋的人数不胜数，他们散布在洪都拉斯危险的贫民窟，在非洲新形成的沙漠里，在混乱的阿富汗，这些人拥有极佳的享受休闲的天赋，却从来没有机会发挥。谁才能享受休闲，关于这个问题，古人的态度是错误的。的确是错误的。只有当机会来临，直到一个中国女性不会再对我说"我只是一个乡下人"时，我们才能回答谁能从休闲中获益这个问题。这些不应该成为道歉或是限制期望的理由。人类对休闲展现出的天赋仍然在很大程度上没有被表达出来，这并不意味着市场驱动的大众休闲是无可非议的。显然，它不是。在美国，当前，消费社会直接压垮了休闲并重塑了它。

中国梦与休闲

习近平主席经常提及"中国梦"。目前为止什么是"中国梦"似乎还没有准确界定。也许正因如此，对很多中国人而言，梦想不在别处。尽管依然面临一些限制，但今天的中国年轻人生活在一个充满选择的世界之中，这是其父辈所无法想象的，尽管他们中很多人并不知道该如何对待这些选择。对于其中某些人来说，无非就是玩玩美式足球而已。

当波波坐下来喝 Corona 啤酒的时候，我问他，为什么踢足球。他说，"人生苦短，对于我们的父母来说，每天都是一样的。他们结婚，生子，然后化作尘土"。他的父亲在 2012 年死于癌症。在此之前，波波的梦想是尽可能多地看看这个世界。他不停地使用体会一词，即从经历中学习。在 2006 年从艺术学校毕业后，他经营了一家设计公司。当公司关门后，他又开了一家烧烤店。不幸的是，这家店也没能持续经营下去。他又转而和朋友开了三个火锅店。成功需要冒险，即便这意味着要打断一个人的腿。"下次会变得更加谨慎吗"，我问他。他回答，"可能不会"。

不确定性并不像以前所想象的那么可怕。像孝顺、面子、经济稳定等这些高于其他一切的、长时间统治着中国人的传统价值观，已经开始失去其主导性。担任四分卫的老七目前就职于一家 IT 公司，他说，"我不想永远守着一个工作，我想要去探索，要把重点放在那些我感兴趣的事情上"（Beam，2014）。

我们的未来取决于把机会扩展开来，让人们发现自己能做什么、如何去爱、我是谁、什么是值得我做的等等。我们的未来取决于此。

对今天的中国人而言，休闲意味着什么

宋 瑞

和其他领域一样，从学术角度定义"休闲"是研究和讨论的起点。定义和测度休闲的方式反映了人们看待休闲、将其视作一种社会现象的方式。当然，对休闲的界定也影响着学者们基于其研究所得出的结论和政策建议。长期以来，关于休闲的定义和意义是让研究者争论不休且略有挫败感的一个问题。尽管经过了多年努力，但至今仍无一个清晰、一致、共识性的定义。

很长一段时间里，旅游休闲领域的"概念丛林"都让我既受启发又感到沮丧。直到 2011 年在宾夕法尼亚州立大学做访问学者时，聆听到加里·奇克（Garry Chick）教授在休闲概论课程中所讲的一堂课，我才茅塞顿开。他在讲座中以休闲为例，对人们定义的类型进行了如下区分。

·结构性的（Structural，即它看起来是什么样的）

·功能性的（Functional，即它是用来做什么的）

·语义性的（Lexical，即日常生活中人们如何使用它）

·规定性的（Stipulative，即它应该是什么样的）

·精准性的（Precising，例如休闲就是自由时间、活动、心态）

·理论性的（Theoretical，例如休闲是非生产性活动）

·操作性的（Operational）

进一步的，他从两个不同视角出发对定义方法进行了分类。

自上而下的定义方式

· 规定性的

· 精准性的

· 理论性的

· 操作性的

自下而上的定义方法

· 民间大众的定义

· 典型的语义定义

在中国的休闲研究中，目前还没有对定义方法进行类似的明确分类，因此近百种休闲定义混杂在一起。其中有些是直接从西方文献资料中翻译过来的，有些则是中国学者自己思考得来的。总之，学者们更多地忙于引进、再造和辨析各种定义，却忽略了对不同定义的背景和视角加以区分。在加里·奇克教授关于定义分类的研究基础上，为了更好地回应和补充戈德比教授所写的内容，我想从如下几个角度讨论休闲在中国的含义。

定义休闲的方法与角度：自上而下与自下而上

与西方社会一样，中国的哲学家、社会学家、经济学家和城市规划专家在各自的研究领域内都对休闲进行了界定。虽然目前尚未就西方休闲定义在中国的适应性进行过系统的理论和经验分析，但越来越多的学者认可"休闲意味着自由时间、各种活动、精神状态和心理状态以及其他（例如，把休闲当作炫耀性消费或社会地位的表现）"等观点。中国大多数休闲研究文献，都是以从西方同行那里借用来的理论性定义为基础的。显然，他们使用的是自上而下的定义方式。这类定义相对更为哲学化一些，而非统计性、规定性或者语义性的。

由于研究传统的缘故，自下而上的定义方式在中国休闲研究中并不怎么流行。只有极少数的研究者，使用人们日常生活中的口头表达来描述休闲。由于很少使用日常语境中的定义，因此关于休闲定义的激烈讨论通常仅局限于学术共同体内部，并未涉及学术定义和行政管理中的操作性定义以及统计性定义之间的复杂关系。正如我将在第五章中讨论的那样，当前，官方政策文件对休闲的定义依旧不明确，学术研究和实践发展之间尚未构建起连接的桥梁。个人认为，自上而下定义方式的主导和自下而上定义方式的空白，阻碍了休闲的理论研究和实践发展。因此，未来亟须对所谓"非学术性"休闲的认知和定义进行研究。

休闲的背景与形式：古代与现代

正如戈德比教授所指出的，对于古代休闲的好处及其对现代中国的意义，人们还存在争论。我将在第四章对中国休闲从古至今的发展进行简要回顾。就文化而言，中国过去确实有享受休闲的传统，但可能并不适用于每个人。中国著名作家、翻译家和语言学家林语堂先生 1937 年旅居美国时出版了《生活的艺术》一书。在该书中，他追溯了古代先贤的休闲理念，并用幽默、轻松的方式描述了中国古人的休闲体验，例如如何品茶，如何体味饮酒者押注游戏的乐趣，如何享受山川之美，如何戏水，如何观云，如何栽花、听雨、咏风，等等。从他的著作中，我们可以了解到中国人休闲的文化根源，但是，这并不足以说明古人比其后代更懂得享受休闲。我完全同意马惠娣老师（2004）提出的关于重拾休闲精神的观点。生活在今天这样一个快速变化、高度开放、竞争激烈的社会之中，追溯中国古代休闲的文化根源显得非常必要，但这并不意味着我们必须或者完全可以复制祖先的休闲生活。我们需要重拾的是休闲精神，而非休闲活动的具体形式。例如，打太极拳与练瑜伽或普拉提具有同样的价值。那些酷爱爬山的人，既包括每天爬香山的退休老人，也包括能够购置昂贵的登山设备、登上珠穆朗玛峰的地产大亨王石。星巴克和茶馆在大城市都很流行。而生活在乡下的农民也能像戈德比教授一样打台球。只有当回忆起我们曾经的生活方式时，怀旧才是有价值的，但这并不意味着我们必须真的"采菊东篱下"。正如戈德比教授所指出的，"每一种文化都'发明'着休闲，每一个时代也是如此"。我们应该从多元化的、动态的角度来加以评估和判断。事实上，越来越多居住在大城市的中国年轻一代开始对快节奏、高压力、唯物主义和成功导向的"现代"生活方式做出反思。一些白领精英们倡导从外在－功利导向的生活方式转向内在－审美导向的生活方式。我不知道他们是不是戈德比教授在第六章提出的"创意阶层"。不过我的确注意到，身边越来越多的朋友开始追求一些美好但未必有用的东西。《三联生活周刊》2013 年最后一期的主题是《2013 年生活方式》，书中详细描述了一些城市青年所选择的新的生活方式，从慢跑、徒步旅行、单车骑行到书法、园艺、瑜伽。生活在 21 世纪的人，不可能简单地重复祖先的休闲形式，但我们却可以追求他们的精神，享受我们的生活。

中式休闲与西式休闲：批判、共存与结合

正如加里·奇克等人（Garry Chick et al.，1998）所指出的，在非西方文化的大背景下开展休闲研究，可以帮助研究者回答一些基本问题，如"休闲是否全球通用"等，因此是极为必要和重要的。然而，遗憾的是，时至今日，中西方之间在休闲研究中的差距依然存在，西方学者和他们的观点依然占据主宰地位，而中国的休闲研究还缺乏相应的实证。从观察而非实证的角度看，西方生活方式，尤其是美国生活方式为受过高等教育的、富足的中国年轻一代所追捧。一方面，这种西式的生活方式是以消费主义为主导的，因此饱受批判（王雅林，2012）。正如戈德比教授在本章中所提到的，以消费为核心的西方休闲模式不应该被当作中国休闲的范本，因为中国人口众多。以高尔夫球场为例来说。中国政府近年来颁布了很多法律规定，减缓甚至限制高尔夫球场的扩张，以达到保护耕地、节约水资源的目的。中国拥有世界上最多的人

口，中国需要找到属于自己的、能够让大家都享受休闲生活的道路。在能源、循环、保护等领域必须有大的、新的突破。另一方面，正如戈德比教授所指出的，多样性是我们这个社会的一大趋势。不同生活方式和休闲方式的共存与融合无处不在。我喜欢绿茶，也喜欢卡布奇诺。我女儿最喜欢的《功夫熊猫》是中国题材，却出自美国人之手。在全球化时代，我们追求的是让每个人用自己的方式享受休闲，这些方式必然是多样的、复杂的、混合的。当然，前提是不伤害自身、他人、社会和自然。

休闲与其他名词术语

虽然休闲在中国历史文化和词源学方面的根源已得到了证明（Liu等，2008；Ma Huidi & Liu Er，2014），但是在日常生活中，"休闲"一词的普及也只有短短 30 年时间，因此"休闲"依旧算得上是个新词。在日常话语中，休闲被当作形容词（例如你看上去很休闲）、动词（例如我们去休闲吧）、名词（例如休闲中心、休闲食品、休闲服）不加区分地予以使用。而且，休闲与其他词汇之间的关系也尚未得到明确，无论是在学术研究上，还是在日常生活中。加里·奇克等人（Garry Chick et al. 2012）的研究引起了我很大的兴趣。他们用实证研究的方法重点分析了 13 个与休闲相关的词语。他们采用文化领域分析技术（cultural domain analysis techniques）在本科生中测试其对休闲的内涵和语义的认知（见图 3－1）。他们还使用了特征拟合方法（PROFIT）进一步研究数据中的潜在关系。分别对三组属性（好/坏，强/弱，积极/消极）进行单独回归（见图 3－2）。中国的休闲研究应该引入这种自下而上的研究方法，以探讨不同词汇之间的复杂关系。事实上，在中国，日常用语、官方文件和学术文章中对"休闲"的使用是广泛而模糊的。至于对和休闲有关的其他词汇，所做的探讨就更少了。总体来看，"游憩（Recreation）"一词的使用主要局限于学术界的研究者与城市规划者，

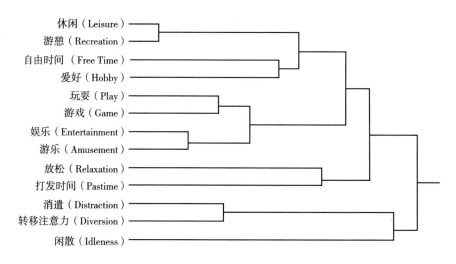

图3－1　13个和休闲有关的词语的层序聚类分析

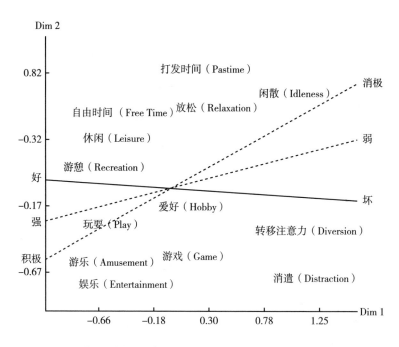

图3－2　使用特征拟合（PROFIT）回归线做出的多维排列

范围相对较小，对于大众而言，这个词并不怎么常用。"娱乐
（Entertainment）"的使用比较广泛，但与其英文含义还是有些许的微妙

差别。在中国背景下进行类似研究时，必须考虑到这些术语的适应性问题。

中国人的休闲态度：一些实证分析

近年来，中国人的休闲态度受到国内外学术界的关注。在使用拉吉卜与比尔德（Ragheb & Beard，1982）的休闲态度量表的基础上，邓金阳与沃克等人（Deng、Walker & Swinnerton，2006）的研究结果显示，中国受访者与盎格鲁－加拿大人的差异比较显著，在情感维度上，前者的积极性比后者低一些。同样，一项跟踪研究（Walker、Deng & Chapman，2007）显示，加拿大人和中国大陆人在休闲态度的认知、情感和行为/休闲偏好等维度上均有不同，前者更为积极。吴泗宗和郭海的研究（2010）应用了沃斯等人（Voss et al.，2005）的量表，分析了人们对休闲消费的态度，结果显示，人们对休闲消费的态度具有明显的快乐主义（hedonism）和功能主义（functionalism）两维结构特征。两个维度的态度对休闲消费意愿均具有显著的正面影响，其中功能主义态度的影响更大一些。我们所做的《2013 年中国国民休闲状况调查》通过 20 个测试项对受访者的休闲态度进行了测试（宋瑞，2014）。这 20 个测试项是在考虑中国国情和背景后，对纽林格与布赖特（Neulinger & Breit，1969）的项目进行了必要调整，具体包括："就我目前的情况而言，挣钱比休闲更重要"；"我目前的人生阶段，发展事业比休闲更重要"；"我目前生活中，很多其他事情比休闲更重要"；"休闲有益健康"；"休闲就是游手好闲"；"我觉得在休闲上投入时间是值得的"；"在休闲上花钱是值得的"；"休闲是幸福生活的重要组成部分"；"休闲就是放松、休息"；"休闲活动有助于提高工作效率"；"休闲不利于社会经济发展"；"休闲能让人和人之间的关系更和谐"；"参与休闲活动有助于结交朋友"；"休闲在我生活中必不可少"；"休闲就是吃喝玩乐、物质消费"；"休闲是少数人的专利"；"休闲活动能提供更多和家人在一起的机会"；"通过休闲活动能增进家人之间的感情"；"休闲是社会文明程度的标志"；"经常参加休闲活动能让家庭更幸福"。针对上述问题，请受访者对其认可程度做出判断，用 1~5 分评价，1 分代表非常不同意，5 分代表非常同意，分值越高代表认可程度越高。

表 3-1　休闲态度的因子分析

选项	相关因素			
	益处	负面看法	相对重要性	绝对重要性
通过休闲活动能增进家人之间的感情	.715			
经常参加休闲活动能让家庭更幸福	.640			
休闲是社会文明程度的标志	.618			
休闲活动能提供更多和家人在一起的机会	.614			
休闲能让人和人之间的关系更和谐	.526			
参与休闲活动有助于结交朋友	.473			
休闲就是放松、休息	.381			
休闲有益健康	.361			
休闲活动有助于提高工作效率	.344			
休闲就是游手好闲		.738		
休闲就是吃喝玩乐、物质消费		.647		
休闲是少数人的专利		.627		
休闲不利于社会经济发展		.583		
我目前的人生阶段,发展事业比休闲更重要			.798	
就我目前的情况而言,挣钱比休闲更重要			.762	
我目前生活中,很多其他事情比休闲更重要			.510	
在休闲上花钱是值得的				.779
我觉得在休闲上投入时间是值得的				.591
休闲是幸福生活的重要组成部分				.336
休闲在我生活中必不可少				.314

在对休闲"益处"的认识上，87.3% 同意或非常同意休闲的各种好处，如认为参加休闲活动可增加和家人共处机会从而增进和家人的感情和家庭的幸福，通过休闲可以结交朋友，休闲促进人际和谐，休闲有

益健康，休闲有益提高工作效率等。19.1%的人持中立态度，极少数的人（0.4%）反对。在休闲的"负面看法"上，42.3%不同意或非常不同意有关休闲的各种负面看法或影响，即不认同"休闲是游手好闲"、"休闲就是吃喝玩乐、物质消费"、"休闲是少数人的专利"和"休闲不利于社会经济发展"等观点。34.2%的人持中立态度，另有23.6%的人表示同意或非常同意，就休闲"相对重要性"而言，69.7%的人同意或非常同意挣钱、事业和生活里很多其他事情都比休闲更重要。只有7.6%的人认为休闲比生活里很多其他事情更重要。另外有22.7%的人持中立态度。就休闲的"绝对重要性"而言，70.7%的人同意或非常同意休闲在生活中有很重要的地位，如在休闲上投入时间和金钱是值得的，休闲是幸福的重要组成部分，休闲是生活里必不可少的一部分等。只有1.9%的人表示反对，其他27.2%的人表示中立。

总之，受访者总体上认可休闲的益处和重要性，但在现实生活中要做出实际决策时，往往并不一定把休闲排在第一位。一旦出现冲突，很多人会更多考虑挣钱、事业和生活中的其他事情。

工作与生活：从不平衡到平衡

在西方，工作与生活的关系一直是研究和政策中备受关注的问题。然而，直到近几年，工作－生活失衡所带来的经济和社会影响才引起了中国学术界、人力资源领域专业人士和政策制定者的关注。长期以来，中国人习惯了工作与生活的冲突，将其视为不得不接受且早已习以为常的生活现实。"白（天）＋黑（夜）"，"5（工作日）＋2（休息日）"的工作时间表被很多人所广泛接受。多年来，中国经济上取得的成就实际上伴随着一些错误的观念，如"先发展，后治理"和"先富裕起来，再享受生活"。这在一定程度上说明，有酬劳动在人们的生活（不管是个人家庭生活还是社会集体选择）中占据首要位置。

正如刘易斯等人（Lewis, Gambles & Rapoport, 2007）所指出的，工

作与生活的关系往往反映了一个文化、社会、政治、经济和组织的发展及其关注点。换句话说，理解个体劳动者在工作－生活关系上做出选择时所面临的"结构性和文化性制约"，就需要考虑就业制度和福利制度的特点、工作和生活领域的性别关系等重要因素。在西方社会，人们认为变革和资本主义的到来改变了工作和休闲的价值以及二者的主次关系。这种变革开始于基督教，因此，当代西方的劳动观念有其宗教根源。清教徒把工作放在首要位置，认为它是最重要的，将其本身视为一种精神目的。同时，他们贬低休闲，赋予休闲负面含义，如无所事事、浪费时间等。在这种新教工作伦理的影响下，在现代社会，休闲被当作从属性角色，成为支持工作这样一个更高目的得以实现的手段。中国社会并没有受到新教工作伦理的影响，那么，为什么中国人如此热衷于勤奋工作？

哈瑞尔（Harrell，1985）观察了中国人与其他国人的认知后发现，中国人工作尤其努力。他的研究旨在从人类学角度探讨这种工作伦理形成的深层因素。他试图通过中国人的企业家精神来解释中国人的勤奋。他把企业家精神界定为"为着长期的追求而投资个人资源，从而来提升物质财富以及自身所归属和认同的某个群体的安全"。他进一步解释说，这个定义中有三个关键要素：定位于未来、安全和群体导向。

儒家思想是中国的本土文化，倡导对工作、纪律、节俭的尊重，倡导维护面子、关系次序和家庭责任。许多研究者认为，儒家思想可能有其经济意义，也可能对更加广为人知的西方社会中的新教徒工作伦理有所影响（Po Keung Ip，2009）。韦伯关于《中国的宗教》的研究从工作价值观角度重点对比了这两种工作伦理。正如瑞汀（Redding，1993）所观察到的，一个社会中每个家庭只能依赖自身的资源生存下来，每个人在生活中依赖于家庭的支持，那些不努力工作的人，因共同利益的关系必然会受到社会压力。

与美国的工作伦理一样，中国的工作伦理随着时间推移已经改变了很多。20 世纪 50、60 和 70 年代，中国人的工作伦理几乎是整齐划一的。中国人为了建设社会主义国家而努力奋斗。在建设社会主义以及后来的四个现代化的目标的引领下，人们备受鼓舞地勤奋工作。改革开放之后，随着社会环境的不断变化和日益复杂，工作伦理就很难再保持整齐划一的状态了。总体而言，日益加剧的竞争和快速增长的经济，尤其是私企的增加被认为是导致很多中国人工作时间增加、工作强度增大的主要原因（Yuchun Xiaonei, Fang Lee Cooke, 2012）。中国雇主似乎认为自己有权利要求雇员在任何自己认为"需要"的时间里工作。即使在工作量略低于私企的政府部门，官员们在晚上或周末执行上头的"紧急"指令也很常见（同上）。近年来，中国才开始强调休闲、家庭和生活的重要性，但劳动、生产、工作、经济发展的主导地位依然没有动摇。很多人依然在如何处理好工作与生活的平衡上苦苦挣扎。

此时，当我写下这段话的时候，是北京时间上午6：30。在花费两个小时完成本章最后的修改之后，迎着北京的晨曦，我感到些许释然和放松。这段日子里，每当凌晨4点醒来，我都会迫不及待地打开电脑开始工作。正如我在给戈德比教授的邮件中所说，数月来我深深沉醉于这本书的写作之中。家人抱怨、指责我是个工作狂（workaholic）。相比之下，我更喜欢"工作投入"（work engagement）这个词。当我知道努力工作可以划分为这两种分类时，心里稍微感到一些宽慰，内疚感有所缓解：工作狂，是一种"坏"的努力工作；而"工作投入"，则是一种"好"的努力工作。对我而言，休闲不仅意味着个人的闲暇时间、爱好、兴趣、幸福，同时也代表着研究者的梦想和责任。这听起来像是一个悖论——我热爱研究休闲，尽管我很少有机会真正享受休闲。我希望在未来，越来越多的中国人，当然也包括我自己，能够从多样化、个性化的休闲生活中受益良多。

参考文献

Andrew Purrington, Garry Chick, Careen Yarnal, "Lexical and Connotative

Meanings of Leisure."

Beam, C. May, 2014. Year of the Pigskin My Hilarious, Heartbreaking, Triumphant Season with the American Football League of China. The New Republic.

Gladwell, M. 2008. *Outliers—The Story of Success*. New York: Back Bay Books.

Godbey, G., Caldwell, L., Floyd, M., and L. Payne, 2005. "Contributions of Leisure Studies and recreation and Park Management Research to the Active Living Agenda." *American Journal of Preventive Medicine*. Vol. 28, No. 2, pp. 150 – 158.

Huntington, S. The Clash of Civilizations?, *Foreign Affairs*, Summer 1993.

Ma, H., and E. Liu, "The Mapping of Leisure Value in Chinese Cultural Tradition." *The XVIII ISA Word Congress of Sociology*, Yokohama, Japan 13th – 18th July, 2014.

Po Keung Ip. 2009, Is Confucianism Good for Business Ethics in China? *Journal of Business Ethics*, Vol. 88, Issue 3, pp. 463 – 476.

Neulinger, J. & Breit, M. 1969. Attitude Dimensions of Leisure. *Journal of Leisure Research*, 1: 255 – 261.

Redding, G. S. 1993. *The Spirit of Chinese Capitalism*. New York: De Gruyter.

S Harrell. 1985, "Why do the Chinese work so hard?" *Modern China* 11 (2): 203 – 26.

Suzan Lewis, Richenda Gambles & Rhona Rapoport, 2007. "The Constraints of a 'Work-life Balance' approach: An International Perspective," *The International Journal of Human Resource Management*, Vol. 18, Issue 3.

Voss K E, Spangenberg E R, Grohmann B. 2003. "Measuring the Hedonic and Utilitarian Dimensions of Consumer Attitude." *Journal of Marketing Research* 40 (3):310 – 320.

Weber, M. 1951, *The Religion of China*, Toronto: The Macmillian Company.

Yuchun Xiao, Fang Lee Cooke. 2012. "Work-life Balance in China? Social Policy, Employer Strategy and Individual Coping Mechanisms," *Asia Pacific Journal of Human Resources* 50: 6 – 22.

吴泗宗、郭海：《休闲消费的享乐性/功用性态度研究》，《旅游学刊》2010 年第 3 期。

魏统朋、刘志民：《休闲态度量表在农民工中应用的信效度分析》，《上海体育学院学报》2013 年第 5 期。

宋瑞：《我国国民休闲态度实证研究》，《杭州师范大学学报》2014 年第 5 期。

王雅林：《"生活型社会"的构建——中国为什么不能选择西方"消费社会"的发展模式》，《哈尔滨工业大学学报》（社会科学版）2012 年第 1 期。

马惠娣：《休闲：人类美丽的精神家园》，中国经济出版社，2004。

第四章　休闲的演进

为中国展望休闲
休闲的演进：文化、历史、学术和个人的视角

为中国展望休闲

杰弗瑞·戈德比

一些心理学家认为，所有的行为都可以被归类为远离或靠近某物。显然这是非常西方化的思维方式。中国人看问题可不会这么绝对。休闲可能也是如此。对中国人而言，许多的休闲行为都可以看作是远离日常生活的压力——远离无休止的工作和艰难的人生旅途，远离家庭责任。这种"转移注意力式的休闲"几乎在所有的国家都非常流行，这也就是为什么在中国以及其他许多现代国家或发展中国家，看电视成为最耗时也是最普遍的休闲活动。当人们在参与一些需要技能且具有挑战性的休闲活动（如打乒乓球）时，会像对待工作一样尽心参与其中，会变成一项"事业"。换句话说，人们可能会逐渐变得更为熟练、专业和更加投入。他们也许会开始使用更为专业的设备，使用专业术语，寻找那些同样热衷于此项活动的人参与其中。对一些人来说，休闲活动可能会成为其身份的一部分（Stebbins，1992）。本章主要介绍休闲活动的进展，以及"严肃（深度）"休闲活动在中国的发展前景。

集体主义文化的身份认同

从美国人的角度来看，中国人在生活的很多方面历来被教育得很被动。就像鸟类明确的"啄食顺序"一样。在鸟群中，这种顺序是由地位较高的鸟所建立和维护的。在人类社会，这种顺序演变成了社会群体中的次序和等级制度。中国历史上，理解和接受这种等级制度对于维护和谐的关系体系十分重要。这种社会秩序提供了身份认同，同时，也影响着一个人对在闲暇时间里哪些事情是值得去做的看法。当人们不再认同社会秩序时，朝代就走到头了。这种社会秩序给了人莫大的安慰，它让人清楚地明白自己的地位，但同时，也泯灭了人的好奇心。

一个中国研究生问我"为什么你需要在闲暇时做点什么事情？"我无言以对。然而，对于许多美国人乃至在某种程度上对于其他西方人而言，他们不仅认为未经省察的生活毫无生趣，而且对于生活本身就抱着一种存在主义的态度。也就是说，真实的生活不是现成摆在你面前的，你必须要通过实际的参与和行动来活出你的个性。与经验主义和理性主义相反，存在主义强调每个人作为独立自主的个体的独特地位，他们都对自己的选择负有全责（Goodale & Godbey, 1988）。

存在主义关注的是理性主义的局限性和绝对自由所带来的悖论，而逻辑实证主义声称拥有解决上述困境与局限的方法和技术。人类理性的一面，在逻辑实证主义看来是具有无限发展的潜能，而在存在主义者看来，只是我们存在的一个方面而已。在一个上帝几乎没有任何作用的世界里，"自我"是一个抽象的概念，需要进一步界定。而需求是通过个人的努力和行动来满足的。正如哲学家考夫曼在19世纪中写道的："当我把握我的可能性时，我经历了'自由的眩晕'所带来的恐惧，我的选择也是在恐惧和颤抖中产生的"（Kaufmann, 1956）。没有神学和道德体系约束的自由，确实会带来恐惧和荒谬。

存在主义主张的本质是，理性主义可以遍布整个人类文明，以至于身处这种文明中的个体思考得越来越少，或许最终什么都不做。这可以通过对生活自身发展的基本方式和流程做出命令来实现。技术是理性主义的一种物质体现，因为它来源于科学；官僚主义是理性主义的另一个体现，因为它致力于对社会生活进行理性控制，并使其具有合理的秩序。技术和官僚主义这两者都对我们的生活施加了越来越多的统治（Barrett，1958，p. 269）。

因此，休闲的自由是一种资源，应该将其用于发现甚至在某种程度上创造一个真实的自我。当然，并不是所有的美国人都奉行存在主义，但许多美国人都会将他们所从事的一些休闲活动和所取得的成绩列在简历里。这说明，每个人都是其行为的总和。但是，如果一个人被迫从事这种"发明"或"创造"，那么，休闲和工作之间的界限将会消失，因为人们对自由的体验是消极被动的。美国也许是这个世界上个人主义最为盛行的国家，因此，中国将美国视为休闲或其他任何文化的楷模，是件很奇怪的事情。尽管中国文化比大多数美国人所理解的要更为多元，但它确实是高度集体主义的。然而，与日本这种民族身份感很强的国家相比，中国的民族主义也是很不一样的。

中国的民族主义具有极其多元化的思想根源，包括传统的中华思想，美国的渐进主义、马克思主义和苏联的民族思想。这种思想本身也存在着许多不同并且往往是相互冲突的表现（Wikipedia，2014）。

尽管中国的民族主义者都认同中央集权政府，但在很多问题上仍然存在较大争议，例如政府应该实施怎样的政策才能使国家变得强大，国家的结构和目标应该是什么，中国应该如何与国外势力打交道，以及如何处理汉族与少数民族和海外华人之间的关系。

有人认为，这说明中国人缺乏认同。不过也有人认为，中国的民族主义可以通过多种形式来表达，这种能力使其能够对内部危机和外部事件做出快速响应。孙中山所提出的三民主义，主要关注民族、民权和民生，是很有影响力的。在西方社会看来，中国的民主尚未推广，而他们一直主张，只有人民得到了正确的教育，民主才会实现。相反，美国人经常通过投票来决定一些他们甚至一无所知的问题。

也许可以说，在中国，刚刚兴起的休闲思想与日本和美国相比将有所不同。在某种程度上，中国仍然要在一些问题上实现"跨越式"发展，例如解决污染防治、快速老龄化和城市化等非常紧迫的问题。中国这种更为集体主义的民族特性，恰好是解决上述问题时所需要的一种积极的特性。因此，休闲在中国的发展方式正好反映了这种需求，这是可取的。但这并不意味着人们的休闲机会应该保持现状。

一个小故事可以说明日本的集体主义与中国的有何不同。我与宗彦（Munehiko）刚刚打完网球。他是一名来自日本的博士生，同时也是个出色的网球运动员。与导师打一到两场网球，对一个日本博士生来说，并不是件容易的事情。因为，赢，在某种意义上被认为就是输。比赛结束时，我们聊起我们的生活和世界观。他告诉我他是佛教徒，同时还信仰神道和基督教。我问他，如何在他的大脑和灵魂中拥有三种信仰体系。他费了很大力气向我这个西方人解释了这个费解的问题，告诉我，他真正的信仰是成为日本人。这是中国人的信仰吗？我不知道。中国的未来取决于这个问题的答案。

给予人们想要的，并让他们通过学习知道自己想要什么

在巴西圣保罗一个公寓的屋顶花园里，我们几个人喝着酒，聆听一位出色的城市规划师的人生智慧。他负责管理一个由工人和政府组成的联盟。这个联盟以合适的成本为工人及其家人提供休闲机会，包括厂房改造成的休闲中心——一个可以读报纸、打台球、制作陶器或上课的地方。同时，该组织也为工人及其家人提供低价的海滨度假住宅。他说话声音不高，但却铿锵有力。他发自内心的声音淹没了街道上的嘈杂声。听着他智慧的言论，我们领悟到，我们不光要给予人们所想要的，而且要让人们通过学习清楚自己想要什么。当我们俯视着巴西人口最为稠密

的城市中这条拥挤的街道时，他说，人类会不断进步，慢慢学会判断哪些事情是有趣的、值得的和令人愉悦的。最初，愉悦只是让我们身体上感到舒适，渐渐地，心灵上的愉悦也会不期而至。人们会变得更加成熟，更有道德感，更加独立和更加自律。他对人充满关爱，这是作为好公仆的一个前提。我离开时，他提醒我最好打车回酒店，不要步行回去，因为这个区域非常危险。他的梦想，尽管尚未实现，但却适用于每个国家，当然也包括中国。

休闲并不是管理和控制的终结，它只是将控制和管理的权力从社会组织让渡给了个体。

大多数休闲方式都需要学习，并经历一段并不怎么愉快的时间。第一次拉小提琴时发出的声音像一只被激怒的猫，第一次尝试放风筝或许会以风筝掉在地上告终，而第一次写书法可能会写得非常难看。然而，渐渐地，人们学会了深入的鉴赏，技艺也愈发精湛，于是就成功了。至少在西方著名哲学家看来，精神和心灵上的愉悦要比身体上的愉悦更高一个层次。中国人是否也能有更多的机会来参与这样的学习？许多的休闲项目都需要人们像对待一份"职业"那样投入其中。"休闲生涯"（leisure career）对人的影响与工作生涯同等重要。严肃休闲（serious leisure，也称深度休闲）可以使人们获得与在校学习一样的教育。在大多数情况下，想要从更高形式的休闲活动中获得享受，的确需要通过学习。这意味着，社区必须为年轻人提供能接触不同休闲活动的机会，学习相应技能，增进理解，提高实践。我所居住的小镇，有许多艺术班、艺术展览、艺术节以及众多收费很低的绘画、雕塑和视觉艺术兴趣班。如果像这样，确确实实地向年轻人提供了休闲机会，那么很显然，多数人会因此具有一定的艺术才能。人们通过学习，具备了表现自己的艺术才能。尽管服务的提供方式可能有些不同，但中国也可以效仿西方的上述做法。在许多情况下，艺术家和艺术老师要深入人们生活的地方，而不是人们前往艺术家工作的地方。

休闲活动的专业化阶段

如果你持续地参与某项休闲活动，你会经历几个不同的专业化阶段。社会学家霍布森·布莱恩（Hobson Bryan，1976）提出了休闲活动专业化的观点。他研究了钓鱼这项活动，发现其中有四个专业化的阶段。第一阶段，初学者的期望并不高，他们只想着无论以任何方式，只要钓到一条鱼就可以了。如果他们继续深入地参与这项活动，一个渐进的学习过程就开始了。人们开始接受更大的挑战，每一次成功对他们来说都变得越来越重要。在专业化的第三个阶段，人们会在这项活动的某个领域变得非常专业，比如用假蝇钓鱼或深海钓鱼。技术、装备、行动计划、美感，以及与其他类似的专业人士的交流，都变得日益重要。最后，在专业化的最高阶段，人们可能会在活动中构建自己的身份，并爱上这项活动。

人们对很多活动的专业化问题都进行过研究。举例来说，帆船航行就比摩托汽艇航行的专业化范围更广（Donnelly，Vaske & Graefe，1986）。不同的休闲活动有不同的专业化进程。不是所有开始从事休闲活动的人都会经历这些专业化的发展阶段。有些人不想变得专业，只想单纯地享受轻松的活动。一项关于打桥牌活动的研究发现，随着时间的推移，一些人变得高度专业化，而另一些人打了几年之后，仍然喜欢随便玩玩，只是为了娱乐。对后者而言，与朋友交往，吃吃点心和找点乐趣比培养技能更重要（Scott & Godbey，1994）。

在中国，时间、金钱以及场地都限制了人们在休闲活动中的专业化发展，但是太极、拳击、放风筝、书法和杂技等领域的专业化程度却很高。对许多没有机会从事创造性的或令自己满意的有偿工作的人来说，严肃的（深度的）休闲活动是他们获得身份感和自豪感的来源。需要为人们创造更多的机会，使其参与到这些活动之中。

业余爱好者

随着越来越多的休闲活动变得专业化，人们开始从打篮球、绘画等活动中获得收益。初学者往往会在开始从事许多休闲活动时遇到一些专业性的门槛。他们购买了电吉他，刚刚学会几个音符，就听到了埃里克·克莱普顿（Eric Clapton）的演奏，自己的努力顿时显得微不足道了。这时，初学者也许会像对待工作一样，选择投入这项休闲活动中，他们会不断地学习，并在活动中找到认同感。一旦这个过程开始，他们就从娱乐玩耍朝着更为投入与付出的方向走下去了。当然，并不是每个人都会这样做。有些人仍只是"浅尝辄止"，随意地参加一些活动，只是为了娱乐和消遣。所谓"业余爱好者"，就是指爱好某种活动的人，他们对待这种活动与对待自己的工作一样投入。他们所从事的休闲活动使他们具备了富有吸引力的身份特征。由于他们对待休闲活动十分认真、投入，因此，对于那些偶尔进行一下休闲活动的朋友来说，这些人的行为令人费解。业余爱好者不属于专业人士。他们并不通过弹吉他或作画来谋生，但出于热爱，他们认认真真地做着自己喜欢的事。他们的技术水平也许不是那么专业，但却拥有非常丰富的相关知识，并对活动本身有着相当高的评判标准。业余爱好者会向普通大众推广他们的活动，担当教练、老师，并提供建议。他们推崇自己所从事的活动，有的甚至将其当成一种宗教信仰。

"畅"体验

我曾经观看过一些中国朋友在节日吃完饺子后打麻将。这种中国游戏通常要四个人来玩，玩家们将上面绘有各种图案、类似多米诺骨牌一样的方块牌抓回来又丢出去，直到其中一个人手上有四组相连的牌和一个对子，他就赢了。他们都是高手，在这个复杂的游戏中玩儿出了技巧。他们偶尔说说话。一位技术娴熟的女士盯着自己手里的牌，出手干脆，没有丝毫犹豫。她似乎在神游。整个世界都静止了，唯有游戏的存在。后来，她赢了。另一个人告诉我，她就知道那位女士会赢。因为，她已经达到了另一个境界。

心理学家特米哈依（Csikszentmihalyi，1990）将"畅"定义为在"工作"或"休闲"过程中感受到的一种最佳体验。与休闲或其他概念相似，"畅"是一项自身就是目的之所在的活动。它是自我包含的、本身就具有目的的。特米哈依将"畅"体验描述如下。

> "畅"是一种感觉，即人的能力足以应付他手上的挑战，这个挑战是目标导向、受规则约束的行动系统，为指导人的表现提供清晰的线索。在此过程中，人的注意力高度集中，没有精力思考其他无关的事情或问题。自我意识消失，时间感也发生扭曲。能够产生这种体验的活动是很令人高兴的，因此即使有时它会是艰难和危险的，但人们依然由衷地愿意参与这种活动，而很少去介意他们能从类似的活动中得到什么。

在"畅"的体验中，挑战是与个人的技能紧密相关的。如果个人的技能不足以应付挑战，那么，就会产生焦虑感。如果个人的技能应付挑战绰绰有余，人们就会感到厌倦。因此，如果芝加哥公牛队与你的同学们打一场篮球赛，你的同学可能会感到焦虑，而公牛队的球员可能会感到无聊。当碰到这样的情况时，为了保证技能与挑战之间的平衡，孩子们会通过交换球员来重新组队——"我们用哈利和琼交换你们的迈克尔·乔丹"，或者他们让对方球队处于不利条件。

尽管"畅"这种体验在某种情境下会发生，但通常它都是被构建出来的。特米哈依和其他心理学家认为，人脑的正常状态叫作"熵"，是一种混乱的思想状态。这种状态既不愉快也没有什么用处。人的大脑很复杂，需要有一种对意识进行重组的能力来控制这种混乱状态，并在进行有意义的活动时发挥应有的技能。换句话说，人脑在正常情况下处于一种混乱状态，必须加以控制。古代雅典人说，休闲需要极大的自控能力，也许这就是其意之所指。

在工作或休闲状态中，人只有在能够集中精力和具备相应技能时，"畅"才会发生。当人们无论是由于缺乏自制，还是由于身处某个特定的社会环境，而无法按照自己的目标行事（行为异化），导致精力不集中时，"畅"是不可能发生的。

在家庭环境中，如果父母明确地告诉孩子对他们的期待是什么，并给予及时的反馈，那么，孩子更容易体验到"畅"。同时，如果父母对孩子正在做的事情感兴趣，给予孩子做出选择的机会，那么，随着信任和承诺的升级，孩子们会放下他们的抵触，自觉地参与到他们感兴趣的活动中，并最终体验到"畅"，而父母则会进一步为孩子提供更加复杂的挑战机会（Csikszentmihalyi，1990）。上述活动不仅需要父母投入时间和精力，而且还需要孩子的信任，以及发挥自律的意愿。

许多休闲（和工作）并不会产生"畅"体验。那些不需要太多的技巧，如看电视或其他类似的娱乐方式，既没有挑战性，也不需要任何技巧。正如我们即将看到的，有证据表明，这样的活动并不大会让人产生满足感。因此，基于"畅"的概念，我们可以判断哪些是有益的休闲活动，哪些不是。"畅"活动的基本要义是，要将个人的意志力集中在一件事上，无论是爬山、做手术，还是吹喇叭。

中国的严肃（深度）休闲

在我住的酒店大堂，一个六七岁的中国小女孩正在弹钢琴。她的父亲手持乐谱，像老鹰一样盯着自己的女儿。他为她感到无比骄傲，但却努力不让她知道。肖邦的旋律弥漫开来，一些人聚集过来聆听钢琴。女孩弹得非常好。她的眼里只有乐谱，暂时沉浸在自己的音乐世界里。当她演奏完，我们几个一起鼓掌，她的父亲却没有鼓掌。这正是他所期望的。

在中国，我无数次看到父母在闲暇时间带着孩子去参加表演，展示画作，或以其他方式来展示他们的技能。如果休闲的演进是从休息到寻找乐趣，到寻求地位和成就，再到寻求某种意义，那么显然，许多中国父母将孩子的休闲设定为追求地位和成就。尽管西方的电视节目引导人们在闲暇时间去享受和消费，而许多中国孩子的闲暇不但远没有这么潇洒，反而显得有些许严肃。人们很容易就忘记了在中国文化中时间的表达方式，从大饥荒到孩子弹奏的肖邦，从"文化大革命时期"文化的闭塞，到我在这个国家伟大的音乐厅里所听到的中西方交响乐，从弯腰插秧到李娜赢得网球冠军。严肃（深度）休闲开始在中国出现——准确地说，不是出现，因为它一直都存在，只是如今开始倍增。我在湖北见到的一位书法大师告诉我，他的目标不再只是卖自己的作品，而是帮助数百万中国孩子学习这一古老的艺术形式。从参与的角度来看，中国人的休闲活动成倍地增长了。随着这种增长，中国将更加贴近现代世界的休闲方式。中国人显然很有天赋，现在也拥有了表现自己的机会。休闲是创造文明的工具，通过休闲，许多事物将被重新定义。

几十年前，迈克坎内尔（MacCannell，1976）认为，生活本身应该是"有趣的"，休闲的作用是改变工作在现代社会活动中的核心地位。这一改变导致了工业社会危机的出现。同时他指出，创造完全来自与文化、文明有关的活动，而不是产业化和生产。在工作之外，人与人之间的亲密感和自发性都被保存了下来。文化体验本身已经成为社会财富的蓄水池。"新兴的现代观念致力于扩展其在休闲体验方面的技能，不断适应相同的、开放式的观念来聚集各种体验，就像以前的观念主要存在于物质产品的所有权之上一样"（Kelly & Godbey，1992）。中国还没有达到这一阶段，但通过那个在大堂里弹钢琴的小姑娘，我们可以看到，人们已经开始认识到了休闲的价值。

休闲的演进：文化、历史、学术和个人的视角

宋　瑞

中国人的休闲体验：学术上的初尝

西方休闲学者，尤其是北美的学者一直尝试从社会心理学视角来研究休闲体验，并分析人口学特征、身份与休闲体验之间的关系。社会心理学是研究休闲的最为基本的方法，也是西方休闲学构建和演化的基础。然而，这一方法在中国还没有得到广泛应用。作为一个新的研究领域，中国的休闲研究按照库恩（Kuhn，1962）的标准，还处于"前学科"阶段。中国的休闲研究就像是一个用哲学、社会学和经济学做外皮的大包裹，尚缺乏心理学和社会心理学的内核。尽管一些在中国长大、在国外接受教育的学者，如董二为（Dong，2003，2006）和涂雪飞（音）（Xuefei Tu，2010），在其国外导师的指导下运用规范的心理学和社会心理学方法对中国人的休闲体验这一主题进行了研究，但他们的样本主要是在北美生活的中国学生和几个选定的中国城市的居民。要想系统地分析和了解中国人的休闲体验，无论是从调研的宽度还是研究的深度来看，目前的研究都还不足。在这一领域，学术界既缺乏准确的理论框架，也没有可靠的实证检验。因此，很难从学术的角度来描述、解读和分析13亿中国人的休闲体验。更为重要的是，我本人的教育背

景主要是经济学和管理学。尽管也阅读了很多有关休闲体验的英文文献，但还不足以对该领域有系统的把握。中国人的休闲体验是什么？我们的体验与西方人的有何不同？西方休闲研究中广泛应用的个人主义、自由和自治理论是否可以用来解读中国人的休闲？到目前为止，关于上述问题，还没有足够的学术研究结论。同时，值得注意的是，以西方学术界为主导的休闲体验研究尚未对构建体验的意识形态、权力与话语结构等主题进行足够深入的讨论和研究。

中国人的休闲：独特性背后的原因

正如涂雪飞（Xuefei Tu，2010）所归纳的，许多学者认为，中国传统社会的休闲呈现以下特征：①中国人喜欢安静的、被动的活动，而不是激烈的体育活动，而西方文化更倾向于积极的、动感的休闲活动；②在很多休闲活动（比如体育活动）中，中国人往往喜欢扮演观众的角色，而不是积极的参与者；③与户外休闲活动相比，中国人更喜欢室内的休闲活动，比如读书、听音乐、和朋友聊天等；④与西方人相比，中国人更加以工作为导向；⑤与西方人相比，中国人很少进行集体性的休闲活动，或需要一大群人参与的休闲活动，相反，许多中国人的休闲活动都是个体性的；⑥在中国，休闲理念并不系统，在许多情况下，都无法按照西方人的标准来进行界定。

鉴于中国人休闲的独特性，一些学者认为，中国传统文化在塑造中国人的休闲特性方面发挥了重要作用。他们特别强调了中国思想的两个主要流派——儒家和道家对休闲的影响（Liu et al.，2008）。道教主张，欣赏自然可以给人带来内心的平和与宁静，并增进人们对生命意义的理解。因此，它鼓励人们回归自然，并达到人与自然之间的和谐状态。因此，在道家思想的影响下，中国人更喜欢独自安静地欣赏自然之美，而美国人更享受具有挑战性的、刺激的户外活动（Wang & Stringer，2000）。同样，刘慧梅等人（Liu H. et al.，2008）指出，道教对中国人的思想和休闲理念的影响在于，它强调一种自然放空的思想状态和一种休闲的生活方式。而儒家思想在倡导一种相对自由、悠闲的思想和状态时，主张人们要关心国家和百姓。这对中国人的休闲方式也起到了很大影响。然而，考虑到"文化大革命"对中国传统文化的全面破坏，实际上不应该过于强调道教和儒家思想对现代中国人休闲方式和休闲活动的影响。社会结构的变动（例如劳动力人口的变化）、日益明显的现代化和全球化以及科技革命，仍将继续改变中国人的工作和休闲方式。涂雪飞（Xuefei Tu，2010）针对中国学生的研究证明，事实上，中国的传统哲学思想似乎并没有对学生们的休闲行为产生主导性影响。当我们试图准确理解现代中国人的休闲行为时，有必要将其历史演进过程考虑进去。

中国人休闲方式的演进：简要的历史回顾

几千年的农业文明中，中国休闲文化深深根植于农业生产和生活，这些都与大自然的节奏息息相关，遵循着"日出而作，日落而息"的节律，并形成了许多传统的休闲活动，如气功、太极、武术、种花、养鱼、养鸟、琴棋书画、观看文艺演出（不一定是在剧院），以及票友活动、品茶、刺绣和剪纸等。

许多团体性的民间活动，如赛龙舟、舞狮、踩高跷、放风筝等，都在传统节日举行，如春节、元宵节、端午节和重阳节等。这些休闲活动中的大多数，都是以家庭和团体为单位的。中国人参与休闲活动的一个重要动机就是享受天伦之乐。休闲作为一种社会网络，将家庭成员、朋友和相关群体联系在一起。"独乐乐，不如众乐乐，"这是中国人休闲的基本原则。

中华人民共和国成立之前的一个世纪时间里，中国被迫向世界敞开门户。鸦片战争后，西方国家不仅打开了中国政治、经济与军事的大门，也将西方的文化和价值观渗透于中国文化之中。伴随着西方的入侵，电影院、现代戏剧、现代歌剧，以及其他西方文体娱乐活动也随之而来。同时，一些公共娱乐设施，如茶馆、传统戏剧和酒吧也在全国各地蔓延。当然，一些奢靡场所和设施，如鸦片馆、赌场和妓院也为数众多。那是个休闲供给异常丰富、同时也很混乱的时期。传统文化在某种程度上受到了全面冲击。

从新中国成立到改革开放前约30年时间里，中国的政治、经济和社会经历了起起落落。总体而言，整个社会，无论是生产还是生活环节，都被高度均质化、同一化。"文化大革命"几乎摧毁了与自由和传统文化相关的一切事物。生产的重要性被提到了征服自然、赶超英美的高度。"劳动最光荣"的标语贴满大街小巷。人们的头脑中几乎没有休闲的概念。这种思想在某种程度上类似于清教徒的宗教信仰，并对目前中国人的生活状态产生了重要影响。几乎所有的环节都是由政府组织和计划的，因此个人没有自治的任何必要和可能，也没有选择的权利。从全民广播体操，到在农田上对歌，从排练样板戏，到跳秧歌舞和忠字舞，从组织群众进电影院，到在农村观看露天电影，所有的活动都是由政府组织的。所有这些活动都是有组织的集体活动，而这些所谓文化活动的内容都要通过政治审查。主题基本上都是爱国教育、反帝反修、反封建、歌颂革命领袖、歌颂社会主义。毛泽东时代的休闲政治化可以从1964年的报纸头条得以体现，例如"充分利用业余时间"，以及"在革命工作之外的时间也要严于自律"等。那些未能参加官方组织的"休闲活动"的人，可能会遭到"脱离群众"和"缺乏集体主义精神"的批评（Unn Målfrid rolandsen，2011）。所有类型的文体活动都与革命相关，旅游在那时是不存在的。

改革开放30多年来，中国经济快速稳步发展，与此同时，整个社会也经历了全面的变革。休闲重新回到中国人的日常生活之中。最初走进中国内地的是港澳台的娱乐和生活方式。20世纪80年代，港台的音乐、电影和电视节目颇受年轻人欢迎。在旅游方面，首先发展起来的是入境旅游，然后是国内游和出境游。扑克、下棋和打麻将，以及城市公园里的晨练和唱歌，都是过去十几年间中国人为数不多的休闲方式。来自港台的"靡靡之音"自改革开放之初进入中国内地，开启了内地的流行音乐史。跳舞很快风靡全国，随之而来的是对卡拉 OK 的狂热，当然少不了磁带和之后 CD 的大热。20 世纪 90 年代，改革开放大大提高了中国人的生活水平，休闲文化也开始多元化发展。老年人在公共场所展示他们的秧歌舞技，而少数新兴的中产阶级开始尝试新的休闲项目有高尔夫、保龄球、跳伞、钓鱼、登山、驾驶、蹦极和私人游艇等。按摩浴室、室内游泳池、舞蹈俱乐部、健身房、美容院、茶馆、咖啡馆和各种酒吧到处蓬勃发展。CD、VCD、DVD 机和有线电视成为基本的家庭娱乐设备。传统的休闲活动开始复兴，各式各样的西方娱乐休闲方式也受到热捧。然而，伴随着休闲多元化，也出现了各种各样的问题，如面对各种休闲活动，人们还不够专业，也没有做好准备，同时产生了炫耀性消费和奢侈消费的现象。值得庆幸的是，政府意识到了休闲对百姓生活的重要性，并采取了一系列措施来满足人们日益蓬勃的休闲需求。

对中国人休闲的探讨，唤起了一些学者的怀旧情怀。例如，马惠娣（2004）认为，休闲的价值在今天的中国被低估了，许多人认为休闲只是纯粹的娱乐甚至是懒惰的表现。在古代，除了休养之外，人们还通过发明创造和哲学反思，追求着更有意义的休闲方式。然而，今天中国人的休闲已经失去了它的精神意义。如今，充斥中国人闲暇时间的，是各种满足感官刺激的活动，如大吃大喝，而不是思考、创造，或进行一些基本的公民事务。这一结论的得出，需要进一步的实证检验。

和谐/平衡与自由矩阵：理解中国人休闲方式的新框架

自由和自治是西方休闲体验研究的关键概念，特别是在北美。马库斯与北山惠理（Markus & Kitayama，1991）以自我意识作为种族、文化涵化以及户外休闲的动机三者之间的中间变量来分析休闲体验。他们的研究结果显示，种族对自我意识具有直接影响。北美和西欧的个人可能具有更加独立的自我意识，因此，他们倾向表现独特的自我、提升自己的目标。而中国人的自我意识则更加重视相互依存和归属感、适应以及提升他人的目标。沃克等人（Walker et al.，2005）指出，不同文化群体的成员具有不同的自我意识。例如，北美和西欧的人更加具有独立的自我意识，而亚洲、非洲和欧洲南部的人，往往具有相互依存的自我意识。不同类型的自我意识会影响个体的认知、情感，甚至他们的内在动机。刘慧梅和沃克（2014）认为，中国人相互依存的自我意识对我们的休闲体验产生了影响。那就是，大多数中国人认为，休闲活动提供了更多与家人相处的机会，可以提高家庭成员的凝聚力和幸福感，通过休闲可以结交新的朋友，促进人际和谐。这些进一步影响了中国人的休闲活动偏好。例如，大多数中国人更喜欢集体性的休闲活动，并愿意为家庭责任牺牲闲暇时间。他们还认为，由于这种相互依存的自我意识，中国人把人际关系和归属感的重要性置于自由意志之上，而后者恰恰是西方学者所认为的休闲的关键要素。另外，他们指出，中国人喜欢安静的休闲活动，因为他们喜欢温和的情感表达方式。由于他们的论证来自于他人的观察和分析，因此，上述结论还只是来源于逻辑论证，而不是一种统计上的分析结果。

在此，强烈建议今后的研究中加强对社会心理学研究范式的应用。仅以我个人的观察而论，如果"自由"是分析西方人休闲时最为重要的变量的话，那么，在研究中国人的休闲时，应辅之以"和谐"或"平衡"这一概念。在这里，和谐/平衡是指人与自然，身心、自我与他人，以及挑战与成就感等等之间的平衡关系。在这个矩阵中，自由与和谐/平衡分别为横轴和纵轴，可以对中西方休闲之间的异同点进行解释和比较。当然，无论从理论还是实证角度，这一假设框架都需要进一步的科学检验。

中国人的休闲动机：实证研究

2013 年笔者主持了一个全国性的休闲专项调研——"中国国民休

闲状况调查"。该调查的框架由笔者设计，并委托零点公司展开问卷调查。国家旅游局对该项目给予了资助。2013 年 2～3 月期间，在全国进行多级分层随机抽样后对样本进行了入户调查。共有 4462 位 15 岁以上的中国人在专业调研人员的帮助下，参与了问卷调查。问卷内容包括基本人口数据、各种休闲变量以及生活满意度等。

为了了解中国人的休闲动机，比尔德和拉吉卜（Beard & Ragheb，1983）构建了休闲动机量表（LMS），并由其他研究人员在具体应用时进行了适当的修正。为了适应中国国情，我们将原来的 48 个问题项调整为 20 个。其中，涉及智力动机（5 项）、社会动机（6 项）、刺激/逃避动机（5 项）和技能掌握动机（4 项）。打分采用五点里克特量表，其中，1 表示"严重不同意"，5 表示"非常同意"。打分越高表明休闲动机越强烈。结果显示，中西方在休闲动机尚存在一些异同。

表 4－1　休闲动机

问题	均值（SD）	α 值
智力/知识维度		0.69
增长阅历和知识	3.93（0.83）	
认识自我和他人	3.75（0.85）	
发现和了解新事物	3.90（0.86）	
发挥我的想象和创造力	3.65（0.90）	
满足我的好奇心	3.59（1.00）	
社会/社交维度		0.73
与他们建立友谊	3.81（0.87）	
获得他人的接受和尊重	3.59（0.94）	
获得社会技能	3.71（0.90）	
通过交往获得发展机会	3.81（0.88）	
商业目的	3.29（1.09）	
获得归属感	3.40（1.02）	
刺激/逃避维度		0.56
放松身心	4.01（0.85）	
寻求刺激	3.30（1.03）	
逃避日常生活的纷扰	3.96（0.86）	

续表

项目	均值（SD）	α 值
随性地做我想做，放松	3.86（0.88）	
逃避现实	3.39（1.03）	
能力/技能维度		0.69
保持良好的体型	3.55（0.99）	
挑战我的能力	3.59（0.93）	
健身	3.75（0.93）	
获得益处	3.64（0.86）	

严肃（深度）休闲、随意休闲与基于项目的休闲

大约十年前，笔者第一次读到有关严肃（深度）休闲（serious leisure）的文章时，颇感困惑。乍一看，似乎不合逻辑——休闲意味着放松，怎么能是严肃的呢？从字面上看，在不同的语境下，"serious"可以意味着"有节制的"、"庄重的"，也可以表示"认真的"和"孤注一掷的"。因此，要把"serious leisure"翻译成合适的中文并不容易。一些学者将其翻译为深度休闲（in-depth leisure），还有人将其翻译为认真休闲（earnest leisure）。前者在大陆较为流行，而后者主要限于台湾。

严肃（深度）休闲视角（"serious leisure perspective"）是斯特宾斯（Stebbins，2011）提出的，这是一个包含了如下三种主要休闲形式的理论框架：严肃（深度）休闲、随意休闲和基于项目的休闲。斯特宾斯（Stebbins，1992）所定义的严肃（深度）休闲是指一个业余人员、兴趣爱好者的系统性追求，或在一个志愿者活动中，参与者都尽情其中，在一些典型案例中，他们甚至将其作为一个事业，致力于获取相关的技能和经验。在此过程中，个人获得了积极的情感体验，如自我提升、自我实现、自我定位、自我满足和自我表达（Stebbins，2006）。与严肃（深度）休闲相反的一个概念是"随意休闲"（casual leisure）或"不严肃的休闲"（unserious leisure）。这是斯特宾斯在1997年提出的，当时

人们对这类休闲还没有足够的重视。斯特宾斯（Stebbins，1997）将随意休闲定义为"立即能见到回报，且不需要或需要很少的特殊训练或技能就能享受到活动所带来的短暂快乐和满足感"。基于项目的休闲（project-based leisure）是在闲暇时间所开展的偶发性的创意活动。它需要一定的事前计划、努力，有时还需要一定的技能和知识，但它与严肃休闲不同。类似的例子包括一个能带来惊喜的生日派对、为一个重要节日所做的精心准备，以及体育赛事的志愿者活动。斯特宾斯（Stebbins，2007）指出，尽管当人们有足够的闲暇时间和资源时，一般都会参与到基于项目的休闲活动中，但之前有关这方面的研究很少。

表 4-2　严肃（深度）休闲、随意休闲和基于项目的休闲

类型	定义	特点	活动举例
随意休闲	是一种参与者在短时期内从事的令人感到愉快的活动，可立刻达到内在所需要的愉快体验和积极的感觉，只需要很少甚至不需要任何训练就得到愉快的体验	具有产生创造力、寓教于乐、休息恢复、维持发展人际关系、安适心灵等五大益处；也有容易产生无聊感、缺乏休闲认同、占用时间太多、对个人和社区贡献有限等四大代价	看电影；聊天；打盹；观看球赛；逛街等
严肃（深度）休闲	在非工作的情况下，有系统、有计划地从事业余、嗜好或者志愿者活动，投入和事业一样的专注，并借此机会获得、展现特殊的技巧、知识和经验	具有坚持不懈、生涯性、个人努力、持久的收益、亚文化、强烈的认同感等特质；具有自我充实、自我实现、自我表现、提升个人形象、自我满足、个人重建、社会吸引、团体成就及团队发展和维持等收益	艺术爱好者；志愿工作者；集邮；运动爱好者
基于项目的休闲	参与者需要一定的计划、努力和意志，有时还需要些许技术和知识才能参与其中，但这并不是严肃（深度）休闲，参与者也不是可刻意要去培养此类休闲，若长时间持续参与，会让参与者感到无聊而最终放弃	需要相关知识和技术、参与多了容易产生无聊感；分为一次性参与和偶尔参与	举办生日宴会；准备假日活动、运动会等

资料来源：Robert A. Stebbins, *Serious Leisure: A Perspective for Our Time*, New Brunswick, NJ: Transition Publishers, 2006。

西方学者还讨论了以下不同休闲方式的优缺点和异同，包括被动休闲与主动休闲（passive vs. active）、非常规休闲与普通休闲（deviant vs. ordinary）、独自休闲与社会性的休闲（solitary vs. social）等等。无论采用哪种形式，人们都希望通过参与休闲来寻求最佳体验。特米哈依（Csikszentmihalyi，1982）指出，最佳体验具有如下特征：注意力高度集中在任务上；深度参与但并不费劲；忘却了时间；有清晰的任务目标；有明确的实现目标的途径和方式；对活动本身有充分的理解，并能够在活动进行时根据需要随时调整行为；在活动过程中逐渐达到忘我状态；随着任务的完成，自我意识得到提升。

"畅"理论：如何适用于中国

在特米哈依和他的同事带领下，关于"畅"的研究在20世纪80年代到90年代开始盛行。学者通常运用体验样本方法（Experience Sampling Method，ESM），通过随机样本来检验日常体验。80年代到90年代，"畅"的概念也被学者用来研究最佳体验（如休闲、娱乐、体育、艺术等）。此外，"畅"的概念在学术界以外的领域，如在流行文化、专业体育、商业和政治等领域也备受推崇（Nakamura &Csikszentmihalyi，2002）。"畅"主要有八个组成部分：①执行任务中的成就感；②专注的要求；③清晰的目标；④即刻的反馈；⑤深入、集中的参与感；⑥完成任务时的控制感；⑦活动过程中的忘我；⑧活动中感觉时间缩短了。

"flow"在中文中也被翻译为"畅爽"或"爽"。然而，在日常生活中，"爽"是一个比"畅爽"更为常用的、形容思想状态的近义词。为了将中国人的体验与"畅"的概念联系起来，加拿大学者沃克与他的中国学生（Walker & Wang，2004）对中国文化中的主观休闲体验进行了研究。结果发现，这一体验与西方休闲概念中的主观体验十分接近。他们的研究显示，中国文化中"入迷"的感受与"畅"体验十分相似。因此，"入迷"被认为是与西方休闲概念体系中的主观体验相似的概念。有趣的是，研究同时显示，中国参与者表示，在"入迷"的体验后都有一种罪恶感。研究者认为，这种感受或许与中国传统文化的价值观有关，例如，中国人拥有强烈的工作责任感。尽管上述研究很有价值，但它似乎不大适于中国的研究背景。与"爽"这一略显轻飘的表述以及"入迷"这一过于简单的表述相比，"畅"拥有更为复杂和深层的含义。为了使"畅"理论适用于中国的研究背景，还需要更深入的研究。

"文明的"、"健康的"、"理性的"及"科学的"休闲

休闲被认为是与自由、选择的权利以及自治等密切相关的问题，因此，它似乎是一个私人问题，无须政府的干预。基于这一假设，乌恩（Unn Målfrid Rolandsen，2011），一个曾经在福建的一个中等城市——泉州居住过的外国人指出，休闲作为个人生活中一种固有的价值，与休闲作为一种资源需要服务于国民整体需求的这一要求之间，存在着矛盾。他提出了一种说法，叫作"中国的休闲伦理"（PRC leisure ethic），并将其表述如下："按照提升自己文化能力的方式来使用休闲，是个人的责任。个体的自我发展是有益的，因为它确保有技能越来越高的劳动力。劳动力对于中国经济保持持续增长具有重要意义，这是现行制度的合理性所在"。

他对这种休闲伦理观持怀疑和批判态度。他认为，这是将休闲视作一种必须不能浪费的资源，这种资源应该被加以利用来让更大的集体受益。他将这种休闲伦理观归咎于中国的市场原教旨主义、经济主义以及集体主义。对于有些中国学者提出的，要对普通人利用休闲时间的方式加以指导的观点，他也表示反对。他指出，中国学者反复呼吁，要引导人们"文明"、"健康"、"理性"、"科学"地休闲，从中可以看出，中国学者对于人们的休闲活动质量是十分关注的。但是究竟什么是"文

明的"、"健康的"、"理性的"和"科学的"休闲方式，却鲜有具体探讨。对此，笔者倒是十分同意他的观点。我们确实有必要对此进行清晰界定，并研究如何加以衡量。但是，笔者认为，他对政府引导休闲发展的必要性和合理性的质疑，并不那么有说服力。事实上，在全球范围内政府对休闲的介入、监管以及指导是十分普遍的。笔者将会在以后章节讨论这一问题。

追寻美好的休闲

每晚我都会陪着女儿弹半个小时钢琴。一年半以前，她开始学习弹琴。最初，热情很高，每天手指不停地在空气中、枕头上、桌子上和马桶盖上比画着弹琴。几个月后，她开始变得有些不太情愿，甚至产生抵触情绪。用她的话说，"弹钢琴实在太难了"。于是我一边耐心鼓励，一边琢磨出各种有趣的游戏引导她。如今，弹钢琴、学钢琴已经成为我们休闲生活的组成部分。一天，她突然很严肃地对我说，她永远不要像她的小伙伴一样，去参加什么钢琴等级考试。我不禁哑然失笑，我可从来没有和她说过什么考级的事。我知道她不会成为一名职业的钢琴演奏家。我只是希望她借此学会克服困难，并享受生活。在我看来，弹琴，不管是严肃休闲还是随意休闲，终究是一种美好的休闲方式。

尽管我们无法明确什么是好的休闲，戈德比教授还是引导我们从以下几个方面思考这个问题。

——好的休闲会产生重要性、意义和爱；

——好的休闲会强化独特性和气质，意味着你有自己的行事方式和生活方式；

——好的休闲是快乐的给予，而不是索取；

——好的休闲有其底线和规则；

——好的休闲会朝着敏锐、富有同情心和信任的方向发展；

——好的休闲包括技能和挑战；

——好的休闲需要以愉悦的心态接受自己的生活状态。

找到好的或最佳的休闲方式，不仅是有益于个人及其家庭，也对社会乃至整个世界有所裨益。

参考文献

Bishop，D. and C. Jeanrenaud. 1985. "Creative Growth Through Play and Its Implications for Recreation Practice." In Goodale，T. and P. Witt. *Recreation and Leisure：Issues in an Era of Change*. 2nd Edition. State College，PA：Venture Publishing.

Bryan，H. 1979. *Conflict in the Great Outdoors*. University，AL：The University of Alabama.

Csikszentmihalyi，M. 1990. *Flow：The Psychology of Optimal Experience*，Harper & Row，New York，NY.

Dong，E.，& Chick，G. 2003. Possibility of Refining the Hierarchical Model of Leisure Constraints by Different Populations. In J. Murdy（Ed.），*Proceedings of the 2003 Northeastern Recreation Research Symposium*. Bolton Landing，New York.

Dong，E. 2006. *Leisure Lifestyles in Urban China：A Case Study in Hangzhou，Chengdu，Beijing，Shanghai，Qingdao and Shenzhen*，A Thesis in Leisure studies，The Graduate School，Department of Recreation，Park and Tourism Management，The Pennsylvania State University.

Donnelly，M.，Vaske，J. and A. Graefe. 1986. "Degree and Range of Recreation Specialization：Toward a Typology of Boating Related Activities." *Journal of Leisure Research*. Vol. 18.

Existentialism. 2014. Dictionary. com.

G. Godbey，1985. *Leisure in Your Life*，2nd Edition. State College，PA：Venture Publishing.

G. Godbey，2010. *Leisure in Your Life：New Perspective*，State College：Venture Publishing.

Goodale，T. and G. Godbey. 1988. *The Evolution of Leisure*. State College，PA：Venture Publishing.

Gordon J. Walker & Jinyang Deng, "Comparing Leisure as a Subjective Experience with the Chinese Experience of Rùmí," *Leisure* Volume 28, Issue 3 – 4, 2003.

Jeanne Nakamura & Mihaly Csikszentmihalyi. 2002. "The Concept of Flow," In C. R. Snyder Erik Wright and Shane J. Lopez (Eds.) *Handbook of Positive*, 89 – 125.

Kaufmann, W. 1956. *Existentialism from Dostoevsky to Sartre*. New York: Meridian books.

Kelly, J. and G. Godbey. 1992. *The Sociology of Leisure*. State College, PA: Venture Publishing.

Kuhn, T. 1962. *The Structure of Scientific Revolutions*. Chicago: University of Chicago Press.

Liu, H, Yeh, C., Chick, G. E., & Zinn, H. C. 2008. "An exploration of meanings of Leisure: A Chinese perspective." *Leisure Sciences*, 30 (5): 482 – 488.

Lynn A. Barnett Ph. D. 2005. "Measuring the ABCs of Leisure Experience: Awareness, Boredom, Challenge, Distress," *Leisure Sciences*, 27 (2): 131 – 155.

MacCannell, D. *The Tourist: A New Theory of the Leisure Class*. New York: Schoken Books.

Markus, H. & Kitayama, S. 1991. "Culture and the Self: Implications for Cognition, Emotion, and Motivation". *Psychological Review*, 98: 224 – 253.

Nash, J. 1960. *Philosophy of Recreation and Leisure*. Dubuque, IA. Wm. C. Brown.

Stebbins, R. 1979. *Amateurs—On the Margin Between Work and Leisure*. Beverly Hills: Sage Publications.

Stebbins, R. A. 1992. *Amateurs, Professionals, and Serious Leisure*. Montreal, QC, and Kingston, Ontario, McGill-Queen's University Press.

Stebbins, R. A. 1997. "Casual Leisure: A Conceptual Statement". *Leisure Studies*, 16 (1): 17 – 25.

Stebbins, R. A. 2001. "The Costs and Benefits of Hedonism: Some Consequences Offtaking Casual Leisure Seriously," *Leisure Studies*, 20 (4): 305 – 309.

Stebbins, R. A. 2007. "Serious leisure In Rojek," C., Shaw, S. M., & Veal, A. J. (Eds.) *A Handbook of Leisure Studies*. Palgrave Macmillan.

Stebbins, R. A. 2008. "Right leisure: Serious, Casual or Project-based." *NeuroRehabilitation*, 23: 335 – 341.

Stebbins, R. A. 2010. "Flow in Serious Leisure: Nature and Prevalence," *Leisure Reflections* No. 25.

Scott, D. and G. Godbey. 1994. "Recreation Specialization in the Social World of Contract Bridge". *Journal of Leisure Research*, Vol. 26.

Qin Xue. 2013. *Leisure Cultural and Lifestyle Construction in a Harmonious Civilization Sight: Theory and Practice*, Science Publishing.

Unn Målfrid Rolandsen. 2011. *Leisure and Power in Urban China: Everyday Life in a Chinese City*, Routledge, NY.

Walker, G. J., & Deng, J. 2004. "Comparing Leisure as a Subjective Experiencewith the Chinese Experience of Rumi." *Leisure/loisir*28 (3 – 4): 245 – 276.

Walker, G. J., Deng, J., & Dieser, R. B. 2005. "Culture, Self-construal, and Leisuretheory and Practice". *Journal of Leisure Research*. 37 (1): 77 – 99.

Wang, J., & Stringer, L. A. 2000. "The Impact of Taoism in Chinese leisure." *World Leisure Journal*42 (3), 33 – 41.

Xuefei Tu. 2010. Meanings of Leisure in the Everyday Lives of Chinese University Students, A Thesis Presented to the University of Waterloo in Fulfillment of the Thesis Requirement for the Degree of Master of Arts.

刘慧梅、戈登·沃克:《文化、自我建构与中国人的休闲》,《浙江大学学报》(人文社会科学版) 2014 年第 5 期。

马惠娣:《休闲:一个新的文化现象》,《科学与社会》2004 年第 3 期。

秦学:《和谐文明视域下休闲文化与生活风尚建设》,科学出版社,2013。

第五章　休闲与日常生活

改善日常生活中的休闲
改善每个人日常生活中的休闲

改善日常生活中的休闲

杰弗瑞·戈德比

那天，我在北京一个公园里跳交谊舞，是马惠娣带我过来的。和我共舞的小个子中国女人身姿优雅。她担心我不是很了解华尔兹，就大胆地指导我跳。她并没有我最初想象的那么害羞，而是落落大方。我握着她的左手背，合着四三节拍起起落落。她似乎在用手和我说话，向前，交叉，合拢，向前，交叉，合拢。当地人组织了在公园的交谊舞会。他们征得公园同意，自己带着食物饮料，找来舞蹈老师。这些市民自己成立了一个组织来推广交谊舞。这种模式，过去曾经推动了美国休闲的改革。当时，工厂建立以后，大家都清楚，除了男性工人去酒馆和妓院、女性工人有时去教堂外，工人们在休息时间无事可做。此时，休闲方式经历了一段变革时期。不仅仅是特殊场合（如某些假日或者生日或者婚礼），而且日常生活中的休闲机会也越来越多。对于中国来说，不论是城市还是乡村，现在的问题都是该如何改善日常生活中的休闲方式。

中国正在进入一个变革时期。尽管在中国，推动市民组织的变革比在其他国家而言，会是一个更大的跨越。很多国家经历过大规模人口迁入市区的时期之后，就发生了这种城市改革。这种改革也有可能因为严重腐败、污染和收入不平等而发生。在西方世界，历史上这种变革是市民组织在政府的推动下形成的。某些情况下，一部分富人或者有影响力的人在生活的各个领域引导了改革。并且，非正式的市民团体协助解决了休闲制约问题。就休闲、娱乐、公园、文化生活、运动和相关领域而言，中国必须创造出自己的变革模式。这种变革会让中国变得更美，因为它扩展了人类利用闲暇时间得到成长和愉悦的机会。

人生不仅仅只有工作和家庭。历史上，当生产力提高时，劳动者收入增长和工余时间的增长往往不相匹配（Cross，1990）。这两个因素使得休闲方式在中国成为一个更加重要的问题。

尽管中国需要从不同国家学习休闲模式——一种高人口密度的城市和乡村都适用的模式，但是更重要的是，中国需要发展自己的模式。获得休闲、在休闲时做些什么，决定了文化的基础（Pieper，1952）。中国文化是世界上最古老的文化之一，而它也已经发生了深刻改变，并且还会继续变化。思考一下我们所生活的世界都发生了哪些变化吧。

- 自 2000 年以来，德国可再生能源的比例已经提高到 25%（DW Journal News，September 6，2013）。如今，800 万家庭使用太阳能，自 2011 年以来增加了 45%。最终可能所有家庭都会使用个人拥有的太阳能板所发的电。

- 3D 打印或者说增材制造（additive manufacturing）是通过一个数字模型制造出任何形状的虚拟三维固体的过程。这预示着即将快速制造样品，大规模制造的能力，以及个人拥有那样一台机器制造钟表、枪支、机器齿轮和其他物品的能力（3D Printing，Wikipedia，September 6，2013）。这种机器可能会改变整个制造业。

- 气候变化已是毋庸置疑的事实，人类对它负有责任（NASA，2013）。整个中国都会经历挑战，低海拔地区（像上海）会被重新界定，沙漠化问题会加剧。全世界，包括中国在内，人口的迁移都会加剧。

- 知识显然不再私人化。比方说，耶鲁大学的图书馆免费向全世界开放。维基百科，一个网上百科，对所有用户免费。谷歌打开了有关上百万话题的信息的大门。

- 大数据挖掘、无人机、手机、相机和其他设备记录着人们做什么、想什么、有什么和想要什么，因此隐私和秘密变得越来越少了。

● 美国两个州已经将无人驾驶车辆合法化了。在加利福尼亚州，无人驾驶车辆已经行驶了数百万英里。

在这个充满空前变化的世界里，中国只能不停地跨越前行。其中一个跨越就是改善日常生活中的休闲机会。

中国的经济发展与国民休闲期待

尽管世界在加速变化，但是大部分中国文化依然被传统所束缚。中国式思维给人们休闲生活带来的最显著的影响，是基于中国传统社会的三个特征：①农业是生计的基础；②家庭是生活的重心；③儒家是思想的根源。中国人生活的一些历史和当代的特征影响了他们的休闲模式，包括：由于要辛勤劳动，因此空闲时间很有限；城市化；对休闲的消极态度；女性在社会的角色；对自然的尊重。中国人的态度和价值观也是导致中国休闲模式和西方休闲模式有所不同的原因（Chang & Card，2013）。不过，随着经济状态和教育水平的提高，休闲可能会经历一个提升过程。这个过程所带来的变化，包括从寻求休息和娱乐到寻找快乐，到寻找地位，再到寻找学习、新知识和意义。有技能要求的休闲活动越来越流行。很多休闲追求变得极为认真，标志身份的活动越来越多。而且，中国人现在想获得与日常生活不一样的东西，日常生活中休闲机会的增多就是这种渴望的一个组成部分。

中国经历了一个经济上的奇迹。1981～2005年之间，估计有6亿中国人脱贫（1美元/天），中国的贫困率从85%下降到15%（World Bank Report，2005）。根据中国官方统计，在1978年到2007年间：

● 中国农民年人均净收入从133元增加到4140元；
● 中国城市年人均可支配收入从343元增长到13785元；
● 农村人均住房面积从8.1平方米增加到31.6平方米；
● 城市人均住房面积从4.2平方米增加到22.6平方米。

尽管如此，中国仍有1.5亿人生活在联合国贫困线（1美元/天）

以下（Wikipedia，2011）。大约 5 亿中国人每天的生活费不足 2 美元（BBC News，2010）。

贫困地区集中在农村，中国的贫困人口 85% 住在农村，其中大约 66% 集中在西部（China Development Research Foundation，2011）。根据国家有关部门的统计，城市外来打工者被统计在农村，而不算作城市贫困人口。即使外来打工者不算做农村人口，在农村仍旧有 90% 的贫困人口（Wall Street Jounal，April 13，2011）。有过半中国人口生活在农村，但他们拥有整个国家财富的不足 12%（The Telegraph UK，2010）。因此，经济上的奇迹只是局部的，而任何想要改善日常休闲机会的计划，都必须考虑到那些没有钱休闲的城市市民、农民和流动人口。

核心性和平衡性休闲活动

休闲活动包括核心性活动（core leisure activity）和平衡性活动（balance activity）（Kelly & Godbey，1992）。核心性活动是一些定期从事的活动，通常在家或者家附近进行，价格不高，组织较为松散；平衡性活动是一些特殊事件，需要较多的计划，更多的人，涉及旅行，会带来独特的经验。中国人的平衡性活动可以是去主题公园游玩，去历史景点旅游，在一家餐馆吃美食或者爬山。平衡性活动通常要花钱，并且要远离居住地。核心性活动的例子有儿童在公寓周围玩耍，看电视，在屋外练太极，打麻将或者步行去茶馆。中国政府往往更关心平衡性活动，尤其是旅游、特殊事件和庆典，而实际上，现在更需要关注核心性活动的提供——那些每日或几乎每日都要做的、居家的或者离家较近的活动。平衡性休闲活动反映了经济增长的时代，经常提供展现财富和地位的机会。核心性休闲活动机会的提升是时代变革的一部分，会提高日常生活质量。

当然，中国政府已经开始制定政策关注休闲。"十二五"计划开局之年——2011 年，提高市民生活质量成为国家发展策略的主要目标。

中国国家旅游局在这个过程中扮演了重要角色。文化、旅游和体育等领域的投资增长迅猛。然而这种进步更关注的是平衡性活动，而不是核心性活动。中国人日常生活中所面临的休闲制约问题仍然存在。在接下来的改革时代，核心性活动会得到更多关注，改善老百姓日常生活变得更加重要。

2014 年，我在温哥华岛访问时，做了一场关于中国休闲改革的讲座。当我说到中国更关注平衡性活动而对核心性活动不大重视时，一位加拿大教授站起来告诉我，他在中国生活多年，中国有很多公园和其他可供日常休闲活动的场所。他的妻子是华裔加拿大人，很专心地听着她丈夫的话，并表示了赞许。在某种程度上，他是对的。中国城市的确提供了很多日常休闲活动的机会。然而，我想说的是，在每个中国城市快速增加的公寓楼里，这些密集的二三十层高的楼房，在修建时几乎没有考虑过住户的休闲生活。我澄清了这个观点，那位教授表示同意，他的妻子也笑了。

对三种休闲服务组织的需求

儿时，母亲告诉我，她希望我去学打网球。我不想去，但那时都是父母说了算。我们家并不富裕，那时网球一般都是有钱人的游戏。母亲给我找了一个旧网球拍，带我去了当地政府提供的网球场，然后把网球扔过来让我打。我起初并不喜欢，但是到了第三次，直到她离开时我都还在打，而且那天没回家吃饭。我的球技不断提高，之后参加了一个小型锦标赛，是由一个非营利市民组织举办的。这个组织在我的家乡特拉华州推广网球运动。后来，我加入了一个拥有室内网球场和室外网球场的商业网球俱乐部。因此，我的网球生涯得到了政府、一个市民组织和一个公司的帮助。那些在改善平民日常生活休闲活动方面取得了成功的国家，都得益于提供休闲服务的这三类组织。

（1）政府。政府在城市、郡、州和国家层面上提供了很多休闲服务。这些服务包括公园、旅游、运动、娱乐项目、艺术、娱乐场和其他。

（2）公司。公司的角色很多，涉及大众媒体、职业运动、主题公园、度假酒店、高端餐饮、运动设施和其他。

（3）私人的非营利市民组织。这些组织是市民组织，不像公司那样以盈利为主，也不是政府的一部分，尽管他们可能和政府有一定关联。

美国法律特别提到的可合法称为非营利组织的包括：①宗教性的；②教育性的；③慈善性的；④科学性的；⑤文学性的；⑥公共安全测试性的；⑦为了促进国家或国际业余运动比赛的；⑧保护儿童或动物的组织；⑨社交和娱乐性的俱乐部。

一些私人非营利组织不一定非要这样的身份，但是组织得更为松散。他们可能推广某一项休闲活动（比如足球），或者一种活动（比如视觉艺术）。这种组织改善休闲机会，筹集资金以实现其目的，并和政府部门密切合作。

要让中国更好地发挥非政府的作用，民政部门应该放宽许可省级和国家级市民组织成立的政策。这类组织的成立也应该得到地方政府的鼓励，就像鼓励志愿者一样。实际上，这种组织就是志愿者的一种。

在宁波，我向一群本科生表达了我的部分观点。宁波之行，对我而言，是个幸福的差使，因为我获得了包玉刚访问教授奖。包先生出生于宁波，在香港发展成为世界级船王。他富足之后，在中国进行了一些投资，向宁波大学提供大量资金支持，也对中国教育和市民生活做出了很多其他贡献。他就是公民参与的很好例证。一些本科生不大认同我的讲座内容。一个学生告诉我，你的思考方式太西方化了，不可能在中国发生。另外一个年纪稍长的女性说，"我们和自己公寓里的住户都还很陌生呢。"尽管很多教授和官员接受了我的观点，但也许这些本科生是对的。我搞不明白。我是个西方人，是个乐观主义者。我相信中国会越来越好，而市民在这方面必须发挥更大作用。

休闲服务组织的作用

美国休闲服务组织的模式大致包括如下几种（Godbey，1999；详见附录2）。

（1）文化中立的提供者。这个模式基本上是在人们支付能力范围内为其提供他们想要的服务。休闲服务组织致力于提供或资助其客户感兴趣的休闲活动、设施或者服务。就这个角色而言，机构没有权力向客户灌注其价值观，只是应该迎合和满足已有的休闲兴趣，而非尝试创造一个新的休闲兴趣。

（2）社会变化的推动者。在这里，休闲服务组织尝试改变行为，朝着它认为对人们最好的方向改变。一些休闲服务机构尝试通过利用休闲活动改变人的行为或者社会条件。这种变化超越了引发对一个既定活动的兴趣的范畴。在这种"社会工程"中，休闲活动提供了一种达到目的的方式。它是一种技巧或者工具，用来改变社会，希望这种改变是改善。

（3）休闲机会的协调者。在这种模式中，社区或者城市是关注的焦点。由什么组织来提供休闲机会并不重要，重要的是有组织提供。作为社区里的休闲机会协调者，休闲服务组织致力于将市民参加各种休闲活动的机会最大化。在扮演该角色时，这类组织把商业、私人和公共休闲服务机构的代表聚集起来，共享信息，避免重复，并且计划如何共享每个机构的项目和设施。

（4）为那些对游憩有依赖的群体提供服务。在这里，前提是休闲服务机构应该把主要精力放在为某些人提供服务上，这些人非常依赖于机构为其提供休闲体验，否则无法找到其他服务。这类人通常都比较穷，而且受教育水平不高。

（5）物理环境的改善者。很多休闲服务机构把保护和改善环境作为主要目标。很多类型的休闲活动都依赖于某种环境特点或者条件，而这种特点或条件大部分人无法自己在市区或郊区获得。

（6）健康倡导者。许多休闲服务组织提供以改善或保持客户健康为目标的服务。

（7）休闲教育和咨询的提供者。很多情况下，休闲服务组织给客户提供很多种休闲选择，也可能传授特定休闲活动的技巧，例如空手道、插花等。

（8）对制度的适应。当人们从私人居所搬往大型群居场所时，他们的休闲资源，有时也包括他们的休闲活动都需要改变。娱乐、公园和休闲服务专业人士提供服务的场所有很多，包括大专院校、军队、疗养院、监狱、医院和其他群居场所。

（9）旅游业的倡导者和促进者。很多休闲服务机构都涉及促进和管理旅游业，以及其他与访问有关的事宜。

在美国，三种休闲服务组织——商业公司、政府和私人非营利组织相互关联，一起合作，共同提供各种休闲服务，包括运动、艺术、公园、特殊节事和庆典、业余爱好、音乐和其他休闲活动。举个例子来说，一个孩子可以参与基督教女青年会（YWCA）的项目学习游泳，之后在政府管理的游泳池里游泳，或者参加当地公园和游憩部门赞助举办的游泳比赛，然后加入一个公司赞助的商业游泳俱乐部。中国缺少这类私人性质的非营利组织，但是要改善核心性休闲活动，就必须增加此类组织。

加强中国的核心性休闲活动

美国工业革命时期的城市休闲变革就包括成立地方性的娱乐组织。有时，这些组织由那些想要给孩子提供安全的嬉戏之地的母亲们发起成立（Cross，1990）。他们建立了监督孩子玩耍的体系，并且开始和政府合作，提供更多的游乐场和运动机会。政府和这类组织亲密合作，渐渐地，出现娱乐场和运动联盟。对居住地附近的休闲活动感兴趣的市民组织也促使政府向公寓建筑商们提出要求，要求他们提供一些休闲活动资源。中国也可以效仿这种做法，开发商获批建造公寓之前，应该承诺建造屋顶花园或者为公寓楼居民提供专门用于休闲的场所，住户可以使用这些场所庆祝生日、组织其他庆典或者玩游戏。

加强核心性的休闲活动，意味着对许多建筑物进行多重利用。必须重新将街道用于游憩，在儿童玩耍、运动、节日之际封闭起来，或者只作散步之用。世界上不少城市，其市中心道路都已经封闭，只允许公交车通行；干净的公交车免费向公众开放。在人们下班、购物或游玩的地方，装上椅子。停车场、工厂周围的空地、屋顶、公立学校和政府大楼，同样必须进行多重利用。这样就可以减少交通压力，改善百万民众的核心性休闲。并且，很多城市已经实施了"交通减速措施"。这会令散步或步行购物的市民感到无比愉悦（Trafficcalming. org）。

加强核心性休闲活动意味着政府必须要求建筑商为居民提供核心性休闲活动所需要的空间和设施。在美国，政府要求建筑商划出一块土地建造公园，或者空着。中国城市土地价格极其昂贵，但可以要求开发商做些事，例如在居民区建设专门用于居民休闲活动的空间。政府也可以要求开发商建造屋顶花园、艺术展览场所和其他休闲设施。在理想状况下，开发商应该与居民合作，根据后者的核心性休闲活动需求进行设计。

20 世纪 60 年代，美国地方政府开始向居民提供"可移动"休闲服务（Kraus，1972）。也就是说，不是让市民前往休闲场所，而是把休闲的机会送到市民家门口。具体包括特定日子里，在公寓楼周围设立洒水车，在停车场或其他地方放置运动器械，派音乐家上门演奏或者送一些音乐器械让居民弹奏，邀请艺术家进行室外授课，或者其他服务。"可移动"休闲项目提升了市民对政府的支持度，也提高了居民的生活质量。在 20 世纪 60 年代城市种族暴动时期，"可移动"休闲项目对于社会稳定起到了重要作用。

衡量对休闲的需求

尽管在测度休闲需求方面没有通用的方法，不过研究者确实使用过很多测量方法来评估市民对休闲的需求（Godbey，1999）。"表达出来的需求"（expressed need）试图衡量市民真正参加的休闲活动，以及市民拥有的工作或履行其他职责之外的时间的长短。中国已在多个城市进行过时间使用状况和休闲活动调查。"感受到的需求"（felt need）实际上涉及那些人们说他们想要参加但因某些限制没有参加的活动。在某些情况下，通过确定城市哪些区域最需要政府来提供休闲机会，来部分地确定休闲需求，通常都是那些较为贫困、犯罪率高、教育水平低的地区。政府也可能打算尝试设定不同种类的休闲服务的标准，比如每万人应拥有的操场或足球场的数量。最终，通过倡导一项大家渴望的或者能赢利的活动，来创造出休闲活动的需求。在规划休闲服务时，关于休闲需求的信息来源最好是多元的。

增加核心休闲机会给中国带来的好处

公民参与核心性休闲活动，对于文化、社会和环境的塑造具有基础性作用。对中国而言，投资发展核心性休闲，将会带来很多实际收益。

中国社会正在迅速老龄化，为老年人创造锻炼机会将增强他们的独立生活能力，减少医疗成本，以及子女由于照顾老人而造成的工作上的损失。越来越多的证据表明，休闲是决定个人健康状况的关键变量（Payne，Ainsworth & Godbey，2010）。对中国公民核心性休闲的少量投入，将换来医疗成本的下降和生活质量的提高。

当经济发展进入知识经济时代，需要一定技能且具有挑战性的休闲方式将不断增加，从而提高居民解决问题的能力和智力。在日常生活中，增加休闲机会，尤其是对于孩子来说，可以提高他们在现代社会中的竞争力。与那些花时间死记硬背应付考试的行为相比，具有技能的、挑战性的休闲方式更能锻炼智商，提高能力。

对于许多中国人来说，休闲还意味着人们更好地理解自我和世界。在西方国家，人们仍然普遍接受苏格拉底的观点：与其浑浑噩噩地活着，还不如死了。休闲是检验生命质量的重要手段。

在中国，建设和谐社会，需要在日常生活中为老百姓提供更多参与有意义的休闲活动的机会。这需要企业、政府和非营利性的市民组织之间紧密合作。

改善每个人日常
生活中的休闲

宋　瑞

在第四章我们提到，每个人在生活中都想要参与一些有益的休闲活动，那么随之而来的问题是，目前中国人的休闲生活处于何种状态？是否有必要改善或提升我们日常生活中的休闲活动？如果有必要，谁来负责？如何改善？

戈德比教授在第五章的上半部分对以下问题进行了深入而广泛的探讨：如何改善人们日常生活中的休闲活动；政府、企业和私有的非营利性居民组织这三种休闲服务机构应当如何有所作为；如何为个人提供核心性和均衡性的休闲活动。尽管戈德比教授提到，不同的机构都会为个人提供休闲服务，但在此我想着重阐述政府机构所扮演的角色。原因有三：其一，人们对公共休闲设施和服务需求最强烈；其二，众所周知，在中国，政府的影响力最大；其三，我们会在其他章节讨论非政府组织和其他社会机构的作用。

以下我将主要探讨中国的情况，同时辅之以英美等其他国家的经验。原因也有三：其一，中国有一个传统，就是当我们需要发展某个新事物时，通常都会首先"向其他先进国家学习"；其二，尽管不同国家的经济社会文化发展水平不同，但在休闲体制方面依然存在某些共性；其三，英美等其他国家在休闲管理方面的研究更加丰富，可以为我们研究中国案例提供指导和借鉴。

要使中国人尽享休闲，需要做些什么

就像戈德比教授所指出的，"感受到的需求"（felt need）涉及那些人们说他们想要参加但因某些限制没有参加的活动。大约三四十年前，克劳福德和戈德比教授（Crawford & Godbey，1987，1991）首先提出休闲制约的概念，并与其他合作者在日后将其发展为休闲制约层次模型（例如：Crawford et al.，1991；Jackson et al.，1993），从而成为一个被广泛接受、用来测量休闲行为的重要框架。为了了解中国人的休闲状况，学者们对中国人的休闲行为，包括休闲制约、休闲满意度和其他变量进行了研究。2013 年，在国家旅游局的资助下，笔者完成了一项全国性的休闲调查项目。这是国内首个全国范围内的国民休闲状况调查，其调研内容包括休闲时间分配、休闲态度、休闲动机、对休闲设施的需求、休闲消费、休闲满意度、休闲制约，以及其他相关变量。该研究框架由笔者设计，并委托零点公司展开问卷调查。2013 年 2 月到 3 月，通过在全国进行多级分层随机抽样，搜集了基础数据。共有 6055 位 15 岁以上的中国人在专业调研人员的帮助和解释下，参与了问卷调查。问卷内容包括基本人口数据、多个休闲变量以及生活满意度。其中，4462 人完成了 A 问卷，1593 人完成了 B 问卷。

在借鉴国内外相关研究的基础上，我们综合考虑了中国的集体文化特征、城乡二元结构、以家庭为中心的文化特征，以及污染问题等，设计了休闲制约调查量表，并纳入 B 问卷之中。问卷采用五分里克特量表形式，其中 1 表示非常不同意，5 表示非常同意。调研结果如表 5 – 1 所示（宋瑞、沈向友，2014）。

具体来看，在"外界看法和活动场所制约"方面，18.6% 的人认为他们不能如愿参加某项休闲活动的原因是由于顾虑他人对活动的负面看法、担心影响个人形象、家人不支持以及活动场所本身的问题之处（如太拥挤、条件差、服务差、不安全以及不能提供社交机会。41.4%

表5－1 休闲制约变量因子分析

因子 问题	外界看法和活动场所制约	经济因素制约	家庭义务制约	时间制约	宏观环境条件制约	个人因素制约	易达性制约
他人对活动有负面看法	0.706						
影响个人形象	0.635						
活动场所拥挤	0.628						
社交机会少	0.592						
活动场所条件太差	0.560						
活动场所不安全	0.544						
服务差	0.480						
家人不支持	0.444						
经济压力大		0.766					
收入太低		0.674					
费用高		0.622					
无稳定收入		0.443					
家务忙			－ 0.892				
忙于照顾家人			－ 0.554				
假期时间太少				0.789			
假期不能自由安排				0.651			
工作学习太忙				0.635			
气候不宜					－ 0.871		
空气差					－ 0.790		
环境太脏乱					－ 0.782		
缺乏技能						0.694	
缺乏信息						0.585	
丧失兴趣						0.561	
缺乏同伴						0.522	
设施缺乏							0.449
交通不便							0.320
不易到达活动地点							0.282

的人不置可否，而 40% 的人表示以上原因不是导致他们不能如愿参加某项休闲活动的原因。在"经济制约"方面，不到 40% 的人同意或非常同意经济方面的原因（如生活中经济压力大，收入太低、活动费用太高、无稳定收入）导致了他们不能如愿参加某项休闲活动。另有 42.2% 的人不置可否。而 18.3% 的人表示经济因素不是制约他们休闲的原因。在"家庭义务制约"方面，约 1/3 的人同意或非常同意忙于家务或照顾家人制约了他们的休闲活动。28% 的人不同意，另有 38.5% 的人表示中立。在"时间制约"方面，一半以上（53.9%）的人同意或非常同意缺少时间（如假期太少或有但不能自由安排、工作学习太忙等）是导致他们不能如愿参加休闲活动的原因。14% 的人不认为时间制约了他们的休闲。另有 32.1% 的人表示中立。在"宏观环境制约"方面，37.7% 的人同意或非常同意宏观环境（包括气候不适宜、空气太差、环境太脏乱等）制约了他们的休闲活动。36.1% 的人不置可否。26.2% 的人表示宏观环境不是休闲制约因素。在"个人制约方面"，20.9% 的人同意或非常同意个人方面的因素（如缺乏技能、信息、兴趣等），导致了他们不能如愿参加休闲活动。45% 的人不置可否。超过 1/3 的人表示个人因素没有制约。在"易达性"制约方面，将近 1/3 的人同意或非常同意易达性差（如缺乏活动设施、交通不便、活动地点不易到达等）是制约他们的休闲活动的原因。25.3% 的人表示这个不是问题，另有 41.8% 的人不置可否。

总体来看，我国国民休闲活动面临各个方面的制约。首当其冲是时间方面的制约。也就是说，由于假期太少或者虽然有假期但不能自由安排，或者工作学习太忙以至于没有时间休闲等现象较为普遍。其次为经济方面的制约。社会转型时期一些群体所面临的生活经济压力大、收入太低或无稳定收入的现实，以及休闲活动费用太高等因素限制了部分群体参与和享受休闲活动。而因履行家庭义务、宏观环境不佳、休闲场所和活动设施不足或不便制约则分列第三、第四和第五位。个人制约（如缺乏技能、信息、兴趣及志同道合的可以一起活动的伙伴等）以及对外界看法的顾虑以及活动场所本身的不吸引人之处（如太拥挤、条件差、服务差、不安全以及不能提供社交机会）分列第六和第七位。

哪个更值得期待：核心性需求还是平衡性需求

当我第一次从戈德比教授那里了解到核心性休闲和平衡性需求的概念时，颇感兴奋。这正是长久以来我所寻找的、用来区分两种类型休闲活动与相关设施所需要的两个概念。正像戈德比教授在上文中所提到的，核心性活动是比较常规的、经常在家或家附近所发生的活动，花费不高，通常也不需要刻意地组织和安排；而平衡性活动则是一些特别的事件，需要精心计划，并花费不少金钱，还会涉及旅行或一些独特的体验等。戈德比教授指出，"中国政府已经在平衡性活动方面做了很多工作，特别是旅游和一些特殊的大型事件和庆典，但仍然需要在核心性活动上多做努力，特别是那些日常的、在家门口就能参与的活动"。他的判断极为准确。尽管我在设计问卷时并没有刻意区分核心性休闲和平衡性休闲，但我们的调研确实验证了他的观点。除了休闲变量外，我们还调查了被访者的需求和期望。问题是"你是否认为有必要改善或提升现有的休闲场所、设施、服务和环境"？答案分值是 1~5。表 5-2 所显示的结果验证了戈德比教授的观点。与平衡性休闲特别是旅游相比，中国居民更加关注核心休闲场所、服务和设施的改善。

表 5-2　增加或改善与休闲相关的设施/场所/服务/环境的必要性

排序	增加或改善以下与休闲相关的设施/场所/服务/环境	均值
1	小区/村公共休闲活动场地及相关设施(户外)	4.16
2	社区/村民活动中心(室内,且提供服务)	4.12
3	绿地/广场/城市公园/郊野公园及其他开敞空间	4.11
4	散步/跑步/骑自行车专用道	4.10
5	图书馆/文化馆/艺术馆/博物馆/展览馆/动植物园/科技馆等	4.01

排序	增加或改善以下与休闲相关的设施/场所/服务/环境	均值
6	各类景区景点/农家乐/主题公园等	3.97
7	电影院/剧院/剧场/演出场地等	3.96
8	商业街/Mall(综合购物中心)/城市综合体	3.95
9	KTV/歌厅/酒吧/咖啡厅/茶馆/书吧	3.91
10	健身房/瑜伽馆/游泳馆/滑雪场等	3.90
11	羽毛球、乒乓球、台球等一般球场/球馆	3.85
12	高尔夫球场/马术练习场/击剑馆/网球场等	3.78
13	网吧/游戏厅/电玩城/桌游吧	3.76
14	足疗/养生/保健/浴场/温泉/美容场所	3.66
15	酒店/度假村/会所/康体俱乐部等	3.65
16	开放学校和单位体育馆/操场等	3.63
17	提供更多、更方便的公共休闲信息	3.60
18	增加与休闲相关的非营利性社团组织	3.58
19	降低或免除各类公共性休闲资源的使用价格(如门票等)	3.45
20	改善周围的户外环境(空气质量、植被绿化等)	3.42
21	旅游服务热线	3.42
22	游客咨询中心	3.36
23	交通条件及道路标识系统	3.08
24	无障碍设施	3.07

　　将上述项目分成公益性和商业性两种类型,可以发现,被访者强烈要求改善公共性的场所和设施。与商业设施相比,公共场所和设施由政府或非营利性组织赞助,是最受公众期待和需要改进的项目。

　　结果显示,不同群体对设施便利性有不同的偏好。对于大多数的场所、设施和服务而言,城乡居民在需求上的差异并不显著,只是在散步、慢跑和骑自行车,商业街/购物中心/城市商业综合体,健身中心/瑜伽俱乐部/游泳馆/滑雪俱乐部,以及网吧/电游吧/角色扮演游戏俱乐部等项目上有所期待。与相对落后的地区相比,发达地区的居民对商业设施有更高的期待;而欠发达地区的居民则希望有更多的公益性设施。

与中高收入阶层相比，低收入者期待有更多的公益性设施，而不是商业设施。较高收入的被访者则对商业性设施有更高的需求。不同年龄层次的被访者其需求也各不相同。老年人期望有更多的公益性设施。受教育程度越高，对各种类型的设施的需求也就越高。

休闲：是一种公民权利还是消费者权益，或者兼而有之

休闲被认为是一种公民权利，同时也是一种消费者权益。欧洲和美国是这两种不同导向的代表，不单单是在研究领域，在政治和经济领域，也是如此。在很长的历史时期中，欧洲都将休闲视作一种公共事务，但是撒切尔主义的推行在某种程度上使这种公益性休闲观发生了转变，即从福利主义向商业主义和以消费为主导的方向转变。撒切尔主义更加强调自由、个人主义和消费，并演化出来了一种消费政治，其中休闲扮演着重要角色（Fred Coalter，2000）。与此相反，人们通常认为美国有传统的个人主义和消费者至上主义倾向，但美国确确实实为其国民提供了丰富的公共休闲服务和设施。不少研究者强调，西方休闲研究普遍忽视了商业性休闲供给的重要性和本质（Taylor，1992；Irvine and Taylor，1998），但实际上中国更应该关注和重视休闲供给的公益属性。

过去十几年中，中国逐渐认识到了休闲在人们的日常生活中所扮演的重要角色。不过，在强调各种休闲活动在中国社会经济发展中的作用时，人们最常使用的词是"休闲经济"，而不是"休闲权利"。21世纪以前，中央政府在整体性促进休闲发展方面，基本处于缺位状态，而地方政府为了发展地区经济，往往更强调休闲的经济属性，而对休闲的其他属性关注较少。只是近几年，政府官方文件中才出现了"休闲权利"的字眼，休闲权利被作为公民基本权利之一得到重视，强调保障公民的休闲权利将推动社会的发展。在一次政府部门会议上，20世纪80年代曾就职于中国社会科学院并在80年代到2001年间就职于国家旅游局的知名旅游和休闲学者魏小安（2005）指出，"休闲应当成为中国公民的

新的生活方式。保证公民的休闲权利对提高他们的生活质量具有重要作用。政府有责任创造一个健康的社会环境，并鼓励这种新的、健康的生活方式。"

近几年，中央和地方政府开始以各种方式来发展公民休闲，从增加闲暇时间到发放免费的休闲旅游券。但是不得不说，政府主要关注的依然是所谓的休闲产业或休闲经济带来的经济效益，而非其社会效益。发展休闲产业，刺激休闲消费依然是政府鼓励和发展休闲的主要动因。多位学者（包括我自己在内），都曾撰文向政府建言，应当将休闲首先作为一项公民权利来加以发展。

中央政府在休闲发展中的角色：西方经验与中国实践

西方学者讨论了政府介入休闲发展的必要性和合理性。最具有代表性的是彼得（Peter，1993）等人的研究。

> 如何在一个公民自治的国家中提高政府对社会生活的干预？目前多数人比较赞同的一个观点是，公民应当自行决定如何来度过他们的休闲时间。然而，这一观点却存在着很大程度的误导。我们应当认识到，休闲不可避免地要受到干预，同时，干预不仅会限制休闲机会，同时也会创造新的休闲机会。

他们指出，政府干预休闲发展的现象十分普遍，并且被认为是必要的，还列举了五个原因：①休闲行为的政治和组织属性，如利用休闲进行国民建设，提高国家声誉，保持社会稳定和统一，以及保护和提升公民权利；②休闲在经济上的重要性；③实现社会文化目标，如提升品位、教育程度和自我表达的权利；④休闲和旅游资源、设施的时空分布；⑤有益于人们的身体健康。

尽管休闲的本质是自由，但是休闲并不是一个纯粹的个体现象和私人事务。政府在为公民提供休闲机会和提升休闲质量方面扮演着重要角色。正如笔者之前的文章所阐述的（宋瑞，2006），政府干预体现在不同方面，从立法和规范，治理和管理，到公共品的提供和补给，再到教育和科研，都存在政府干预。尽管中国在政治、社会、经济和文化等方面与西方社会存在着显著差异，但是仍有必要了解其他国家的发展动态。在此，我们仍以美国为例，看看政府在休闲发展中发挥着什么作用。

尽管美国不存在一个专门的"休闲"政府机构，但许多政府部门都和休闲发展存在关联。克劳斯（Kraus，1990）发现，在美国，有90多个部、局、属提供与公园、休闲和娱乐相关的服务。联邦政府的不同部门或其他政府机构推出了各种类型的休闲项目和计划。克劳斯（Kraus，2008）指出，联邦政府的职责有以下几方面：①通过国家公园管理局、国家森林管理局、土地管理局等机构来指导户外休闲资源管理，这些机构拥有并运营着大量的公园、森林、湖泊等资源；②保护和改造那些被破坏、损害和受到威胁的自然资源；③协助公众场所和公园发展项目；④指导休闲参与项目；⑤为国家、地方以及其他公益性的社区机构提供咨询和财政支持；⑥为专业教育提供帮助和支持；⑦促进休闲经济功能的发挥；⑧科研辅助；⑨提供与控制污染、为残疾人提供便利等相关的标准和法规。

联邦政府同时还是水上休闲项目的最大提供者。国家公园管理局、美国鱼类和野生动物服务组织、联邦垦务局、印第安人事务内政部事务局、美国林务局和农业部土地管理局、住房和城市发展部、交通部、国防部、商务部、教育部、卫生和人类服务部、田纳西流域管理局、美国退伍军人事务部、国家艺术基金会、国家人文基金会、史密森学会以及其他的联邦机构都提供各种休闲资源的管理、设施维护和服务。自第二次世界大战末，休闲开始在美国的社会和经济发展中发挥重要作用，因此，从1958年开始，联邦政府就开始关注休闲领域。那时成立了两个国家委员会——美国户外游憩资源调查委员会和美国户外总统委员会，旨在为总统和国会提供有关国家政策的调查结果和建议，以确保美国公民的休闲娱乐权利。

尽管美国联邦政府层面没有"休闲法"，但国会的确制定和颁布了众多法律来提升和指导人们的休闲生活。例如，在1903年，国会授权军队为军人建立、运营并维护休闲中心、健身中心和其他设施，并逐渐形成了一套完整的休闲体系。1916年，《国家公园管理法案》公布，使得美国成为世界范围内国家公园管理的楷模。1960年，《多用途持续产出法案》（The Multiple Use Sustained Yield Act）规定，"建立国家森林公园的目的是为了发展户外休闲，保护森林、流域、野生动物和鱼"。《国家户外游憩行为法案》于1963年颁布。根据该法案，户外游憩管理局于1977年被纳入一个新的机构——遗产保护与游憩管理局。《美国残疾人法案》由美国国会于1990年颁布，保证了残疾人参与休闲活动的同等权利。总之，为了保证每个人都能享受到公平的休闲和娱乐机会，美国制定了一系列法律和法案。同时，联邦政府还支持休闲调查和研究项目，制定相关的国家规划。

奥巴马总统在2010年4月公布了"美国的伟大户外"方案［America's Great Outdoors（AGO）Initiative］。他命令内阁在内政和农业局秘书、环保局主管、土木工程局副秘书长以及白宫环境质量委员会主席的领导下，帮助美国人更好地享受自然和户外活动。此后，全国范围内共收到10.5万条建议，并在社区和城市举行了51场听证会，全体美国公民都对享受户外游憩和休闲这一议题给予了高度关注。

在中国，中央政府层面有关休闲的首次表述是在2006年4月世界休闲高层论坛的开幕式上。时任国务院副总理吴仪女士出席了会议，并发表了题为"积极发展休闲服务，不断提高生活质量"的演讲。演讲中，她表示，应积极研究使大多数人都能够享受休闲生活的具体措施，倡导积极向上、文明、健康的生活方式。国家层面有关休闲的官方文件首次出现于温家宝在2007年所做的政府工作报告。报告提出，要大力发展休闲等消费。2008 年的下半年，国家旅游局在国务院新的政府机构改革方案中被赋予"引导度假休闲"的职能。这是发展休闲首次被列入中央政府部门的工作职责。在接下来的几年中，从政府工作报告到中央经济工作会议的官方文件，都以不同的内容和形式提及了"休闲"这一概念，尽管所涉及的领域和本质内涵各不相同。

2010 年末，国家旅游局召开了首次全国休闲工作会议，所有参会成员来自于旅游系统。会上，时任国家旅游局副局长祝善忠指出，国家旅游局作为中央政府部门中主要负责休闲发展的机构，其合理性主要体现在以下几个方面：①国务院的授权；②旅游与休闲之间存在着不可替代的紧密关系；③旅游发展方式从观光主导型向度假和休闲主导型过渡的内在需求。显然，旅游部门注意到了旅游局系统内外对于由旅游局来负责休闲发展事务的合理性和可能性存在一定程度的怀疑，毕竟许多休闲资源和设施都是由其他部门负责管理的。本次会议提出了国家旅游局引导休闲发展的原则：以国务院授权为基础，以尊重和遵循市场规律为基础，以休闲自身发展的趋势为基础，以服务产业发展为基础。

2010～2013 年期间，国家旅游局开展了大量工作来研究如何实现其"引导休闲发展"的功能。例如，在国家旅游局的资助下，中国首部关于休闲发展的丛书——"休闲绿皮书"由中国社会科学院编撰出版。该书以笔者和笔者的研究团队以及国内外相关学者的研究为基础，提供了有关休闲发展的大量信息和研究。作者来自于政府部门、学术和从业者等各个领域。国家旅游局综合协调司时任副司长高舜礼邀请我们编撰此书。客观地讲，这是一项开创性的工作，堪称中国休闲研究和实践的一个里程碑。除了研究和出版，国家旅游局还通过标准化工作来促进休闲发展。例如，2010 年起草了六项与休闲发展相关的国家标准，包括休闲公共服务和管理标准、城市中央休闲区、度假社区、社区休闲和休闲村庄。另外，此前拟定的 20 个标准也涵盖到休闲。2013 年，国家出台了《国民旅游休闲纲要（2013 - 2020）》。遗憾的是，近几年，此项工作在一定程度上有所放缓甚至是停滞。

与美国相似，休闲发展涉及中央政府的多个部门，从资源管理部门（如林业、农业、海洋、住建部、环保局），到休闲设施管理部门（如文化、体育和公园管理局等）。这些部门在某种程度上以某种方式发展休闲，但既不是以休闲的名义进行，也不是出于促进休闲发展的目的而展开。对于中央政府而言，如何建立一个有效、全面的工作体系来促进国民休闲，急需明确的思路。

休闲政策与《国民旅游休闲纲要（2013－2020）》

许多人发现，"休闲政策"这一概念本身存在矛盾性（Peter et al，1993）。正如他们所讨论的那样，政府部门很少全面、通盘地考虑休闲政策。似乎只有欧洲西北部国家（荷兰、德国和法国）推出过旨在构建国家休闲政策体系的重要举措，但即使是在这些国家，相关举措也没有取得成功。也许部分原因就在于"休闲政策"或"自由时间政策"在本质上是矛盾的。尽管没有明确意义上的休闲政策，但是基本上所有的国家都有与休闲有关的政策。休闲政策一般都处于从属地位，是其他领域政策的一个补充。例如，在20世纪70年代的西德，"休闲政策是社会政策的一部分，旨在帮助全体公民获得符合一定标准的、人性的、社会的、民主的生活，帮助所有人获得符合一定标准的工作条件。休闲政策不能取代其他政策，而是对其他政策给予支持。"正如沃尔夫冈（Wolfgang Nahrstedt，1993）所论述的，休闲政策在无形中冲击着社会中的其他领域和问题，但对于所有这些问题和政策领域，制度都业已形成。建立一个全面的休闲政策体系，将不可避免地迷失在一片政策丛林之中。

2013年国务院办公厅发布《国民旅游休闲纲要（2013－2020）》（详见附录3）（下称"纲要"）。这是第一份国家层面上以休闲命名的政策纲领。该纲要最早从2007年开始酝酿，最初名为"国民旅游计划"。当时，国家旅游局鼓励地方政府在可能的情况下制定当地的"国民旅游计划"。2007 年政府工作报告首次提及休闲之后，"休闲"一词被加入纲要之中。2008 年，颁布了《职工带薪休假条例》。在吸收各方意见的基础上，"计划"一词也改为"纲要"，因为人们习惯于将"计划"与陈旧的计划经济体制联系在一起。2008 年全球金融危机爆发后，国家出台了一系列政策，刺激包括旅游和休闲等在内的许多领域。国家旅游局下属的中国旅游研究院向有关部门提交报告，建议将"纲要"作为刺激经济增长的重要手段。从那时起，国家旅游局、中国旅游研究院和国家发改委联合成立小组负责该纲要的起草。2008～2012 年间，召开了多次研讨会和咨询会，征求不同的政府部门、地方政府、研究机构和专家学者的意见。最终，"纲要"于 2013 年 2 月颁布。

作为第一部以"休闲"命名的国家政策，该纲要被视作一个里程碑，表明政府试图通过整合不同政府部门和社会力量，来全力满足居民的休闲需求。"纲要"还提出了到 2020 年在全国范围内实施带薪休假制度的目标。"纲要"鼓励政府部门、社会团体、企事业单位可以根据情况安排职工休假，同时鼓励发展旅游服务设施、休闲设施（如公园和酒店等），并改善休闲公共服务（如交通和游客中心）等。

总体来看，"纲要"受到了旅游和相关部门的欢迎。然而，正如我在"纲要"颁布前后撰文所指出的（宋瑞，2010、2013），"纲要"的有效实施需要确定以下几个问题：①旅游和休闲之间的关系。众所周知，尽管休闲与旅游高度相关，但休闲所涉及的范围要远比旅游广泛得多。"纲要"以"旅游休闲"为名，却未对"旅游休闲"一词的内涵和外延进行明确界定。实际上，旅游、休闲、休闲旅游（与商务旅游相对），作为休闲的旅行（与作为休闲活动的体育、娱乐，以及其他文化活动相对）所指范围不同，含义不同。更重要的是，在现行的行政管理体制下，国家旅游局主管旅游，而与休闲相关的部门多达 20 多个。概念上的模糊处理，可能是有意为之，也是可以理解的。显然，国家旅游局并不想陷入一场如沃尔夫冈（Wolfgang Nahrstedt，1993）所说的"政府部门的争斗"之中。但是，除非对这些经常被混用的关键词做出准确定义，否则"纲要"就无法得到有效实施。②社会效益和经济效益的重要性。"纲要"并没有明确休闲作为公民权利和作为消费者权利之间的差别，没有明确休闲的社会功能与经济功能之间的不同，没有明确公共服务与市场供给之间的区别。"纲要"的多数条款都比较笼统，没有明确说明各相关主体的具体职责分工，究竟如何实现目标，以及采用什么样的原则和路径去实现。这种模糊性，显然会进一步阻碍"纲要"的有效实施。③政府、企业、社会组织与公民的职责不清。正如戈德比教授所提到的，休闲涉及不同类型的提供者。每个提供者出于各自的目的提供不同的休闲机会，同时，也面临不同的问题，需要不同的解决措施。应该明确说明不同主体的责任、提供服务的原则。显然，对于当前中国而言，公共供给和公共政策的缺失问题十分明显。最迫切的是要建立一个清晰的休闲管理框架体系。④不同政府部门之间的分工。休闲涉及多个政府部门。2008 年，国务院授予国家旅游局"引导休闲度假发展"的职责。然而，大多数相关资源、设施和政策，都不在国家旅游局的管辖范围内。要解决这一现实问题，政府部门必须要有明确的职责分工。⑤强制性、鼓励性和激励性要求的区别。目前，对于哪些要求是强制性的，哪些是鼓励性的，哪些又是激励性的，尚不明确。在中国的现实发展中，硬性要求和一般要求的效力和结果很不相同。在笔者看来，至少应当对如下两个问题做出硬性要求：一是如何使员工真正享受带薪休假；二是如何明确界定各级政府的责任。⑥特殊人群和一般大众。"纲要"对一些特殊群体的需求给予了关注，这是值得称赞的。然而，特殊群体需求的满足是建立在对一般公众基本权利的保障的基础上的。遗憾的是，"纲要"中对公民休闲权利和休闲基本公共服务等问题还没有做出明确规定。

在《国民旅游休闲纲要（2013－2020）》之前，2009 年，国务院颁布了《全民健身条例》，要求县级及其以上政府应将国民健身列入国民经济和社会发展计划，建设公共体育设施，加大对农村基层和城市社区公共体育设施建设的投入，促进全民健身事业均衡协调发展。在可能的情况下，学校的健身设施必须向公众开放。公园、绿地和其他公共空间要有公共健身活动空间。国家支持、鼓励并促进与人民生活水平提高以及体育产业发展相适应的体育消费。为了实施这一规定，之后还推出了《全民健身计划（2011－2015）》。

由文化部管理的文化部门，包括新合并而成的国家新闻出版广电总局、国家文物局、国家宗教事务局及其他部门，是博物馆、图书馆、剧院以及社区文化中心等休闲设施的主要提供者。尽管近年来中央政府通过制定几个里程碑式的重要政策，强调了包括公共和商业文化设施在内的文化部门的重要性，但是，这些文化部门没有一个是以休闲命名的，或是以发展休闲为目的的，并且至今没有一个整体性的文化休闲发展政策或规划。

地方政府在休闲发展中的作用：西方经验和中国现实

与联邦或中央政府相比，州级和省级政府在休闲发展过程中的作用更为直接和复杂。美国宪法第十修正法案赋予地方政府为公民提供公共服务责任，因此，州政府有为公民提供教育、福利、健康保健和娱乐休闲项目的责任和权利。在美国，联邦政府是多元化的休闲设施和服务的提供者，其中包括国家公园、国家博物馆、国家交响乐团、医疗和娱乐服务等。州政府也提供技术和咨询服务。

与州政府相比，地方政府在为公共休闲提供设施和机会方面发挥着重要作用。地方政府所提供的休闲服务的范围很广。例如，在英国，地方政府在休闲发展中所发挥的作用由图5－2所示。地方政府以不同的方式提供休闲设施和服务。公众可以免费使用大量的休闲服务设施，如城市公园、游乐场、图书馆、野餐区、自然步道、海滩和国家公园等。公共支付通过利率和税收间接地发挥作用。地方政府也提供游泳池、高尔夫球场、码头、艺术中心、剧院和体育中心等设施，尽管这些设施有较高的补贴，但用户使用这些设施还是需要付费的。与此同时，地方政

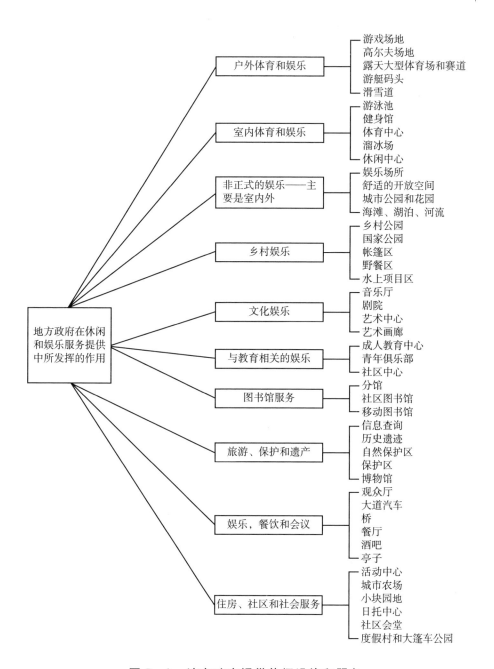

图 5－2 地方政府提供休闲设施和服务

资料来源：Gorge Torkildsen，2005，Leisure and Recreation Management，5th Edition，p. 132。

府可以不同的方式来支持休闲的发展：协助信托机构提供剧院和体育中心服务；协助体育俱乐部提供保龄球场和网球场；协助社区团体提供儿童游乐设施，以及面向老年人的社区艺术或设施；通过赞助艺术、体育、娱乐节事和重大事件，提供大量的间接支持；为组织提供少量的服务或小额补助，造福社区。

就地方政府提供休闲设施和服务而言，图5-2为我们提供了一幅简单而清晰的说明。很长时间里，笔者一直尝试以类似的方式来概括中国的现实情况，但发现非常困难。显然，直接拿中国地方政府提供休闲设施和服务的方式与英国相比并不合适。在中国，地方政府分为五级：省、地区、县、乡、村。考虑到政府部门复杂的"条块"关系，以及休闲设施和服务范围之宽泛，很难画出一个符合所有地方的、极具概括性的框图来。

虽然无法一一列出我国各级地方政府所提供的公共休闲设施和服务，但有一点已经形成共识，那就是，地方政府在公共服务供给中扮演着更为直接和重要的角色。省级及以下政府掌管着国家公共支出的最大份额，包括几乎所有的公共教育支出、医疗、失业保险、社会保障和福利。各省也有权在不与国家法律法规发生冲突的基础上通过地方性法律法规，中央给予省一级政府相当大的空间，允许各地采取适当的政策来刺激经济增长，并鼓励地方进行政策上的试验。总之，由于相当一部分休闲资源是由地方政府管理的，再加上中国实施的财政分权制，地方政府在休闲供给中确实起着决定性的作用。作为一种激励理念，包括休闲在内的诸多领域已经推进和实施了"先行先试"。例如，在《国民旅游休闲纲要（2013-2020）》出台之前，山东、广东、浙江和其他几个省份都推出了适合当地的休闲培育政策体系。特别值得一提的是，山东在2011年发布了《山东省国民休闲发展纲要》。笔者认为，这个纲要比国家层面的纲要更实用、更具可操作性。例如，名称清晰地确定为"休闲纲要"；明确要求各大企业和机构实施带薪休假制度，并将其作为一个评价、考核指标；要求博物馆、纪念馆、美术馆、文化馆、图书馆、少年宫（青年中心）和科技馆等大型和基层文化活动中心和相关公共休闲设施免费对公众开放；承诺通过新农村建设专项资金以及土地管理、农业、林业和水利建设等部门的支持，开发休闲设施。山东省政府还举办"好客山东休闲汇"来促进多元化的休闲活动。

除了省级政府，市级政府也是促进休闲发展的关键主体。例如，杭州市政府就是促进休闲产业发展的先锋。从 20 世纪初开始，杭州就开始描绘其作为休闲城市的蓝图：推出"东方休闲之都，品质生活之城"的口号；举办世界休闲博览会等大型节事活动；培育"十大特色潜力产业"，发展"十大休闲基地"；将休闲纳入到城市规划建设，建设城市公园和休闲商业街，免费开放西湖，构建中国最早、最发达的公共自行车系统等等。通过上述努力，杭州市政府与企业和居民共同合作，将杭州建设成为著名的"休闲城市"。本书第六章将对此进行详细论述。

改善每个人的休闲

一般而言，社会不平等也会反映在休闲供给和公众休闲活动参与程度上。这种不平等存在于世界各地。例如，收入较低的群体受教育率也低，而且也不大可能得到国家在休闲上给予公民的补贴等福利（Torkildsen，2005）。同样的现象也发生在美国。少数民族、女性和残疾人等弱势群体的休闲权利得到学术界、非政府组织和政府的特别关注。

在中国，不平等现象表现得更为明显。经济发展的速度已经大大超过了社会发展的速度，相对于庞大的人口总量而言，几乎各种宝贵资源都是有限的。与西方学者相似，中国学者也对弱势群体的休闲需求给予了高度关注。马惠娣（2010）曾将农民工的休闲生活总结为八个"零"。例如，由于繁重的工作负担和经济压力，大多数的农民工闲暇时间为零；一些人会抱怨"如果我放假去休闲，怎么赚钱生存"；对于大多数的农民工来说，文化生活是零，他们不买书也去不起剧院；他们对社区活动的参与率几乎是零，在儿童教育、娱乐和其他公共服务方面，他们被从其所在的城市社区中隔离出来；农民工与城市社会的融合也是零；他们不喜欢城市的现代生活。在这里，"零"或许是一种比喻，而非严格意义上的统计结果。但是不可否认的是，上述问题的确非常严重。事实上，不仅在城市中暂时居住的农民工，包括生活在农村地区的农民，都没有机会享受有意义的休闲活动。我们的调查显示，城乡居民在休闲活动与休闲消费上的差距是相当巨大的。在中国，"全民体育"的理念已经倡导和推广了几十年。我希望，在不久的将来，"全民休闲"也能够在全国得到推广。

为全体公民提供支付得起的休闲服务

对一些国人而言，休闲显得太过奢侈。这不仅仅是因为休闲常常被宣传为一种炫耀性消费，而且还因为，休闲服务确实价格不菲。中国青年报社会调查中心通过 qtick. com 和 minyi. net. cn 网站进行了一项在线调查，覆盖全国 31 个省、自治区、直辖市 12234 人。结果显示，近75% 的受访者很少参与文化娱乐活动，近 86% 的受访者认为看电影或听音乐会太贵，而看电影、欣赏艺术不应该成为一项奢侈消费。在中国的中小城市，一张电影票的价格通常在 50 元以上，有的甚至达到 80元。与人均收入水平相比，这个价格确实太高。笔者在美国宾夕法尼亚州立大学访学时发现，所有的休闲活动（包括市政府在宣传小册子中所推荐的休闲活动）都不贵，很多比北京更便宜。举个例子来说，一项包含一个成人和一个 3 岁孩子的儿童高尔夫项目（为时五周，每周一次，每次 45 分钟）的价格是 42 美元。一个成人和一个孩子的瑜伽课程（一个月内可学 12 次）的收费是 48 美元。这在中国任何一个大中城市都是很难想象的。在中国，高尔夫是一种奢侈活动，而瑜伽课程的收费也非常昂贵。旅游景点，尤其是所谓的"国家公园"门票价格之高，也是备受公众诟病。在中国，尽管有数以百计的公园被称为"国家公园"，但实际上中国迄今为止并没有真正意义上的国家公园。大多数所谓"国家公园"的门票在200元以上，最高的甚至超过400元。那年笔者参观美国约塞米蒂和其他国家公园时惊讶地发现，这些公园只收取每车10美元左右的费用，而不管车里有多少名乘客。虽然中国的"国家公园"体系在财政支持、管理体制等方面不能和美国直接相比，中国人口规模之大也是必须考虑的国情，但很明显的是，为公众提供其能够负担得起的公共娱乐休闲设施和服务是政府的职责。这是不可忽视和回避的普遍规律。从本质上来说，休闲不应当成为奢侈品。相反，它应该是所有老百姓都能够消费得起的。让每个人享受休闲，对于提高人民的生活水平和生活满意度而言至关重要。近年来，在中央政府的补贴下，一些文化和体育设施免费向公众开放，包括博物馆、图书馆、美术馆、文化中心或文化馆站（"三馆一站"），而青年宫（青年中心、青少年宫）等预计也会在不久的将来免费开放。在公益彩票基金等的资助下，城市和农村地区建造了多样化的户外运动和健身设施，其同时为农村地区体育健身工程的建设提供资金支持，特别是在西部地区。例如，2012年，中央财政投入153亿元在农村地区建设了34860个体育健身项目。未来，政府还应当提供更多、更加便宜的休闲服务。

改善全民休闲的政策建议

由于我在本段开头所提到的原因，政府应当重视自身在促进休闲发展、改善人民生活方面所应该发挥的作用。为使所有国民享受到更好的公共休闲设施和服务，建议采取以下措施：

——严格执行带薪休假措施，以解决"纸上权利"的问题；

——制定一个整体和明确的休闲发展战略或政策；

——为《国民旅游休闲纲要（2013 - 2020）》的实施制定一个路线图、时间表和工作分解计划；

——通过将休闲发展纳入国民经济和社会发展计划、公共预算以及各级政府工作报告中，将提供休闲服务作为考核地方政府政绩的一个强制性要求；

——促进居民组织和其他非政府组织为困难群体提供特别的休闲服务；

——鼓励私人提供各类休闲活动设施，例如私人博物馆；

——强制要求房地产开发商提供休闲设施和服务。

2005 年，中国著名学者于光远，出版了一本书，叫作《论普遍有闲的社会》。他预测，休闲是发展的根本目的。虽然笔者不认为我们已经进入了所谓的"休闲时代"，但笔者相信，每个人都有权在他们的日常生活中享受休闲。这不仅有利于个人和他们的家庭，同时也有益于社会，而且，各级政府都有义务改善居民的休闲生活条件。

参考文献

BBC News. May 12, 2010. "Millions 'left behind' in rural China".

Bureau of Labor Statistics. (2013a). *American Time Use Survey—Leisure and sports*. Retrieved from http：//www. bls. gov/tus/current/leisure. htm.

Bureau of Labor Statistics. (2013b). *American Time Use Survey—2012 results*. Retrieved from http：//www. bls. gov/news. release/pdf/atus. pdf.

Chang, Y and Card, J. A. 2013. "The Impact of Ancient Chinese Philosophy on Contemporary Leisure in China". *ERIC*.

China Development Research Foundation *Feb 2011 report*.

Crawford, D. W., & Godbey, G. 1987. "Reconceptualizing barriers to family leisure". *Leisure Sciences*, 9 (1)：119 – 127.

Crawford, D. W., Jackson, E. L., & Godbey, G. 1991. "A hierarchical model of leisure constraints". *Leisure Sciences*, 13, 309 – 320.

Cross, G. 1990. *A social history of leisure since 1600*. State College, PA：Venture Publishing.

Cross, G. 1993. *Time and money—The making of consumer culture*. London, England：Routledge.

DW Journal News, 2013. "Solar Energy on the Rise in Germany", September 6.

Fred Coalter. 2000. "Public and commercial leisure provision: active citizens and passive consumers?", *Leisure Studies*, 19: 3, 163 – 181.

Godbey, G. 1999. *Leisure in Your Life: An Exploration—5th edition*. State College, PA: Venture Publishing.

Godbey, G. 2010. *Leisure In Your Life: New Perspectives*. State College, PA: Venture Publishing.

Goodin, R., Mahmud Rice, J., Parpo, A., & Eriksson, L. 2008. *Discretionary time: A new measure of freedom*, Cambridge, UK: Cambridge University Press.

Gorge Torkildsen. 2005. *Leisure and Recreation Management*, 5th Edition, Abingdon: Routledge.

Jackson, E. L., Crawford, D. W., & Godbey, G. 1993. Negotiation of leisure constraints. *Leisure Sciences*, 15 (1): 1 – 11.

Kelly, J. and G. Godbey. 1992. *The Sociology of Leisure*. State College, PA: Venture Publishing.

Kitayama, S., & Uskul, A. 2011. "Culture, mind, and the brain: Current evidence and future directions". *Annual Review of Psychology*, 62, 419 – 49.

Kraus, R. 1972. *Urban Parks and Recreation: Challenge of the 1970s*. New York: Community Council of Greater New York.

Kraus. 2008. *Recreation and Leisure in Modern Society*. 5th ed. New York: HarperCollins.

NASA, *Global Climate Change*, (www. climate. NASA. gov).

Payne, L. B. Ainsworth and G. Godbey. 2010. *Leisure, Wellness and Health: Making the Connections*. State College, Venture Publishing.

Peter Bramham, Ian Henry, Hans Mommaas, and Hugo van der Peo. 1993. Leisure Policies in Europe: an Introduction, in *Leisure Policies in Europe*, Peter Bramham, Ian Henry, Hans Mommaas, and Hugo van der Peo (eds), *CABI*.

Pieper, J. 1952. *Leisure: The Basis of Culture*. New York: Pantheon Books.

Socrates, in Plato, *Dialogues*, Apology Greek philosopher in Athens (469 BC – 399 BC, http://www. quotationspage. com.

The Telegraph UK. 2010. "China's wealth gap the widest since economic reforms began" March 2.

Traffic Calming. Org. 2013.

Venture Outsource. (2011, April 17). *Report：China manufacturing hourly labor rate, compensation costs impact EMS.* Retrieved from http：//www. ventureoutsource. com/contract – manufacturing/2011 – china – manufacturing – hourly – labor – rate – compensation – costs – emshttp：//www. ventureoutsource. com/contract – manufacturing/2011 – china – manufacturing – hourly – labor – rate – compensation – costs – ems.

Wall Street Journal. 2009. "Facts About Poverty in China Challenge Conventional Wisdom" April 13.

Wikipedia. Feb. 2013. "Income Inequality in China"；China Development Research Foundation Report.

World Bank report；*Wikipedia.* 2005. "Poverty in People's Republic of China".

Kraus R. 1990. *Recreation and Leisure in Modern Society.* 4th ed. New York：Harper Collins.

Wolfgang Nahrstedt. 1993. "Leisure policy in Germany", in Bramham, P. et al (eds), *Leisure policies in Europe*, CABI Publishing, pp. 129 – 148.

宋瑞：《英国休闲发展的公共管理及其启示》，《杭州师范学院学报》（社会科学版）2006 年第 5 期。

宋瑞、沈向友：《我国国民休闲制约：基于全国样本的实证分析》，《北京第二外国语学院学报》2014 年第 1 期。

魏小安：《中国休闲经济》，社会科学文献出版社，2005。

第六章 休闲与城市

休闲城市
"休闲城市"与城市的休闲功能

休闲城市

杰弗瑞·戈德比

一次，在杭州某酒店外的车队中，我和一位朋友坐在汽车后座上聊天。我们刚参加完一个关于中国休闲发展的会议，正要回驻地。我刚转过头去想和那位朋友说话，突然发现他被人从车上快速拉走了。他被分派到我们之前待过的后面一辆车上了。他带着几分嘲弄的笑容离开。我再次意识到，在中国，等级（包括人的等级）有多么重要啊。在我到访过的大多数亚洲国家中，这种等级都是存在的。在韩国的主宾席上，当我看到两位认识的大学生并邀请他们坐在我旁边时，我左边的官员（比我略"重要"）告诉学生可以加入我们，但他实际上却在摇头！学生马上就心领神会了。

中国的休闲城市排名

我在中国碰到的市长们经常会告诉我，他们的城市是休闲城市。有时他们会告诉我，他们的城市在最理想的城市、最佳城市或休闲城市中的排名情况。中国人很喜欢排名，比如对大学、城市和富人进行排名。美国人现在也喜欢这样。中国的传统是，每个人都知道并接受他或她在社会中的位置，当然，排名是这种传统的延续。然而，在"休闲城市"方面，每个城市都声称自己有多么卓越。

关于中国休闲城市，有很多排名。

在 2013 中国休闲城市发展综合评价中，三亚在中国十大最具特色休闲城市中排名第七。

2013 中国十大最具特色休闲城市中，北京位列第一。十大最具特色休闲城市依次为：北京、上海、宜春、景德镇、厦门、台州、三亚、六盘水、泉州和洛阳。

中国旅游协会休闲度假分会和全国休闲标准化技术委员会，以及其他旅游权威机构和著名公司共同举办了这次选举活动。根据报告，这个排名评估涵盖了中国 338 个主要城市。

而且，还评出了 2013 中国十大最佳休闲城市，包括杭州、成都、南宁、宁波、烟台、苏州、秦皇岛、黄山、柳州、常德。

这章会探讨休闲城市的理念，并提出为什么在中国难有真正的休闲城市。休闲城市意味着可持续发展，而这个概念很难付诸实施。休闲城市要有高水平的文化名胜、自然景观、酒店、博物馆和历史古迹。理论上，休闲城市很谨慎地与游客共享其休闲资源，并试图对不受管制的增长加以控制。然而，在很多城市，只是简单地规划每年 8%～10% 的旅游增长率。那种规划并不奏效。稍微做点数学练习题就可以向读者说明为什么。任何高于 2.1% 的总生育率最后都会导致地球上全是人，同样的，每年 8% 或 10% 的旅游增长率也会带来这样的后果，会摧毁旅游景点。在中国，休闲城市要面临可持续发展的挑战，甚至连休闲城市的理念本身，也是一种特权。

在北美，城市沿着工厂或过去用做运输航道的水域周边发展，并没有规划任何东西，但却很有效。慢慢的，事情发生了改变。休闲城市的概念意味着中国人希望他们的城市不仅仅是个工作的地方。任何休闲城市都必须有一个对未来的愿景，这个愿景可以被艺术家勾画出来，或者是标在地理信息系统（GIS）上。地理信息系统整合了硬件、软件和数据，用于获取、管理、分析和展示各种地理参照数据。"GIS 可以让我们以地图、球体、报告和图表的形式，用很多揭示关系、模式和趋势的方法来看到、理解、询问、解释和可视化数据"（ERSI，2013）。

在杭州一个会议的主席台上，我惹了点麻烦。我说每年 10% 的旅游增长率对杭州来说是个可怕的目标。如果真能实现的话，这个城市将会变成"有湖的上海"。显然，主席台上的官员不太喜欢我的这个评论，但观众席上的人在茶歇时说，当然这是对的。假设 10% 的游客增长目标得以实现，就意味着每十年游客数量就会翻不止一番，这会产生以下结果：

2015 年　1000 万人次，

2025 年　2000 万人次，

2035 年　4000 万人次，

2045 年　8000 万人次，

2055 年　16000 亿万人次，

2065 年　32000 亿万人次，

2075 年　64000 亿万人次，

2085 年　128000 亿万人次。

这当然是不行的。为了发展而发展、为了壮大而壮大，那是癌细胞式的思维方式（Abbey，2014）。

休闲城市与旅游区

可以按照许多种方式对旅游进行分类。这是我们至今依然了解甚少的一部分生活。我们远古的祖先通常认为，翻过一座山去看看另一边的世界是件疯狂的事。大多数人在离出生地很近的地方生活，如果他们幸运的话。当英国牧师托马斯·库克（Thomas Cook）组织包价旅游团时，大众旅游开始在英国产生，人们也开始可以更安全、更可预见地进行旅行。这些旅游提供铁路交通、住宿和饮食服务，最后推出很多人都能够支付得了的旅行支票。直到近期，观光或商务旅行在世界上大多数地方都是很危险的事（即使现在，在很多地方依然如此）。大众旅游改变了经济基础和很多城市的人口数量。东道城市要面临重要的决定：是让游客待在一个专门的区域，与当地居民隔离，还是允许或鼓励游客融入当地居民，让他们待在游客和居民都感兴趣的地方。东道城市有时不太可能有能力来实现这些愿望。也有些城市选定旅游区并进行规划，如拉斯维加斯（Las Vegas）的大道、阿姆斯特丹（Amsterdam）的红灯区和奥兰多（Orlando）的迪士尼世界（Disney World）。但很多城市反对这种想法，并寻求融合游客和当地居民兴趣点的地方。中国的一些城市（比如杭州）发现，无论政府政策如何，当地居民和游客都会在西湖周边及其他地方混合。笔者在中国的主题公园、历史古迹、博物馆、购物区域、湖边，甚至山上，都看到了这种居民和游客的混合。从某些方面来说，这是一种更积极的旅游形式——我们可以相处得很好，因为居民与游客共处一地，我们不太可能占游客的便宜。中国人往往喜欢看到游客享受他们城市的乐趣，尽管这可能会给他们带来不便。中国的一些旅游景点从隔离游客改为每周将游客和居民融合在一起。游客通常会比城市居民在景点花钱更多，而且国外游客会比中国游客花钱更多。很多年前，宾州州立大学关于足球旅游的研究发现，每场比赛都有超过 10 万观众，观众来自越远的地方、来的次数越少，花的钱越多（Godbey & Graefe，1991）。

考虑到游客尤其是外国游客的经济影响，中国的一些旅游区计划鼓励当地居民避开一周中的某些天，以获得更高的收入。当然这种现象并非中国独有，几乎是全球性的。当来自游客和当地人的收入差异较大时，会出现为照顾游客而制定的边界和政策，有时并不明说。当然，这也会导致当地人对游客产生不好的感觉。我在中国并没有遇到太多这种情况，尽管有时我也看到外国游客确实有点小讨厌。出生地不应该被当作是高人一等的依据，有时恰恰相反。

在很多国家，决定是否有旅游区或游客居民共享政策，是由旅游促进区（Tourism Improvement Districts，TIDs）的形成来决定的。旅游促进区是美国商业促进区的一种类型，旨在增加过夜游客的数量，游客会使用该区域的商业服务。旅游促进区是通过该区当地政府和商业机构之间的公私合作关系形成的。旅游促进区基金通常由非营利机构来管理，一般是会议和旅游局、饭店协会，或相似旅游目的地营销组织。典型的旅游促进区服务包括进行营销活动以提高目的地的认知度，资助专题活动以吸引过夜游客，以及开展销售项目以带来大型集团企业。旅游促进区的同义词包括：旅游营销区（tourism marketing district）、饭店促进区（hotel improvement district）以及旅游商业促进区（tourism business improvement district）。

创新阶层与休闲城市

在美国，一个受人喜爱的城市，一个甚至可以被称为休闲城市的城市，可能会和中国理想中的有所不同，尽管中国可能也在变化之中。美国城市可能有一些和中国城市同样的景点，是城市居民和那些觉得它有吸引力的人决定了这个城市与其他城市相比有什么特点。根据理查德·佛罗里达（Richard Florida）的说法，受人喜爱的城市拥有很大比例的"创新阶层"。

创新阶层的显著特征是其成员投身于能够"创造有意义的新形式"的工作。这个创新阶层中具有特别创造力的核心成员包括科学家和工程师、大学教授、诗人和小说家、艺术家、艺人、演员、设计者和建筑师，以及现代社会的"思想领导者"——非小说类写实文学作家、编辑、文化名人、智库研究人员、分析师和其他舆论引导者。这个特别有创造力的核心成员提出新的易转化为产品的、广泛有用的形式或设计，比如设计一个可以广泛制造、销售和使用的产品，想出一个可以应用于很多情况的定理或策略，或制作一首被一再表演的乐曲（Florida，2002）。

创新阶层也包括：

"有创意的专业人才"，他们在大量知识密集型企业工作，比如高新技术领域、金融服务、法律和医疗保健专业和企业管理。这些人创造性解决问题，并利用复杂知识体来解决特定问题（Florida，2002）。

还包括：

越来越多的技术人员和其他能够将复杂知识体运用于物理材料工作的人。在诸如医药和科学研究领域，技术人员在理解他们的工作并做出决定时承担越来越多的责任，白领工作（决策者做的）和蓝领工作（遵循命令者做的）以前的差异正在模糊化。他们获得自己专有知识，并发展自身独特的工作方式（Florida，2002）。

在某方面，休闲城市的部分定义就是这个城市吸引哪种工作者。这个观念在中国很有意义。比如，在杭州，很多受过高等教育的"创新阶层"工作者搬到那里。而且，我还碰到很多高校毕业生，还没找到工作就来到那个城市，因为他们热爱那个城市，而且想要在那里生活。

就休闲而言，创新阶层更倾向于积极的、参与性的活动，而不是被动的、惯例性的。他们偏好本土的街头文化，如咖啡馆、街头艺术家，还有表演者和旁观者很难划清的小艺术画廊和小餐馆。他们渴望刺激，并不逃避。"他们想要享受密集、高质、多重体验的开心时光"（Florida，2002）。他们不想在休闲中逃避，而更想参与。创新阶层的人也很看重积极的户外娱乐活动。他们被吸引到很多户外活动很普遍的地方和社区。

美国城市之间很不相同，从而可以吸引创新阶层，中国也会这样。我的一位朋友告诉我，他想从他目前所在的中国城市离开。他在他的城市生活很好：有一个大三居公寓，步行能到工作的地方，有新车，工资够买些奢侈品，可以去旅行，儿子在一所好学校上学，妻子对他们生活的地方很满意。但那位朋友是创新阶层成员，他希望和像他一样的人待在一起。

休闲城市和环境污染

很多游客都是在从事户外活动，逛历史古迹、夜市、佛教寺院和户外购物区域，参观湖泊、高山和森林。这意味着休闲城市必须要有吸引人们外出的环境。很多年前，我曾到访中国的第二大污染城市（我不想提它的名字）。空气是黄色的，我们一到那儿，我的喉咙就开始疼。孩子们在外面玩耍，好像没有空气问题似的。该城市的大学校长告诉我，他刚去过美国，买不到好的食物。我很想说，我在中国找不到好的空气，当然这样的冒犯不太合适。我自己所在州的城市匹兹堡（Pittsburgh）是钢铁生产中心，直到不久前，还以其钢铁厂的浓重烟雾闻名于世。人们已习惯了。现在匹兹堡已经大不相同了，中国的城市也会如此。不过，既然要成为中国休闲城市，就意味着空气和水要相对干净。能否在休闲城市排名中获得更高名次，取决于环境质量以及自然美景或历史景点。

市民态度

很多年前，一位旅游研究者和我待了一天，并把他学会的东西教给我。他比其他任何人都更了解威斯康星州（Wisconsin）的旅游业。他向我展示很多该州旅游业的图表，比如，什么样的游客去哪里，他们待多久，他们花费多少及其他信息。最后，我说，"好吧，你从 30 年旅游业发展中学到了什么？"他的回答是，"人们去受邀的地方，返回对他们好的地方。"乍听起来，这似乎简单得可笑，思考片刻便会觉得颇有道理。如果人们相信自己受到了邀请，那他/她是多么想去访问那个城市啊。如果他们相信自己受到欢迎，并受到和当地人一样的对待或待遇更好的话，他们很可能会回来。在旅游业中，经常有一个理念是，景点"推销"城市，这里所说的景点，可能是一个很大的寺院或历史古迹，也可能是世界级的艺术博物馆或重要的节日。如果第一次来旅游，没有被接待好，通常不会有人来第二次，而且他们会告诉其他人他们的糟糕经历。被恶劣地对待并不常常意味着那些城市居民有什么偏见或者不友好，可能只是不欢迎你，没人在意你在那儿。被无视和被恶劣地对待给人的感受几乎是一样的。

对中国以及所有旅游目的地国家而言，有一些挑战。首先是在饭店、餐馆、主题公园、历史景点和其他游客去的地方，提供高水平的接待培训。他们需要知道怎样与有着不同习惯和期待的陌生人、外国人建立联系，怎样预先考虑并满足服务对象的需求。南非的饭店培训公司是这样阐述的：

> 饭店业是多样化的产业，包括各种饮食、住宿、娱乐和消遣服务。在饭店业工作，需要天生热情好客，有很好的沟通技巧，还要具有卓越服务的热情，愿意服务于别人（Drum Beat Academy，2014）。

有时，饭店业工作者是影响游客记住自己旅游经历的关键变量，饭店业工作者必须理解这一点。积极心理学活动已经为在饭店工作的很多培训者得出结论，"练习"对客人的礼貌或善意真的可以带来对他们更多的真诚关心。不仅仅是例行公事地说谢谢或祝今天开心，而是真正开始真诚地祝愿客人有美好的一天，真正关心他们。中国有时缺乏接待培训。相反，中国的某些饭店是世界级的。我曾经在上海一家高档酒店里，穿着内衣坐在房间里，当时有个女服务员没敲门就进来了。她把一篮水果放在我正搁着脚的桌上，然后离开。另一个例子是，一次我在美国酒店房间里被吸尘器的声音吵醒了，清洁工正在我的房间里吸尘，他似乎没有注意到我就在那儿。员工是预先考虑并照顾到游客需要的人，清洁工和其他人一样重要，有时甚至更为重要。

接待培训的另一部分当然包括休闲城市的市民。市民往往不太了解旅游对他们城市经济和社会的重要性。他们有时会对游客抱有某些抗拒的态度，毕竟游客不知道怎样像当地人那样去行止。他们很容易迷失，可能会有冒犯的举动。游客往往还有些脆弱，他们需要一些帮助和指导。某种程度上来说，当地居民理解这个，并且可能每个人都乐于帮助游客。他们能改变其态度和行为方式，这样对游客、旅游业和他们自己都有利。在中国，当我迷路时，我会请人带我走出主题公园，走回饭店，在武夷山借望远镜，或以其他方式帮助我。我记得这些，有时它是我快乐旅途的重要因素。

由此，中国或其他地方的休闲城市可能是个综合体，包括壮丽景观、高质量旅游景点设施、干净的环境、受过专门培训的接待部门、理解游客的全体市民。

"休闲城市"与城市的休闲功能

宋 瑞

毫无疑问，休闲与城市关系密切。本章中，戈德比教授从中国休闲城市排名入手，但其内容却涵盖了我们多次当面讨论的各方面内容，也不禁让我想起我们第一次讨论这个话题时的情形。

"休闲城市"：源于中国的概念

那天下着雨，我穿过美丽如画的校园，前往位于宾夕法尼亚州立大学北端的办公室。校园里到处是色彩各异的树木，天空正飘着蒙蒙细雨。在那儿的一年时间里，我很喜欢步行，尽可能走遍校园和周边地区的每个角落。那个被译作斯泰特科里奇（State College）的城市，是个名副其实的大学城，处处都是美景。我也很享受与戈德比教授的各种正式或不正式的谈话。他慷慨地允许我与他共用办公室——实际上那间面积不大却很温馨的办公室几乎被我一个人霸占了。窗外风景如画，我每天坐在窗前看书、写作、思索，度过了人生中难得安静而美好的一年。

那天是2011年9月16日，我们的讨论主题正是"休闲城市"。谈话伊始，我就抛出了自己疑惑很久的一个问题——"休闲城市"的概念可能是中国人发明创造的，因为我在英文文献中几乎找不到这个词。戈德比教授对此表示部分同意。他说，在西方社会中，的确有"休闲城市"这个词组，但其实没有什么特别含义。说起"休闲城市"时，人们往往指的是"让人们享受城市"。在他看来，尽管"休闲城市"几乎是一个中国人创造的术语，但是他并不反对，甚至还颇为欣赏，把它视作中国人寻求属于自己的休闲方式的一个表现。他一直呼吁，中国的休闲发展不能直接照搬西方国家。他进一步指出，在美国，政府参与公园和游憩方面的工作其实与社会改革有关。19 世纪末 20 世纪初，很多人（大部分是女性）抱怨没有地方可供孩子玩耍、亲近自然。他们呼吁要为孩子们提供休闲娱乐设施，比如沙地、游泳池和公园等。随后，政府出面为老年人、儿童和其他人群提供游憩娱乐的机会。直到今天，各级政府都有公园游憩部门，提供包括从体育、艺术、手工到自然景点在内的各种休闲设施和服务。政府公共支出中，有相当一部分被分配于公园和游憩，该比例已从 3% ~5% 上升到 6% ~7%。一般来说，市民每年在这方面的支出差不多只有 100 美元左右。在很多城市，政府都补贴和管理很多休闲设施（如游泳池），有些是免费的，有些只需支付很低的价格，有些则提供年票。他递给我一本当地公园游憩部门印刷的小册子，里面囊括了该城镇所有关于休闲活动的信息，从泳池、瑜伽、儿童高尔夫到郊区旅游。让我感到惊讶的是，所有这些休闲活动几乎都比北京的便宜很多。

谈话结束后，戈德比教授去和朋友打壁球了。我则静静地站在窗前。雨停了。窗外，有个男人牵着狗在红黄色的树下慢跑。街对面一位妇女在院子里做园艺。作为在"巨大、喧嚣和拥挤"的北京（我对戈德比教授的表述）生活了十多年的人，我热爱并将永远怀念那个小城，尽管当地中国学生昵称它为"村儿"。

中国的"休闲城市"排名热

正如戈德比教授所注意到的，中国人喜欢排名。仅就城市而言，就有几十种排名，例如最美城市、最宜居城市、最幸福城市、最有竞争力城市、最大城市和最有创意城市、最富有的城市、最具发展潜力城市、游客最喜爱的城市，等等。在所有这些排名中，"休闲城市"排名历史相对较短。21世纪初，杭州赢得了第九届世界休闲博览会的主办权。这被认为是中国城市试图探索政企互动、提升城市休闲功能的创新性尝试。杭州与其他城市相比，在休闲方面确实具有特殊优势。杭州将自身定位为"休闲之都"，以此推进宜居、宜游、宜业、宜学的城市形象。

2006年，第九届世界休闲博览会在杭州举办。一些人称之为"中国休闲元年"。这项活动提高了学术界和地方政府对休闲的兴趣和关注度。越来越多的人开始关注"休闲城市"排名。研究者、媒体、各种协会、学会等组织开始关注"休闲城市"评价指标的设立。这股热潮催生了数十种不同的评价体系。

从积极的角度看，"休闲城市"排名热促使当地政府为游客和当地居民改善休闲活动环境，进而关注城市休闲功能。这是个非常重要的变革，因为过去人们主要关注生产而非生活，主要关注游客而非当地居民。然而，值得注意的是，很多城市其实只是想通过短期促销而不是长期建设来获得"休闲城市"的头衔，这也带来了一些消极影响。

戈德比教授或许知道，也或许不知道，对"休闲城市"排名的热衷只是中国地方政府间激烈竞争的一个体现。从某种程度看，中国经济的快速增长归功于地方政府官员之间的竞争（Xu，2011）。地方官员是由上级政府提拔的，而提拔的依据就是当地经济发展程度。这种晋升方式导致同级地方政府领导之间存在激烈的竞争。当然，人们也在一定程度上将中国整体经济的快速发展归功于这种基于GDP的政绩竞争。旅游业目前已经发展成为中国的经济引擎。因此，发展当地经济的途径之一就是大力宣传，促使本地成为热门旅游目的地，从而吸引更多游客。从1998年到2010年，全国总共339座城市已经被国家旅游局命名为优秀旅游城市。2001年，国家旅游局与世界旅游组织（UNWTO）合作，启动了最佳旅游城市评选，杭州、大连和成都于2006年获此殊荣。这在某种程度上反映了城市之间作为旅游目的地而展开的竞争。城市目的地在竞争中，必须关注自身与其他城市的差异。那些富有休闲传统和休闲特性的城市（比如杭州）很自然地将休闲定位为自身的竞争优势。在中国，休闲还是个新概念，很多人认为休闲比旅游更时髦、更高级。因此，热衷于将"休闲城市"作为城市宣传的新名片。

城市的休闲功能：范例城市研究

众所周知，现代社会的休闲是伴随着城市生活出现的。一方面，城市化使得休闲服务的规模化成为可能；另一方面，城市生活带来的压力和单调也使得休闲活动的社会化成为必要。城市是休闲活动的供给者，也是需求者。休闲成为城市的基本功能，用以满足旅游者和当地居民的游憩和休闲需求。

正如我上面所提到的，"休闲城市"及其排名使得人们误以为它是一种特殊的城市类型。实际上，每个城市，不管其自然资源、历史、文化、地理位置和经济水平如何，都可以而且应该可以发展出富有特色的休闲。换言之，休闲是任何城市都应该具备的基本功能。

世上没有统一的、放之四海而皆准的、适用于所有城市的休闲发展模式，但有些城市的成熟经验的确值得借鉴。2011年，我和我的团队完成了"全球休闲范例城市研究"报告。我们选取了10个城市作为范例，系统研究这些城市是如何充分利用其自然、历史和文化资源来满足人们的休闲需要（包括当地居民每天的休闲活动以及游客和度假旅行者的需求），以及政府、市场和公众如何携手并肩提供多样化休闲设施和服务。我们建立了一些标准，比如，城市应该能够科学保护和合理利用其自然环境（不论是海滨、江湖、沙漠还是沼泽）来发展休闲；城市独特的文化特质应该被用于发展休闲；城市应该提供综合休闲功能，有合理规划的空间并有一系列的休闲设施；休闲活动应该种类多样，能够满足游客和当地居民的需求；应该在商业运作领域有所创新，从而引导休闲发展并为其他地区提供范例，等等。

基于对所选取的 10 个城市的分析，我们得出如下结论。第一，城市发展应高度关注人的价值、人的发展，关注如何让居民与游客、让社会的各个群体都能平等、方便地享受到休闲，关注如何提升人的生活品质。这是城市发展的内在使命。第二，判断城市的休闲发达程度，硬件设施、产业规模等固然是重要的考量，但更应关注理念和精神层面的问题，应从观念和文化角度提升人们的幸福感，使其有意愿、有能力享受适合自己的休闲生活。第三，在休闲发展中，应设法令政府与市场各司其职，科学处理好有形之手与无形之手的关系，协调好公共休闲设施、服务与商业性休闲设施的发展。第四，毋庸置疑，休闲与经济有着密不可分的关系，然而休闲发展绝非简单的经济事务，而是一个社会建制的过程，涉及文化习惯、民族个性、政府治理、社会制度、经济体制、城市规划等各个方面。第五，不管其发展起点如何，休闲发达程度高的城市大多会走向综合型支撑，即同时发挥资源、市场、政府、社会的作用，形成多元立体的休闲产业和无所不在的休闲氛围。第六，城市各不相同，作为展示城市生活方式的休闲，没有世界统一标准，也没有全球通用模式，但是类似城市之间可以相互借鉴。

城市的休闲发展：杭州经验

尽管笔者个人不太喜欢和提倡使用"休闲城市"这个词，但是与中国其他城市相比，杭州作为这个概念的发起者和最早实践者，确实在休闲发展中拥有不可比拟的优势。杭州城有 2200 余年的历史，地形特殊，被西湖和群山所环绕。这个城市的人文传统优雅、休闲和舒适，并以各种方式展示着东方休闲生活的智慧和魅力，如各种民俗手工艺技术、传统民居，还有和谐地散布于自然景观之中的精致客栈、餐馆、茶馆。这个城市富有创新精神，且采用各种方法付诸实施。

杭州拥有丰富的自然和历史遗产，被称为"人间天堂"。杭州投入了大量人力物力来精心保护和科学管理这些自然和历史遗产，包括完成了西湖和西溪湿地综合保护工程等。杭州于 2007 年确立了"东方休闲之都，生活品质之城"的发展目标，对城市品牌进行了系统研究、宣传和管理。同时将这一目标贯穿于各个领域，包括产业调整、城市形象系统、遗产保护、政府服务和城市亮化等。杭州举办了西湖博览会、休闲博览会等大规模会展，大力宣传休闲城市形象。通过改善公共休闲空间，杭州展示了城市的开放性、吸引力和细致优雅。杭州所有的公园都对公众免费开放，在公共休闲空间方面，杭州还建设了大量的城市广场、公园和适宜步行的休闲街道。杭州的很多创新性做法在全国都起到了引领作用，比如向公众免费开放博物馆，向所有人开放西湖，向公众免费提供自行车，等等。杭州还在不断地探索新的休闲发展途径。比如，建立了十大休闲活动基地，并由此形成休闲项目链；大力发展十大潜力产业，等等。在杭州，政府、企业和市民通力合作，共同致力于休闲发展。政府通过机构设置、产业政策、城市规划和建设保护，在休闲发展中发挥着引导作用。同时，公司、行业协会和其他机构也扮演着重要角色，大学和其他研究机构为休闲发展提供强大的理论支持和实践经验。而城市居民则是休闲发展中不可或缺的参与者和受益者。

当然，杭州和其他城市一样，也存在交通堵塞、房价飞涨和雾霾天气等问题。就在笔者撰写本章的前一周，杭州市余杭区承诺，在与公众协商达成一致前，延缓新建大型垃圾焚烧厂计划。这项邻避（not-in-my-back-yard）抗议运动体现了市民对自己所在城市的影响。

城市化和休闲城市管理：未来展望

1980 年，经济改革之初，中国的城市人口大约只有 2 亿。到 2011 年，这一数字已经增加到了 7 亿。在此期间，城镇化水平从不足 20% 提高到 50% 以上。目前中国拥有世界上最多的城市人口，超过 170 个城市的人口超过百万，7个城市的人口超过①千万。而且，这种人口增长趋势还在继续。到2025年，预计将近70%的中国人口居住在城市，和德国、意大利差不多。到2030年，预计还将有共3亿人从农村转移到城市（见图6-1）。

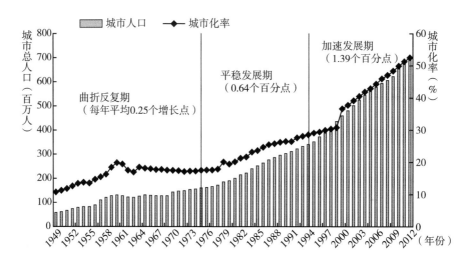

图6-1　中国的城市化：1949～2012年

资料来源：根据国家统计局数据整理。

2014年3月，国务院发布了《国家新型城镇化规划（2014～2020）》。与此同时，政府试图从投资型经济转向消费型经济。在大多数国家，城市化都是发展的果而非因，而在中国自上而下的发展模式中，城市化俨然已经被当作是经济增长的关键驱动力。要转向新型的城镇化发展模式，就需要发展小城镇，这些小城镇能够有效地从经济和社会各方面整合乡村。

中国快速城市化进程中，建起了密集的建筑、宽阔的街道、开阔的广场和巨大的绿地。作为地方政府的另一种政绩体现，有些建得过于讲排场，却没有考虑过谁会使用这些设施以及如何使用。笔者曾到西南地

---

① http://english.people.com.cn/data/China_in_brief/Administrative_divisions/Cities.html.

表 6 - 1 新型城镇化的方向

提供平衡可持续的城市栖息地	速度优先	速度与可持续性的平衡
解决城市服务的供需平衡	关键指标:不断增加的人口	关键指标:提高生活质量
再平衡城市发展规模	建设更多大城市	创建新的大城镇
改变增长的地理分布	延续东西划分	推动集群化,促进平衡发展
调整经济和发展政策	成为世界工厂	成为知识经济

资料来源:"The China Dream: The Role of China's Urbanization and the Rise of an Independent Class of Citizen", *Greater Pacific Capital*, November 2011。

区一个因烟草而兴盛的城市调研。当时正是夏季中午,站在巨大的城市广场上,几乎所有参与调研的人都汗流浃背,周围几乎没其他人。广场水泥地上矗立着巨大的雕塑,讴歌这个城市的巨大成就。环顾四周,没有树,也没有遮阳篷,椅子都很少。不难想象,这样的地方要开展休闲活动,得有多难,尤其是在西南地区炎热的夏季。另一次,笔者去新疆乌鲁木齐调研。傍晚时分,人们在绿荫环绕的城市小广场上享受着多姿多彩的休闲活动。很多当地人载歌载舞,一位同行者禁不住加入了人群,一起唱歌跳舞。广场上临时搭建了一些棚子,人们四处闲逛,不时买点当地纪念品。笔者在一个摄影展台前停留了很长时间,被那些和当地历史文化有关的图片深深吸引。

城市是个令人激动的话题。美国历史学家、社会学家、技术哲学家和文学评论家刘易斯·芒福德(Lewis Mumford),在他出版于 1961 年的著作《城市历史》中探索了城市文明的发展。他写道:"相比城市与自然环境之间以及与人类社会的精神价值之间的关系而言,城市在物质层面的设计及其经济功能居于其次。"他在那本很有影响的著作中引用了中国著名的《清明上河图》,并提到,"只有少数几个城市具有这幅画所展示的那些特征:多样的景观、各种各样的职业以及丰富多彩的文化活动"。芒福德还主张,城市规划应该强调人与生活空间的有机联系。近年来,在中国,人们创造、宣传、追逐了很多城市概念,包括山水城市、公园城市、绿色城市、宜居城市、智慧城市、紧凑型城市、创意城市等等。不管怎么命名，城市都应该要建设和管理得让居住其间的人活得更舒适。事实上，随着城市病在中国和全世界的扩散，人们越来越难在城市"诗意地栖居"了。

如果能够引导当地政府建立和管理更多适宜休闲的城市，那么笔者会由衷地为"休闲城市"这个概念欢呼。然而遗憾的是，在很大程度上，目前这似乎还只是个标签或者口号。要使城市更具休闲功能，不仅需要考虑产业结构、城市布局、建筑风格、绿地广场和雕塑公园等等，且还需要有趣的街头涂鸦、当地居民悠闲的表情以及更多鲜活的内容。

参考文献

Abbey，E.，2014．"Growth For Growth's Sake Is the Ideology of the Cancer Cell."http：//www. brainyquote. com/quotes/quotes/e/edwardabbe104709. html.

Drum Beat Academy，2014．"Hospitality Training Qualifications"．http：//www. hospitality - training. co. sa.

Florida，R.，May，2002．"The Rise of the Creative Class"．*Washington Monthly*．http：//www. washingtonmonthly. com/features/2001/0205. florida. html.

Godbey，G.，and A. Graefe，1991．"Repeat Tourism and Monetary Spending"．*Annals of Tourism Research*，Vol. 18，No. 2．pp. 213 - 225.

"*2014. Sanya Ranks Among China's Top 10 Distinctive Leisure Cities 2013.*" http：//en. visithainan. gov. cn/en/lynewsview_ 2228. htm.

Wikipedia，2014．"Tourism Improvement District"．http：//en. wikipedia. org/wiki/Tourism_ improvement_ district.

Xu，C.，2011．"The fundamental institutions of China's reforms and development"．*Journal of Economic Literature* 49，pp. 1076 - 1151.

2011．The China Dream：The Role of China's Urbanization and the Rise of an Independent Class of Citizen，Greater Pacific Capital，November.

2013．http：//greaterpacificcapital. com/the - china - dream - the - role - of - chinas - urbanisation - and - the - rise - of - an - independent - class - of - citizen/.

陈玉英：《城市休闲功能扩展与提升研究》，河南大学博士学位论文，2009。

蒋艳、王诚庆：《休闲城市建设的理论与实践》，《2011 年中国休闲发展报告》，社会科学文献出版社，2011。

宋瑞：《全球休闲范例城市》，社会科学文献出版社，2012。

王国平：《推进城市有机更新走科学城市化道路——关于城市化挑战与杭州城市有机更新的思考》，《政策瞭望》2008 年第 5 期。

魏小安：《城市休闲与休闲城市》，《旅游学刊》2007 年第 10 期。

第七章 休闲与自由选择

给予人们想要的，并使其通过学习知道自己想要什么
休闲赋权

给予人们想要的，并使其
通过学习知道自己想要什么

杰弗瑞·戈德比

休闲与学习

本书第四章中，我曾提及一位巴西城市规划师以及他对满足人们日常休闲生活的高见。本章将展开阐述这位城市规划师的洞见——他告诉我，我们必须让人们不仅能得到心中所想，而且能让他们通过学习知道自己想要什么。

大多数形式的休闲鉴赏活动都需要学习，都会有一段时期觉得这项活动不那么让人愉快。第一次拉奏小提琴发出的声音像愤怒的猫叫，第一次尝试放风筝或者练习书法可能都会以失败告终。然而，渐渐地，当人们学会了欣赏，开发了技能，就会取得成功。精神上的、心灵层次的快乐，比身体的快乐层次更高。中国人可以有更多这样的学习机会吗？许多休闲活动让人们参与到"事业"中去，就像另一个工作生涯一样。休闲生涯可能会有和职业生涯一样，决定一个人。严肃（深度）休闲（serious leisure）可以像在学校学习一样对教育起促进作用。为了更高层次的休闲，在大部分情况下，享受乐趣都是可以"习得"的。这意味着社区为年轻人提供了许多体验不同休闲乐趣的机会，便于年轻人掌握技能，深入理解和实践。我居住的小城里，有许多艺术班、艺术展、艺术节和低成本的绘画、雕塑等视觉艺术的培训班，当这一切发生时，很显然，大多数人都能有机会掌握一定的艺术技能。在中国，也可以这样做，只是具体的服务传递方式可能会有所不同。很多情况下，应该是艺术老师去居民区，而不是人们到艺术家工作的地方。

本章也将阐述衡量人们的休闲需求有多么困难。人们并不总是知道他们到底想要做什么，除非他们已经尝试过了。对于初尝者，他们可能觉得不好意思去尝试，或者说，觉得不适合去尝试。他们还可能被意见领袖们的看法所左右。在南非一个山顶小村里，一位老村长告诉我，村里的女孩们不想踢足球，因为踢球的话，球裤太短会露出腿来。不过当他离开后，女孩们却给了我一个不同的说法。

创造性与乐趣

成功地使用休闲，有三个重要观念：创造性、学习和乐趣。从某些方面来看，创造性就是学习的一种形式。我们年轻的时候，老师和其他人让我们领悟到（但并不经常如此），用创意的方式利用空闲时间有多么重要。

纳什提供了一个休闲价值层级模型。其中创造性是休闲的最高功用，而犯罪活动是最低的功用。这个模型提供了一个休闲的连续谱，这个连续谱是根据在休闲中进行自我投资的程度递进的。"模型创造者"的独特之处在于他/她通过建立一个新的、更好地参与方式来"提升"所参与的休闲活动。举个例子来说，在音乐中，新的更好的方式是投资一个乐器、作曲或者找出一个独特的歌曲表达方式或者演奏一种乐器。因此，"创造性"意味着"新奇"和"更好"，也意味着"适宜"。乐器发明家阿道夫·萨克斯生于比利时，成年后定居在巴黎。他发明了很多乐器，但最著名的是萨克斯管。萨克斯管发明于1846年，可在管弦乐队和交响乐队中使用。作曲家赫克特·柏辽兹于1842

年满怀赞许地为这个新乐器谱了一首曲子。尽管萨克斯管目前在管弦乐队用的还不多，但已经成为西方爵士乐和流行音乐中一个重要的乐器。该乐器在某种程度上捕捉到了城市的精神和城市贫民的忧伤。在体育活动中，模型的创造者可能是刚开始学打乒乓球后来一点点进步，到最后达到能发高球的水平。

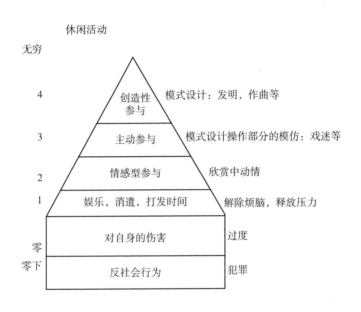

图 7 - 1 纳什的休闲层次

一些研究者这样定义创造性："创造性就是在既定环境下给出能带来合适影响的、新颖的反应"（Bishop & Jeanrenaud，1977）。以气球为画布、用油漆作画的画家，其作品新颖却不合适，而再现塞尚风格的画家的作品看起来合适却并不新颖。

就游戏中的创造性而言，首先必须要给玩游戏的人提供探索的机会，令其在游戏中做出各种不同的反应。其中可能会有新颖的反应。接下来，为了获得有价值的反应，就必须要有同化过程，允许玩家通过重复、转换来发展出特定技能。只有在这个过程中对个人进行密切监测，才会出现社会认可的合适行为的同化和重复。

休闲的层次

古代的西方和东方都有这样的观念——如果不仅仅以触摸、品尝等感官体验为基础，也不仅仅以美食、性、声色犬马和其他感觉乐趣为特征，那么空闲时间的利用就达到了更高的层次。按照这种观念，心灵和精神上的愉悦层次更高。从某种意义来看，超越肉体的就是超越了自由选择的奴役，就达到了心灵和精神上的"神的境地"。然而，我们依然是动物。如果忽视了身体、忽视了身体欲望，我们就是在欺骗自己。而且，我们将和世界的其余部分分离，而变得多么孤独啊。在我们有工具、武器、自我意识、死亡意识而动物们没有的情况下，我们又能怎样行动，怎么和其他动物愉快共处呢？如果不变成一个个孤独的渺小的神，我们又怎么才能表现出不同呢？

开封，周六早晨，一位朋友的儿子答应带我在他家附近溜达溜达。见面伊始，他就迫不及待地向我展示了大学周边的环境：篮球场、公寓、小商店……显然，他为此倍感骄傲。不过一小时后，他突然很抱歉地告诉我，他要回家了。"为什么"，我问。答案很简单，他得去学习。他的大部分学习都是为了应付考试，大多数也都是死记硬背。如果他能自由选择去玩，去探索他居住的那片土地，去尝试一门新的爱好——艺术或运动，他能多学到多少啊？如果他和他的朋友能够共同做点什么的话，他能多学到多少啊？

休闲赋权

宋 瑞

第五章和第六章分析了提升人们日常休闲的重要性，以及政府在这方面应当担当的职责，本章将重点讨论如何激发人们对自主和自由的渴求和个人潜能。由于现代休闲在中国的出现只有数十年时间，因此，从个体的角度来看，研究和促进人们的休闲权利、内在动机、能力和休闲技能都是非常重要的。戈德比教授围绕这个话题，论述了给予人们所求，以及使其通过学习明白到底什么是"己之所欲"的重要性。他用自己的两个小故事，提出了一些切实可行的解决方案，并指出，休闲教育便是其中之一。

赋权理论以广阔的视角分析了个人行为和集体行为如何积极参与改变、塑造社会大环境这一问题。在休闲研究领域，西方学者运用休闲应对（Leisure Coping）框架剖析心理活动，而休闲赋权则是休闲应对理论的一个分支。本章中，我想用休闲赋权这个较为宽泛的概念来分析戈德比教授所说的"给予人们想要的，并使其通过学习知道自己想要什么"的可行途径。

休闲教育

休闲教育一词由两个词语——休闲和教育构成。当二者放在一起时，其意义就远远超越了两者的简单组合（Atara Sivan & Robert

A. Stebbins，2011）。在过去 30 年里，休闲教育出现了几十种定义和理解。世界休闲教育委员会（the World Commission on Education）解释道，"休闲教育的目的是协助儿童、青年和成年人，通过个人在智慧、情感、身体和社会等方面的发展培育，去获得美好生活、以最好的方式利用休闲。"（World Leisure and Recreation Association，2000）正如亨德森（Henderson，2007）所言，休闲和教育的关系范围很广，包括"以休闲为目的的教育"（education for leisure）、"教会休闲"（education to leisure）、"通过休闲实现的教育"（education through leisure）、"作为休闲的教育"（education as leisure）、"休闲中的教育"（education during leisure）、"关于休闲的教育"（education about leisure），等等。一般而言，对于"休闲教育"的解释有两个基本方式：一是休闲作为教育的主题；二是休闲作为教育的背景。"休闲作为教育的主题"涉及通过休闲活动（例如玩耍、游憩、艺术、文化、体育、节庆、保健、健身、旅行等）完成的"以休闲为目的的教育"和"关于休闲的教育"。布莱特比尔等学者（Brightbill et al，1977）指出，"以休闲为目的的教育"是指早期或者长期让人们浸润在家中、校园、社区等环境中，以帮助他们了解休闲时间并培养利用休闲时间的技能。"休闲作为教育的背景"涉及"通过休闲实现的教育"，包括在正规和非正规的学习环境中，如教室、操场、课后活动、夏令营和社区教育项目进行的教育。除此之外，它还包括将休闲理念、休闲益处、休闲技能等灌输到学术课程之中。至于"通过休闲实现的教育"，学者认为，休闲对实现教育的目的具有促进作用，例如理解世界，获得身心的安定，发现和表达美。从这个意义上讲，休闲并不是脱离教育的存在，它是教育过程的一种活化剂。一般来说，休闲教育是这样一个过程，是一个人认可休闲、了解休闲如何影响人的生活质量的过程，是学习休闲相关技能（如娱乐消遣活动及相关技能、社交和解决问题技能）的过程，更是知晓并懂得获取休闲资源渠道的过程（AAPAR，2011）。

19 世纪 90 年代，美国城市学校的董事会率先发起了课后和假期玩耍项目（afterschool and vacation play programs）。全国教育协会（NEA）建议使用公共区域作为社区娱乐和社交活动的主要场所。从 1910 到 1930 年短短 20 年时间里，成千上万的学校建立了种类繁多的课外活动项目，包括体育、爱好、社交和学术体验等。休闲教育提升项目（Leisure Education Advancement Project，LEAP）是美国全国游憩与公园协会的一大创举，它将休闲课程纳入学校课程体系，忽略级别与题材的差异。它有两大用途：一是识别、理解和评估社区、州和国家休闲资源的供给情况；二是培养人们鉴别资源获取渠道的能力（Mundy，1998）。21 世纪社区学习中心项目（21 CCLC）则是由联邦政府发起的，是中小学教育法案（ESEA）的组成部分，用以支持低收入青少年的课后项目。该项目支持诸如毒品和暴力预防、艺术、音乐、娱乐消遣、科技教育、扫盲等项目的实施，促进了孩子们的学术成就。1998 年该项目获得了 4000 万美元的资金支持。到 2011 年，该项目的预算已经达到 11.6 亿美元。

尽管中国已经全面启动了教育体制改革，但是学校休闲教育的不足仍然是显而易见的。而校园外的和终生的休闲教育则更不尽如人意。休闲教育已经成为西方现代教育体系的一个重要概念，但在中国还未建立起来。一项以休闲教育为主题、针对杭州各大高校学生进行的调查表明，由于休闲技能和能力的欠缺，加之对休闲意义认识的不足，学生的校园休闲生活质量差强人意（Baoren，2010）。

为了促进中国的休闲教育，在这里提出几点建议。

首先，大力推广休闲教育，不管是正式的还是非正式的，不管是"为了休闲而进行的教育"还是"通过休闲实现的教育"，不管是在家、学校、社区还是在社会中，不管是个体性的还是集体性的，不管是自学还是从他人那里习得。只有这样才能使人们了解和欣赏休闲、学习休闲技能，在其整个生命阶段都能参与到各种健康的休闲活动中去。

其次，应考虑将休闲纳入当前的教育体制改革中去。多元化的休闲活动，包括文化、艺术、科学、体育，应该成为教育科目。学校应该尽可能多地将休闲概念和相关内容整合到现有的课程之中，应该通过休闲活动，提升学习。学校应该同当地居委会、文化和体育部门、公园、图书馆和博物馆等机构加强合作。

最后，对于人的整个生命周期来说，休闲教育都是至关重要的，因此要对全民的休闲动机、休闲参与进行系统的调查和研究，从而明确对于不同群体采用哪些不同的教育方式。

志愿性的自治机构

除公共供给和商业供给外，很多休闲机会都是由非营利组织提供的，西方社会有时也称之为志愿服务机构。志愿性的非营利组织包括很多，例如艺术、教育、健康和社会服务等，其中休闲娱乐组成部分最多的此类团体通常都是以年轻人为导向的（Daniel D. McLean et al. , 2008）。美国男童子军成立于1910年，女童子军是目前世界上最大的面向女孩儿的志愿者组织。男孩女孩俱乐部运动，是美国最著名的面向青年的志愿者休闲组织，拥有3700多个俱乐部，服务440万青年会员。

在过去十年间，在中国的社会组织、非营利组织（NPO）和非政府组织（NGO）数量大幅增加。按照官方分类，社会组织包括群众团体、非企业单位、基金会和民间组织。截至2013年6月底，中国共有506700个社会团体，23000家非企业单位，3713个基金会，员工总计120万人。和其他许多发展中国家一样，在中国，非营利组织和非政府组织作为国家的替补，为社会提供基本的社会福利服务，如教育（协助完成"全民教育"的目标）、医疗保健（促进人们对艾滋病毒/艾滋病的认识）、环保（循环利用）（Katherine Morton，2005）等。

对于各种各样与休闲有关的社会组织，中国还没有官方的统计数据。因此，我们难以系统评估它对人们休闲生活的影响。但是，我们仍然可以找到大量的证据证实民间组织的重要作用，尤其是在城市休闲活动方面。每个城市都会有很多诸如信鸽协会、钓鱼俱乐部、太极俱乐部、书法与绘画协会、集邮和收藏爱好者俱乐部之类的组织。广场舞爱好者散布在城市的每个角落。这些组织通常是由居民或爱好者自发形成的，有时能获得当地社区管理机构的支持，有时则不能。中国的志愿性自治组织起步较晚。由于没有严格的规章制度，缺乏稳定的资金来源，没有固定的活动场所，这些组织往往是比较松散，不太稳定。这类组织的功能、结构和重要性值得研究，应该制定一些激励措施，帮助其发展和成长。

城市的社区中心

中国在 20 世纪 80 年代中期确立了社区发展的国家政策，建立以社区为基础的服务网络是其重要组成部分，为此建设了基础设施、社区中心，并调整了管理结构。中国社区建设运动的一个主要目标是，整合现有的城市管理体制与新兴的社区服务概念。

尽管中国的经济发展和社会转型迫切要求社会福利制度的改变，经过数十年的发展，社区中心也已经逐渐成为城市服务体系的一个重要组成部分，但是依然存在不少困难，妨碍社区中心成为社区生活的中枢。1995 年我国建立了社区服务国家标准，其中包括建设社区中心设施的详细指南。每个区至少应该有一个面积约 1000 平方米的综合社区服务中心或者专用设施；每个服务中心须为老年人、残疾人、儿童和青年提供至少八项福利和慈善服务。此外，每个居委会要有至少 30 平方米的固定的社区服务站。这一政策将使社区服务中心和服务站汇合成一个庞大的社区服务网络，以取代改革前以工作单位为基础的服务体系。在休闲方面，社区服务中心提供了社区大学、老年大学、图书馆、健身设施、文化和艺术中心、俱乐部等设施和服务。

当前，社区服务中心已成为中国社区服务的支柱。然而，迄今为止尚未对其有效性进行系统评估（Miu Chung, Jian Guo Gao, 2007）。中国社区服务中心提供的服务面临更多的挑战。社区服务没有明确的定义，人力和金融资源稀缺，加之政府引导的不足，阻碍了社区服务中心的发展，使得人们对政府提供的服务的质量和可持续性产生了质疑。针对济南社区服务中心的简单研究表明，寻求商业性（收费的）和福利性（免费的）服务之间的平衡至关重要（见表7-1）。

表7-1　济南社区服务中心提供的服务

单位：次，%

服务项目	频数	占比
文化（例如阅览室、图书馆、游戏室）	29	21.8
信息和咨询（例如就业推荐、法律咨询）	24	18.0
家庭维修（例如家用电器维修）	17	12.8
福利（例如帮助热线、老年休闲项目、老年公寓项目）	16	12.0
教育（例如托儿所、补习班）	10	7.5
卫生（例如社区诊所）	10	7.5
运动与休闲（例如健身房、舞厅）	8	6.0
餐厅与食品	7	5.3
个人卫生（例如理发店、公共浴室）	5	3.8
婚姻和葬礼（例如婚姻登记、礼仪服务）	4	3.0
便利店	2	1.5
物业管理	1	0.8
总　计	133	100.0

资料来源：Xu, Q. W., Gao, J. G. and Yan, M. C. (2005) "Community centers in urban China: Context, development, and limitations", *Journal of Community Practice*, 13（3）, 73 - 90。

"休闲下乡"

1997年以来，全国性的科技文化卫生"三下乡"活动每年都在各个省份实施。文化下乡活动将图书、期刊、歌剧、电影和电视带到农村，开展以人为本的文化活动，促进农村文化发展。这项活动获得了政府的大力支持，同时也反映了农村娱乐休闲活动极度缺乏的现状。该项目使农村居民的业余生活更为多姿多彩。在一些地区，娱乐大篷车——

一辆配有灯光、音响等舞台设备的移动大篷车——给农民带来了歌曲、戏曲、相声、快板等流行娱乐活动。然而，由于这种活动不是内生的、全年连续的，并没有在基层扎根，因此不能从根本上解决问题。我们可以用 William Ogburn 的"文化落后"（cultural lag）假设来形容城市和农村地区之间在文化与休闲方面的差距。从长远来看，这种差距只能通过"造血功能"而不是"输血功能"缩小。应该激发和利用农民的积极性、生命力和创造力，挖掘和发展出真正属于他们自己的休闲。

参考文献

Atara Sivan & Robert A. Stebbins. 2011. "Leisure education：definition, aims, advocacy, and practices – are we talking about the same thing?", *World Leisure Journal*, 53：1, 27 – 41.

Baoren Su. 2010. "China's Leisure Education：problem, analysis, and solutions—a case study of college students in Hangzhou", *Journal of Contemporary China*, 19：66, 719 – 733.

Brightbill, C. K., & Mobley, T. 1977. *Educating for leisure-centered* living (2nd ed.). New York, NY：Wiley.

Caldwell, L. L., Baldwin, C. K., Walls, T., & Smith, E. 2004. "Preliminary effects of a leisure education program to promote healthy use of free time among middle school adolescents". *Journal of Leisure Research*, 36 (3), 310 – 335.

Danie D. McLean, Amy R. Hurd, Nancy Brattain Rogers (ed) 2008. *Kraus' Recreation and Leisure in Modern Society* (eighth edition), Sudbury Massachusetts：Jones and Bartlett Publishers.

Godbey, G. 1999. *Leisure in Your Life*, 2nd Edition. State College：Venture Publishing.

Henderson, K. A. 2007. "Quality of life and leisure education：Implications for tourism economies". *World Leisure Journal*, 49 (2), 88 – 93.

Linda L. Caldwell. 2008. "Adolescent Development through Leisure：A Global Perspective", *World Leisure Journal*, 50：1, 3 – 17.

"Leisure Education In the Schools: Promoting Healthy Lifestyles for All Children and Youth", A Position Paper of the American Association for Physical Activity and Recreation (AAPAR), Taskforce on Leisure Education in the Schools, San Diego, California, AAHPERD Convention, March 29 – April 2, 2011.

Katherine Morton. 2005. "The emergence of NGOs in China and their transnational linkages: implications for domestic reform", *Australian Journal of International Affairs*, 59: 4, 519 – 532.

Miu Chung Yan, Jian Guo Gao. 2007. "Social engineering of community building: Examination of policy process and characteristics of community construction in China", *Community Development Journal Vol. 42 No. 2* April pp. 222 – 236.

Mundy, J. 1998. *Leisure education: Theory and practice* (2nd Ed.). Champaign, IL: Sagmore Publishing.

J. B. Nash. 1960. *Philosophy of Recreation and Leisure.* Dubuque, IA. Wm. C. Brown.

World Leisure Commission on Education. 2000. *International position statements on leisure education.* Jerusalem, Israel: Cosell Center for Physical Education, Leisure and Health Promotion, Hebrew University of Jerusalem.

Xu, Q. W. , Gao, J. G. and Yan, M. C. 2005. "Community centers in urban China: Context, development, and limitations", *Journal of Community Practice*, 13 (3), 73 – 90.

第八章 休闲与承载力

承载力：解决高人口密度问题
承载力：超越数字

承载力：解决高人口密度问题

杰弗瑞·戈德比

    2013 年 10 月 2 日，星期三，正值中国的"黄金周"。我和妻子芭芭拉以及既是导游又是朋友的博士研究生，一行数十人，打算去杭州西湖，但是公寓外的出租车司机却不肯载我们去。我猜可能是因为他担心从中赚不到什么钱吧。据悉，国庆节期间，百万游客涌进西湖。当然，人们的旅游体验受到了影响。蜂拥而至的游客可能超过了景区承载力。在西方休闲规划中，承载力是指可持续利用的上限。在中国，从休闲角度来看，限制汽车的数量通常与控制人口数量同等重要，两者都是不可或缺的。本章将重点探讨承载力管理和拥挤治理办法。

承载力

    1968 年，我购买了一本名为《人口大爆炸》（Erlich，1968）的书，并认真地读完了。我认为这本书所传递的信息非常重要。书的开头是这样写的：

> 养活全人类的战争已经完了。20 世纪 70 年代将有数以亿计的人死于饥饿，至今还没有任何应急方案加以应对。在此之前，没有什么能够阻止世界死亡率的大幅增加（第 131 页）。

书中大部分内容描述了当时的环境状况和食品安全状况。作者认为这两个都是无法解决的问题。Erlich 指出，由于当时的人们没有完全解决吃饭问题，而人口又在迅速增长，期望通过改善粮食生产来养活所有人，是不现实的。他进一步指出，人口的持续增长给自然环境的方方面面都带来了越来越大的压力。为解决这一问题，他写道，"我们必须迅速采取措施在世界范围内控制人口增长，把人口增长率降低到零甚至是负值。必须实现人口数量的自觉调控。同时，我们必须，至少是临时性地，大幅增加粮食产量。"（Erlich，1968）

许多评论家认为他的观点是错误的，他们认为技术进步、循环利用以及人均财富的增加可以解决人口快速增长的问题。一些人还指出，世界人口中贫困人口的比例正在降低，而且这种趋势可能会一直持续下去。然而，这个争论说明，人类必须不断改变，改善我们的技术，提高道德修养；人们也必须意识到，大多数的物种在数量爆炸式增长后，都会进入几乎灭绝的阶段。我们已经跳上了技术的虎背，面对这只飞虎，我们不能听之任之。我们的道德修养必须与我们的技术同步提高。这得有多难啊。

在中国，承载力还是一个很新的概念。中国著名学者蒋正华、宋健，分别在西安和北京做过研究，重点关注这个国家的适宜人口数量。1979 年，在重点关注可耕地、当地可获得的原材料、进口其他资源的成本以及每个新增人口点的经济潜力（和成本）这四大因素后，他们发表了中国人口承载力的计算结果（Weisman，2013）。他们的结论是，对于中国而言，6.5 亿~7.0 亿的人口规模是最合适的。由于这并不是（而且不可能是）中国的现实情况，因此，承载力和高人口密度管理就成为休闲活动质量乃至全部生活领域中的一个关键变量。在不远的将来，中国人口下降显然还是不可能的。近年来，政府逐步放开"单独"生育政策，实际上承认了中国还没有完全准备好应对老龄化的问题——由孩子照顾年老父母的时代已经一去不返了，之后，又发生了太多的变化。中国现在了解了老龄化的影响。日本成人纸尿裤的销量超过婴儿纸尿裤的销量这一事实，对很多国家而言都是一个警示。日本政府预计，如果目前趋势持续下去的话，到 2030 年，日本人口将从现在的 1.275 亿下降至 1.166 亿，到 2050 年将只有 0.97 亿（Traphagen，2013）。3000 万的人口减少，必定会给日本人的生活方式带来翻天覆地的变化，也会使移民数量达到前所未有的水平。

中国将不得不实现再一次的飞跃，来改善比最佳承载力人口数量高出一倍的人们的生活水平，而此时又恰逢人口老龄化之时。这种飞跃既是革命性的，也是渐进性的，基本上取决于三个方面的因素：技术、对外来思想的开放程度以及对非政府组织作用的调动。

许多研究者对承载力这一概念的有用性持怀疑态度。一项有关承载力的研究声称，这一概念通常是模糊的，意义不大。承载力，"通常被当作一个环境的一个稳定特征，而事实上，几乎所有限制性因素对人口的影响都是变化的"（Edwards & Fowle，2013）。换句话说，自然、科技、文化都以不可预测的方式介入其中，这就使得蒋正华、宋健的研究仅仅成为估计中国可持续人口的一个起点。

承载力在不同区域是不同的。以海滩为例，一项研究发现，几乎所有限制性因素对人口的影响都是持续变化的（Edwards & Fowle，2013）。"当我们评价沙滩地区的游憩功能时，其入口的位置、停车场的可获得性或使用者的感知，可能会比沙滩本身的可利用性更加重要。因为整个沙滩的分布并不均匀，使用一个标准的密度要求是不合理的"（Westover & Collins，2009）。

显然，该研究和其他同类研究都揭示了一个现象，即按照一定访客率来看，有的足球场、攀岩山峰、茶馆或者湖是可持续的，而有的则可能是不可持续的。另外，所有的测度都和地方有关，尽管一般都会有国家层面的标准作为纲领。

承载力有时也是片面的，因为能够通过教育使人们降低其对景区的不良影响；也可以通过设计，把对场地的影响降到最低。可以告知所有休闲或旅游活动的参与者，在某种环境下，什么样的行为才是最适宜的。同时，也可以向居住在景区附近的居民宣传同样的观念。例如，台江"国家公园"位于台湾的西南海岸。有关它的一项研究发现，一个公园中游客的生态旅游知识越多，游客的行为就越符合生态旅游的标准（Yeh，2012）。可以教授人们学习相关的行为规范，例如在竹林、游泳池或体育场，如何最大限度地减少人类活动带来的负面影响。要对积极的行为加以奖励。向游客提供信息，让他们知道为什么回收一些东西（从塑料水瓶到相机和手机电池）对他们的福祉而言是重要的。对大多数休闲情景下的承载力解释而言，都存在一个问题，就是假设参与者的行为模式是固定的。然而实际上，可以对游客行为进行引导和规范，既可以通过教育来教会其积极的行为方式，也可以通过政策和法律对破坏性的行为加以制裁。这种培训适用于各行各业。我在中国的大学食堂用餐时发现，要求学生们在就餐后把筷子和杯子归类放置，并将托盘放在传送带上进行回收。几乎每个学生都照做了，虽然似乎现场并没有人监督。生活的所有领域都是如此。人们是可以被教会的，而且必须如此。

通过对休闲场所的设计或改造，也可以提高其承载力，并将损害降到最低。在哥斯达黎加的热带雨林里，游客只能在森林土地上架起的栈桥上行走，如此一来，其承载力就要比允许人们自由漫步或者车辆自由出入的其他热带雨林的更大一些。设计出清洁、高效、便捷的洗手间，将使随地大小便的现象减少。在我担任顾问的中国的一个著名城市，湖泊正被开发以供公众使用。如果湖心区域限制汽车进入，那么就会有更多的人能够欣赏湖泊美景，同时对环境的影响更小。在这个例子中，汽车赢了，人输了。

承载力，在很大程度上取决于它所承载内容的特征，以及用什么方式来承载。教育对这两方面都具有积极影响。

人口小测验

既然我是个教授，那么现在就给你们做个小测验吧。大家都知道，中国是一个人口密度很大的国家，至少美国人是这么认为的。那么世界上是否存在其他国家，其人口密度比中国还高？下表显示了一些人口大国的人口密度。中国距离那些人口密度最高的国家甚至还有一定距离。印度人口密度几乎是中国的三倍，日本是中国的两倍多，甚至连英国都比中国的人口密度更高。

表 8 - 1　人口大国的人口密度

	国名	人口	面积 （平方公里）	人口密度（人/ 平方公里）	面积 （平方英里）	人口密度（人/ 平方英里）
1	中国	1339190000	9596960.00	139.54	3705405.45	361.42
2	印度	1184639000	3287590.00	360.34	1269345.07	933.27
3	美国	309975000	9629091.00	32.19	3717811.29	83.38
4	印度尼西亚	234181400	1919440.00	122.01	741099.62	315.99
5	巴西	193364000	8511965.00	22.72	3286486.71	58.84
6	巴基斯坦	170260000	803940.00	211.78	310402.84	548.51
7	尼日利亚	170123000	923768.00	171.32	356668.67	443.71
8	孟加拉国	164425000	144000.00	1141.84	55598.69	2957.35
9	俄罗斯	141927297	17075200.00	8.31	6592768.87	21.53
10	日本	127380000	377835.00	337.13	145882.85	873.17
11	墨西哥	108396211	1972550.00	54.95	761605.50	142.33
12	菲律宾	94013200	300000.00	313.38	115830.60	811.64
13	越南	85789573	329560.00	260.32	127243.78	674.21
14	德国	81757600	357021.00	229.00	137846.52	593.11
15	埃塞俄比亚	79221000	1127127.00	70.29	435185.99	182.04
16	埃及	78848000	1001450.00	78.73	386661.85	203.92
17	伊朗	75078000	1648000.00	45.56	636296.10	117.99
18	土耳其	72561312	780580.00	92.96	301383.50	240.76
19	刚果	67827000	2345410.00	28.92	905567.00	74.90
20	法国	65447374	547030.00	119.64	211209.38	309.87
21	泰国	63525062	514000.00	123.59	198456.43	320.10
22	英国	62041708	244820.00	253.42	94525.49	656.35
23	意大利	60340328	301230.00	200.31	116305.51	518.81
24	缅甸	50496000	678500.00	74.42	261970.21	192.75
25	南非	49991300	1219912.00	40.98	471010.46	106.14

注：193 个国家和地区中的前 25 位。

数据来源：World Atlas，http：//www.worldatlas.com/aatlas/populations/ctypopls.htm#.Ur7sKfZ6NoM。

　　中国的拥挤或承载力问题，主要还不是由于总的人口密度造成的。现在，第二个测验问题是：哪个国家的城市人口排世界第一？我敢打赌，你们会毫不犹豫地说出那个正确答案——中国。的确，中国的城市人口是印度的近两倍，远远高于其他国家。中国从农村流向城市的人口依旧在急剧增加，甚至有的村庄已经整个地消失了——腾出来的地方正等待着新的生活。农村和城市之间的这种不平衡，或许是中国目前最大的问题。除了战略和新技术的巨大转变，没有任何东西可以改变这种现状。中国有一半人口生活在农村，但最理想的情况可能是 3/4 的人口生活在那儿。

　　有时，对中国高人口密度的解释是，中国的大部分土壤是干旱的、缺水的、贫瘠的。不过，这种情况在其他人口密度比中国还高的国家也存在，例如以色列。除非中国对抗沙漠化取得显著成效，否则，这个国家将逐渐没有可供持续开发的土地。值得庆幸的是，开垦旱地的工作正在进行，荒漠化的遏制也已初见成效。

　　近年来，中国面临土地荒漠化问题，全国荒漠化面积达 260 万平方公里，几乎占全国领土的 1/4，覆盖了全国 18 个省份，4 亿人的生活受到影响（Jena，2013）。中国的国家荒漠化防治项目预算每年高达 50 亿美元，国务院下属的 19 个部门参与预防和治理荒漠化。

　　值得庆幸的是，联合国的有关数据显示，全世界至少有 20 亿公顷已退化的土地是可以通过植树造林和修建景观来恢复的。例如，内蒙古赤峰市林西县有个拥有 228 户人家的村庄，过去由于砍伐森林和过度放牧而经历了一场生态灾难。1990 年，当地的人均收入只有 300 元左右，也就是约 50 美元，每个家庭仅能从位于低矮山坡上的 2 公顷土地上收获大约 150 公斤的粮食。大量村民不得不迁出。1992 年，当地村委会开始着手保护山坡，种植果树，禁止放牧。2000 年，中央政府提供了一定的资金和技术支持用于绿化。为了支持"退耕还林（草）"，政府提供了人均 50 元左右（约 8 美元）的生活费补贴和 200 公斤的粮食。后来给每个农户家庭所拥有的土地提供每公顷 160 元左右（约 25 美元）的补贴。今天，总面积约为 2154 公顷的村庄中，80% 的土地都被果树、松树和修复的草地所覆盖。"水果和木材贸易的繁荣使人均收入已经增加到 8000 元左右（约 1260 美元）。农民们甚至已经在买拖拉机了"，村长张淳杰（音）说（Jena，2013）。除非这种情况大规模地出现，否则，提高中国的承载力的机会少之又少。荒漠化、燃烧烟煤、有毒化学品渗入土壤、大量人口向城市迁移、汽车文化以及对生态学的忽视，在中国和其他国家，这些问题都有联系。未来 10 年内，需要进行大的变革。

拥挤：一个非常复杂的问题

究竟多少人是太多？正如教授常喜欢说的，这是个复杂的问题。答案是，视情况而定。事实证明，拥挤所带来的结果是复杂的。首先，这取决于它在哪里发生。在居住区、社区，在高速路上，抑或是在一个休闲场所。第二，设计因素很重要。在乌啼山旁边的一个酒店里，房间之间的墙体很薄，因此即使我的房间很大，且酒店入住率只有 50% 左右，我依旧可以听到隔壁房客睡得比我晚很多。在上海的一家酒店，酒店客满，房间很小，但我什么也没听到，因为墙里有隔音装置。在确定何种程度的拥挤会对人造成负面影响这个问题上，设计发挥着非常关键的作用。那些中国城市高层公寓的设计者们有考虑过这个问题吗？我不知道。

当游客身份更加多元的时候，拥挤所造成的影响力可能会更大。尤其是，少数民族和外国游客的存在可能会使拥挤问题显得更加严重。不过在中国，我有时的体验却恰好相反：当中国人注视美国人时，他们往往很高兴看到我们和他们一样，享受着他们所享受的状态。

解决拥挤问题：休闲管理

我们来到马陵山少林功夫学院，迫不及待地想看看这个闻名世界的武术学校。学生们精湛的杂技表演和武术技艺的确具有世界一流的水准。数千辆车子停在田地里和距离现场很远的正式停车场里。尽管整个过程令人难忘，但一个朋友告诉我，学生们在某些日子专门表演给外国人和长途跋涉而来的游客看，其他日子则为住在附近的中国人表演。起初，我不太喜欢这种做法，但后来我有了更多的思考。这是降低拥挤的诸多方法之一。这些方法还包括实时提供更好的信息给那些正在寻找休闲体验的人——也许通过手机。所有处理人口密集高的问题都涉及妥善安排——当景区人数达到一定上限后关门谢客，外国和中国游客错开参观时间，要求人们在到达休闲或旅游点前进行登记，限制现场的参观时间等等。即使是在美国，这些也都还是问题。美国的一些国家公园因大量游客涌入而导致烟雾和交通拥堵的情况时有发生。人们采取了一些措施来将这些问题最小化，包括提前预约登记。衡量承载力——使用资源来休闲，又不损害或破坏资源的人数——是一个棘手的事，但我们必须尝试着去做。拥挤，与承载力不同，它主要是一个文化问题。在墨西哥，我被带到了一个巨大的游泳池边，数百人站在水里。起初我以为他们不知道如何游泳。实际上他们中的大多数都会游泳，他们只是没有空间下水并且游过去。一些资料显示，在市区游泳池游泳的人会说泳池并不拥挤；而在郊区，即使是在人均使用面积相同的情况下，人们却认为拥挤不堪。允许人们待在泳池里的时间多长，也是一个问题。当人们要在游泳时间短（例如半个小时）和游泳池里人满为患之间做出选择时，30 分钟短暂而悠闲地游泳或许更好一些。处理好拥挤和承载力问题，对于中国很多休闲场地的管理者来说，都是最主要的任务。未来的几十年里，这将是最大的问题。

避免拥挤的一些方法

正如我们所看到的，任何限制拥挤的方式都会限制一些人的休闲机会。不过，在某些情况下，如果不对拥挤加以控制，那么环境破坏（竹林接待游客过多）、安全隐患（舞厅里人太多，如果发生火灾，就没人能从中逃出）或者某种经历给人留下阴影（游泳池里人满为患，没人能游得开）。许多方法已经被用来限制休闲活动中所出现的拥挤。让我们以公共游泳池为例来说明吧。这些方法包括以下几种。

——提前预约。只有那些事前约好在特定时间来游泳的人才被允许进入。

——总人数达到某一上限后不再允许进入。当游泳池中总人数超过 60 人时，除非有人离开，就不允许再有人进入。

——限制游泳时间。已进入游泳池者，每人最多在泳池里待 30 分钟，30 分钟后必须都离开，再放新的人进来。

——为本地居民设置专门的游泳时间，其余时段不得入内。例如，本地居民在周一、周三、周六或者每天下午 4：00 之后可进入泳池游泳。

——重新设计休闲场所，使得人们可以分散在不同区域。在大游泳池旁边为未成年人或不游泳的老人专门建一个小的浅水池。

——分散"黄金周"或休假时间。一年中不同人的休闲时间相互错开，这样一来，"黄金周"期间就不会人满为患了。

——禁止或者限制汽车进入。如果游泳池附近没有停车位，拥挤程度可能会降低。

——给予人们一定的经济激励，使人们选择在相对人少的时间来。在很少有人来游泳池的时间段（例如大清早），免费开放。

——延长营业时间。保持泳池全天开放 20 小时。

——为那些愿意支付高昂费用的人，每周单独设置几次游泳的机会。在此期间，保证最多只有 30 人同时在泳池。

包括上述方法在内的许多对策已被用来限制拥挤，提高可持续性。这些方法都是折中方案，在某些情况下还可能不起作用。要找到解决问题的方法，往往需要不断尝试。

拥挤并不总会影响休闲体验

拥挤并不总会破坏一个人的休闲体验，原因有多个。许多中国人（和外国人）对待拥挤比较灵活。他们学着"应对"拥挤。"应对"是指"能够减压并使人在不超负荷地承受压力的情况下处理问题的任何行为，不论有意无意"（Sutherland，1996）。应对方式可能包括如下几种。

——替代选择。一些人对某些休闲活动感到不满意，改变其休闲活动方式，转去一个不那么拥挤的区域或在不那么拥挤的时候再来。这些人便会被那些对拥挤程度不太敏感或更宽容、忍耐度更高的人所替代。

——合理化。由于休闲活动是自愿的，并且通常涉及时间、金钱和精力的投入，因此有的人会对其体验进行合理化安排，不管拥挤与否都显示出较高的满意度。这样的行为根植于认知失调理论。该理论认为，人们对其想法进行排序，以便于降低不协调感和相关的压力（Festinger，1957）。

当我和朋友去一家因物美价廉而闻名的中国餐馆用餐时，对我而言，所有这些应对方法都是显而易见的。餐厅外面有一个就餐等候区，我和朋友坐在那儿，看着越来越多的人过来，到女服务员那儿拿号。有的人可能到了以后瞄一下座无虚席的餐厅，嗅一嗅美味，告诉朋友这家餐厅比他们想象得更加拥挤，但这正是这里的特色——很受欢迎，人很多，但值得等待。一些人会选择等待，但会相互议论，说这个餐馆有加分项，也有减分项——物美价廉，但很难享用。另一些人回来，四下打量，然后离开，即使他们已经取号排队了。

人看人，也是休闲体验的一部分

我所在的大学位于宾夕法尼亚中部，有 10.5 万人口。人们交 50 美元就可以坐在足球场的小椅子上欣赏球赛。整个足球场通常都是满满的。足球场的座椅很冷，不太舒服。当人们在啦啦队的带领下，为自己支持的球队欢呼加油时，声音响彻体育场，在空中回荡。巨大的球场坐满了尖叫的人，很多去参加比赛的人都会对这种体验进行评论。拥挤是休闲体验的一部分。在许多休闲体验中，"人多"是经历中颇受人期待的组成部分。在中国，在河边观看一场烟花会演，是否人头攒动，体验是截然不同的。在足球或乒乓球比赛中，是否满座对比赛而言是极为重要的。许多旅游和其他休闲体验的一个组成部分就是看人：人类相互之间无尽的魅力——好奇地看看你所看见的人。如果你留意便会发现，很多旅游活动实际上是专门去看对方的——主人和客人互看，而旅游地有时倒是次要的。在任何一个佛教寺庙里，人们相互观望着上香、爬楼梯、相互拍照，看寺里的和尚，祈福，看着孩子们的一举一动，瞄着外国游客，看他们最感兴趣的是什么，以及其他各种看人的活动。如果寺庙不那么拥挤，步行上楼梯或购买纪念品会更容易、更快，但可能也会失掉有些东西——人多所带来的复杂性，即人与人之间的吸引力。当然，对于有些旅游、休闲体验而言，人太多可能就会受到损害，损害了体验和景点本身。不过有些情况下，人多是乐趣的一个组成部分。

拥挤和承载力，在很多情况下是同一个问题的组成部分，二者以不同方式塑造着休闲体验。其中既有社会的成分，也有环境的成分。在中国的一些城市，拥挤既包括汽车，也包括人。所有拥挤解决方案都涉及妥协、智能设计和管理，以及面向未来。

承载力：超越数字

宋 瑞

戈德比教授关于承载力的经历与思考让我想起了发生在 2013 年 10 月 4 日的一件事。当时正值国庆假期，戈德比教授与夫人打算去杭州西湖游玩，而我则和家人宅在家中，以躲过"黄金周"期间无处不在的人潮。那天，我接到了来自四川著名旅游胜地——九寨沟景区管理者的电话。他们需要就两天前发生在九寨沟景区的拥堵事件向国家旅游局提供一份正式报告。管理者同时希望我能给他们提一些意见和建议。在此之前，我已从网络上获悉了一些情况，在九寨沟管理者提供的那份报告中，了解了更多细节。2013 年 10 月 2 日，数以万计的游客涌入九寨沟，因为等待观光大巴时间过长，一些游客失去耐心，个别人企图拦截来往的观光车，由此造成连锁效应，并最终引发大面积拥堵。直到警方介入，才平息了此事。据悉，事发当日，有超过 5 万名游客进入九寨沟景区游览观光。不管是自然景观本身，还是环境保护措施，乃至当地社区参与，在我看来，九寨沟都是国内景区中不可多得的模范。此次事件，让一些人在短时期内对这个久负盛名的景区形成了负面印象。

众所周知，中国拥有全世界最多的人口。面对人口密度高的现实，中国人早已习惯并普遍接受了拥挤的状态。当我们前往公共场所，尤其是大都市或者著名的旅游景点，早就对如此拥挤的情形习以为常了。常年乘坐北京地铁的人自嘲说，"北京地铁能把人挤成相片，把饼干挤成面粉"。尽管承载力已在旅游、休闲领域得到应用，不过仍有一些问题值得关注。

中国的承载力研究与管理实践

1964 年，美国学者艾伦·瓦格（Alan Wagar）出版了题为《荒野地的游憩承载力》（*The Carrying Capacity of Wild Lands for Recreation*）的著作。而此时，7.23 亿中国人的生存问题尚未解决。接下来的"文化大革命"，不管是从文化、经济还是政治角度来看，对整个国家，都是一场灾难。1978 年改革开放之前，中国的学术文献中几乎没有提及旅游、游憩、休闲概念的，也没有出现过承载力一词，更不用说在国家政策或者日常生活中。中国第一篇以承载力为主题的文章发表于 1982 年（Li Chen et al.，2009）。1982～2000 年期间，仅有一些地理、环境、旅游及生态领域的学者偶然提及过承载力问题。21 世纪伊始，中国旅游业经历了从入境旅游为主到国内旅游为主的转变，旅游业发展所带来的经济效益与社会、生态效益的冲突问题受到广泛关注，国内的学者、资源管理者和政府部门才开始重视环境承载力问题。基于之前的学术研究，1999 年和 2003 年分别颁布了两项国家标准——《风景名胜区规划规范》和《旅游规划通则》，要求各景区确定客流量的上限。2013 年10 月 1 日开始实行的《中华人民共和国旅游法》，则将对承载力的管理提升到法律高度。然而，截至目前，仅有少数景区（如西藏的布达拉宫）限制了游客承载量的上限及每个游客的停留时间。

"黄金周"：承载力问题的普遍关注

改革开放 30 年，伴随经济、社会的快速发展，人们的观念和消费能力发生了巨大变化。越来越多的人开始享受旅游、休闲所带来的乐趣。1998 年，中央颁布了一项经济刺激政策，即"黄金周"制度①，中国国民旅游的巨大潜力由此被激活。公共假期所带来的旅游热潮，形成了中国最为庞大和壮观的人潮与车流。无数的游人、车辆涌入各大景区，尤其是名胜古迹。"黄金周"期间，各个著名旅游景点游客爆棚的照片总是令人触目惊心。在"黄金周"的某个高峰日，北京故宫接待了多达 18 万的游客。从"大人看脑袋，小孩看屁股"到"黄金周变黄金'粥'"，各种调侃"黄金周"期间出行体验的说法层出不穷。过多的游客造成景区混乱不已，也就不足为奇了。

事实上，为了有效解决"黄金周"期间巨大的客流所引发的交通、服务等问题，早在 2000 年，国家就组织了全国假日旅游部际协调会议。该联席会议由国务院发起，涉及 22 个部门或机构。近年来，全国假日旅游部际协调会议及其设在国家旅游局的办公室饱受公众诟病。也难怪，从该机构设立至今，游客爆棚的现象依旧长期存在，基本没有得到缓解。尽管承载力包含了生态、心理、物理、社会、经济等各个维度，但是在中国，安全问题是第一位的。换言之，就是首先要确保没有事故或人员伤亡。

承载力问题的历史根源和现代起因

中国旅游、游憩、休闲方面的承载力现实，具有多重根源。

就历史而言，20 世纪的中国，遭受了列强入侵，经历了八年抗战、解放战争、"大跃进"、"文化大革命"以及断断续续的各种政治运动。直至 20 世纪 90 年代，国民的旅游和休闲需求才被唤醒，并以井喷甚至是爆炸性的方式得到释放。越来越多的中国人，尤其是城镇居民，希望将旅游、休闲作为生活中不可或缺的组成部分。因此，供给的增加一时

---

① 1998～2008 年，中国有三个黄金周，分别为"五一"黄金周、"十一"黄金周和春节（通常在一月或二月）。2008 年起，"五一"黄金周被三个小长假所替代。

难以满足人口大国国民旅游和休闲需求的爆炸式增长。

就现实而言，中国目前还处在从计划经济向具有中国特色的社会主义市场经济、从以农民为主向以城市居民为主、从所谓的单位社会向市民社会转变的过程之中。在这一转变过程中，曾经由单位提供且仅覆盖城市居民的游憩休闲供给体系不断缩减。工厂、事业单位和政府部门减少甚至取消了原本提供给员工的部分休闲福利。如同城市中的住房、医疗、教育改革一样，单位不再向员工提供游憩、休闲的设施和服务。人们转而向商家购买服务。一些体育、文化、娱乐和旅游设施按照市场准则兴建起来，商家借此盈利，而非营利性的公共设施则相对不足。与激增的需求相比，供给体系尤其是公共设施与服务的速度和质量都没有跟上。因此，承载力问题又被进一步放大了。

承载力问题的需求方因素

从需求角度看，讨论承载力问题时需要考虑公众心理特征、可自由支配时间以及中国人的旅行行为等多方面因素。

首先，基于人口密度高这一基本国情，中国人对拥挤的容忍程度远远高于西方人。传统上，中国人就偏爱游览名胜古迹，即使明知道要承受拥挤的代价。大部分中国人喜欢去一些著名的、人们最常造访的景点，例如四大名山、首都北京（必去的景点有故宫、颐和园、长城等）等等。同时，由于长期以来旅游、游憩、休闲的机会并不充足，因此在旅游、休闲体验方面，中国人没有西方人那么挑剔。最初，大众更看重的是旅游、休闲的数量而非质量。当我们游览一些必去的景点时，容忍一定程度的拥挤便是很自然的事了。

其次，尽管法律赋予了所有劳动者享有带薪休假的权利，但是对于大多数中国人，尤其那些在私企工作的人而言，这一权利并未得到充分落实。我们在 2013 年完成的一份全国性调查显示，在 2552 位被调查者中，有 40% 的人没有行使过这一权利，仅有 30% 的人可以自主安排其带薪年假。在此背景下，大部分人不得不选择在中央政府每年设定的 11 天公共假期尤其是"黄金周"期间与家人或朋友一起出行。因此，尽管很多人事先知道在公共假期里出行会非常拥挤，但也不能放弃这仅有的、能和家人一起出行的机会。

最后，很多中国人，尤其是年长者或者农村居民，还没有预定的习惯。通常情况下，他们会直接前往景区买票进入。而景区的管理者，为了避免与游客发生冲突，不敢抑或不愿意拒绝游客，即使景区的游客数量早已超过了其最大承载量。

承载力问题的供给方因素

从供给角度看，设施与服务欠缺、旅游目的地的经济导向以及惩罚措施缺位是承载力规定不能得到有效执行的主要原因。

首先，游憩、休闲的设施明显供给不足，尤其是针对中低收入人群的部分。2014 年 3 月，有报道称，为了能在北京少年宫给孩子注册报名，等待了一晚上的家长们把大门都挤破了。这种情形对很多中国人来说，已是司空见惯，而在外国人看来，简直难以置信。

其次，不管是文化古迹还是自然资源，旅游景点或旅游吸引物的收入都是当地政府的一大税收来源。在承载力问题上，当地管理者更看重的是经济效益，游客体验或者生态影响都在其次。如前所述，对当地管理者来说，承载力的底线就是保证安全、不出事。

最后，迄今为止，我国还没有有效的机制或措施来促使景区执行承载力政策。因此，相关的法律法规就变成了纸上谈兵。由谁负责承载力界限的确认、怎样确认，如何确保其有效、可行，如何监管其实施，这些问题都不明确。尽管政府部门要求当地"限制游客流量，保障正常秩序"，同时制定紧急预案来解决过度拥挤所带来的矛盾和问题，但是由于缺乏有效的机制与措施，超载接客的状况并没有得到实质性改善。

承载力的理论和实践局限性

过去，人们相信，只要算出旅游和游憩地的承载量，然后通过有效规划，执行控制加以严格实施，就能实现可持续（Wearing & Neil，1999）。然而越来越多的研究者发现，要确定承载量是很难的。因为承载力的确定需要考虑各种因素，如景区的特征、产品的类型、游客的行为和心态、景区的生命周期、开发者的管理能力以及目的地的经济和物理环境等。因此，一些西方研究者开始摒弃旅游目的地特定承载力的概念。巴特勒（Butler，1997）指出，确定出一个具体数字，能够恰如其分地代表在特定时间内进入某个景点的最大游客量，这种情况很少，也很难。更进一步来看，即使能够确定出上限且被人们所接受，也缺乏一个明确、有效的办法来执行。因此，当前承载力问题中，首要的问题已从判断"多少是太多"，转变到在旅游地既定发展目标下，确定多大的环境条件变化是可以接受的（McCool & Lime，2001）。考虑到这些，西方学者近年来倡导如下成型的决策框架：可接受变化的极限（LAC，Limits of Acceptable Change）、游客影响管理（VIM，Visitor Impact Management）、娱乐机会图谱（ROS，Recreation Opportunity Spectrum）、游客体验和资源保护（VERP，Visitor Experience and Resource Protection）和旅游最优化管理模型（TOMM，Tourism Optimization Management Model）。

然而，在中国，学者与政府部门尚未认识到承载力在理论和实践方面的界限性。在理论层面上，大部分学者依然热衷于计算承载力的精确界限，努力尝试用各种方法来确定旅游目的地在生态、社会、感知、安全、空间等方面的承载力。在实践层面，政府部门虽然认识到了承载力（当然，也仅限于具体数字层面）的重要性，但是仍然缺少相关政策的执行细则。

中国旅游、休闲的可持续发展

以确认环境承载力的上限作为起点，中国在旅游、游憩、休闲发展方面的可持续发展还有很长的路要走。

改革开放以来，中国经历了以环境破坏和社会变革为代价的快速经济增长。进入 21 世纪，当和谐社会和生态文明成为中国的发展目标，人们才开始重新审视不同领域中不可持续的发展模式，并试图找出办法加以纠正。显然，要在满足 13 亿国人的旅游、游憩、休闲需求与避免负面影响之间找到一个平衡点，对政府和行业而言，都是一个不小的挑战。值得欣慰的是，承载力的概念已逐渐被政府及公众所接受。不过，这只是一个开始。要想实现该领域的可持续发展，依然任重道远。从长期而言，引入适应性系统管理（adaptive system management）的理念和技术是很必要的。除了戈德比教授所提出的建议之外，以下操作性措施或许会有帮助。

——以法律形式确保带薪休假制度的执行，以达到分散出行时间的目的；

——赋予地方政府安排当地公众假期的权力；

——学习、普及各种与承载力实施与监督体系相关的知识；

——由政府部门出资向社会公众提供更多公共设施，尤其是在欠发达地区；

——引导旅游和休闲设施的管理者，将排队等待过程变得更加有趣和富有娱乐性；

——通过公共媒体培养公众使用预定系统的习惯。

当得知澳大利亚南澳袋鼠岛每年接待 20 万游客，而当地旅游管理部门与民众就已经对其环境承载力感到担忧时，我感到非常惊讶。我曾于 2013 年 11 月到访该岛。当我和我的研究伙伴一起驱车行驶在袋鼠岛时，几乎看不到什么车辆。想想看，澳大利亚袋鼠岛一年的游客接待量差不多是北京故宫一天的接待量！

与旅游、休闲领域的其他概念一样，在不同国家，承载力的含义如此之不同。对此，我们应该始终铭记在心。

参考文献

Butler，R. W. 1997. "The concept of carrying capacity for tourism destinations：Dead or merely buried?" In C. Cooper and S. Wanhill（eds）*Tourism Development：Environmental and Community Issues*（pp. 11 – 21）. Chichester：John Wiley.

Chan，Y. 1999. "Density，Crowding，and factors Intervening In Their Relationship：Evidence From A Hyper-dense Metropolis". Social Indicators Research. 48：103 – 124.

Edwards，R. and D. Fowle. 2013. "The Concept of Carrying Capacity". Essential Readings in Wildlife Management and Conservation，279.

Erlich，P. 1986. *The Population Bomb*. New York：Ballantine Books.

Festinger，L. 1957. *The Theory of Cognitive Dissonance*. Stanford，CA：Stanford University Press. Jena，M. China Battles Desertification.（December 28，2013）. Interporess Service，http：//www. ipsnews. net/2012/07/china – battles – desertification/.

Loo，C. 1984. "Crowding Perceptions，Attitudes，and Consequences among the Chinese". *Environment and Behavior*. 16：55 – 87.

Li Chen，Cheng Shengkui，Chen Yuansheng，2009. "A review of the study of China's tourism carrying，capacity in the past two decades". *Geographical Research*，Vol. 28，No. 11.

Liu，Zhenhua. 2003. "Sustainable tourism development：a critique". *Journal of Sustainable Tourism*，11（6）. pp. 459 – 475.

Manning，R. and W. Valliere. 2001. "Coping In Outdoor Recreation：Causes and Consequences of Crowding and Conflict among Community Residents". *Journal of Leisure Research*，Vol. 33，No. 4，410 – 426.

McCool，S. F. and Lime，D. W. 2001. "Tourism carrying capacity：Tempting fantasy or useful reality?" *Journal of Sustainable Tourism* 9（5）：372 – 88.

Sutherland, S. 1996. *The International Dictionary of Psychology*. New York: Crossroad.

Traphagen, J., "Japan's Demographic Disaster". The Diplomat. http://thediplomat.com/2013/02/japans - demographic - disaster/.

Wearing, S. and Neil, J. 1999. *Ecotourism: Impacts, Potentials and Possibilities*. Oxford: Butterworth Heinemann.

Westover, T. and J. Collins. 1987. "Perceived Crowding in Recreation Settings: An Urban case Study". *Leisure Sciences*. pp. 87 - 99.

Yeh, S, Aliana, L. and F. Zhang. 2012. "Visitors' Perception of Theme Park Crowding and Behavioral Consequences". *Advances in Hospitality and Leisure*. 8: 63 - 83.

第九章 休闲与街道

要回街道
要回街道：可能吗？

要回街道

杰弗瑞·戈德比

那是 1991 年的一天。一名中国司机载着我和我的朋友驰骋在中国中部地区的公路上。这条路的建设者或许从来没机会见过一条真正的现代化城市公路。司机以每小时 170 公里的速度飞驰，估计那速度就是车子的极限了。路是用石子铺成的，路的两边甚至没有路肩，而是方方正正的直角线。紧挨着道路两旁，种着一排大树，一旦汽车冲向道路两边，毫无疑问，肯定会撞上那些树的。我和我的朋友早就没有了恐惧——作为外国人，我们好像显得很惜命似的。前方，一辆牛车正以每小时 2 公里的速度龟行。当我们的车子靠近牛车时，一辆大卡车响着鸣笛从左边车道超过了我们的车子。现在我正在写这一章，所以你们懂的——我们幸存下来。

今天，中国的公路系统已经完全不同了：中国新建了许多现代而开阔的公路来缓解交通压力。中国的驾驶者们也从无所畏惧变成了谨慎驾驶。这次旅游期间，我就数次目睹了横穿马路的行人殒命于高速行驶的车轮之下。现在的中国司机，技术娴熟且颇为谨慎，能应对各种交通状况，这是大多数美国人应付不来的。对于在中国最拥堵的城市区域里驾车的那些中国朋友们，我对他们高超的车技感到惊叹，我可没有这个本事。

目前，中国是世界上最大的机动车生产国。仅 2013 年一年，中国的汽车销售量就达 2200 万辆。在过去 15 年的大部分年份中，汽车销量年增长率大都为 30% ~40%（Shen & Shirouzu，2001）。未来 10 年，最大的销量增长可能来自内陆省份，而不是北京或上海——为了解决严重的空气污染问题，这些大城市都出台了严格的机动车限购政策。但是问题依然存在，那就是，什么时候交通系统会失调到陷入停顿？在伦敦，自驾出行的方式早已是过去时了。现在的伦敦，主要倚仗老旧的地铁运营系统，并通过调整市区部分场所的费用来不断地限制机动车规模。对进入城区特定区域的车辆收取费用的做法，可能在武汉这样的城市就不奏效，因为在那里，人们可能没法借助其他方式去上班。中国城市越来越大，政府从农民那里买来更多的土地用以扩大城市规模，解决激增的城市人口问题。当这一切发生时，运输问题也随之增加——因为对于很多人而言，上班的路途更长了。

关于汽车，还涉及一个哲学问题。历史上，中国是一个高度集体化的社会。汽车的诞生恰恰是集体社会的对立面。通常情况下，一个人通过由个人控制的、只载着一个人的汽车在任何时间去任何想去的地方。从某种角度来看，汽车标志着中国集体社会的结束。高铁、公共汽车、飞机都具有集体性，而汽车和自行车就不同了。后者意味着一个人、一辆车、一个目的地。不过自行车行驶距离有限，而且没有真正把司机和他人隔离开来。驾驶汽车的人通常能看到的只是其他的车子，看不到开车者，而骑自行车的人却能看到彼此。

中国政府一直致力于将交通模式从自行车逐渐过渡到汽车、火车，进而升级为飞机。这对人们的日常生活以及休闲机会都产生了巨大的影响。

对街道的再思考

在世界上很多国家，都有"要回街道"的社会和环境运动——将已经被汽车柏油马路占据的土地用于社会目的，用于休闲活动，例如散步、购物、参加盛大的聚会或节日。同时，世界范围内也掀起了交通减速运动（traffic calming），不是限制车辆进入特定的区域，而是对道路进行科学规划设计，确保即便周围有很多行人活动，车辆依然可以安全通过。这一设计的实现更多的是通过使街道变窄、使用圆形交叉路口而不是简单地设置红灯和交通标志、限制便道的延伸以减少行人过马路的距离，以及其他使徒步出行更为便捷的方法。

人们从农村搬往城镇，不是中国独有的现象。世界几乎每个国家都是如此。对于中国来说，"要回街道"的重要意义在于增加可供公众游玩、休闲的机会。街道应该是具有多重功能的城市基础设施的一部分，而不仅仅是给汽车用的。这么做，涉及临时或者永久封路，让交通减速，从而使走路变得更容易、更令人愉快。来自很多国家的例子已经证明了这一点。在伦敦，当你进入城市的某一区域时，头顶会有一个相机拍下你的车牌号码，并寄来一张缴费单，让你支付进入这一区域所需要的费用。在美国的许多城市，你会被要求减速慢行。汽车进入受到限制，或者绕行，从而让行人有机会享受步行。在南美洲和其他地方的一些城市，中心城区禁止私人车辆通行，但人们可以选择干净、免费的公交车，这可是很有吸引力的。同时提供场所让人们坐下来，在夜幕初降或正午时分购物或者观看街头艺人的表演。中国追随西方模式，过快地、大范围地推广汽车，这种模式不能也不应该在中国发生。

和中国许多城市一样，在纽约，人们也正在对街道进行重新思考。负责交通的政府专员珍妮特·萨迪克（Janette Sadik）进行着一项改变市中心街道用途从而使运输效率达到最高的计划，其做法是为公交车、自行车和行人提供更多的空间，让人们能够享受城市，让人们能够尽可能安全地使用街道。位于第五大道附近的百老汇大街，设置了许多椅子。和许多中国城市一样，城市提供了低成本的自行车租赁。Citi - Bike 是美国最大的自行车共享项目，拥有 6000 辆自行车和 330 个相互衔接的站点。人们已经骑行了 700 多万英里。有关部门向该区域的店主提供咨询和信息，还进行了很多试验，来测试哪些方式有效，哪些无效。

多重用途

在我工作的大学附近，有一个高尔夫球场。有人曾就人们使用这个高尔夫球场的目的进行了观察和研究。结果是，高尔夫球场被用作散步、慢跑、溜冰、滑雪、观鸟、席地而坐，对了，还有打高尔夫。多重用途意味着给定地理区域能够成功地满足多个用途，不管是在同一时间还是不同时间。中国城市的街道其实也能如此，只要愿意想象并有意愿去做的话。当然，中国的街道已经具有除了供车辆使用之外的其他用处。例如，广州、台北、北京等城市著名的夜市都说明，街道既可以成为一个社会集会场所，也是供车辆从 A 点驶向 B 点的地方。

当然，多重化利用的原则也同样适用于城市土地。举个例子，"多重密集土地利用"（Multiple Intensive Land Use，MILU）就是在一个高效的公共交通和步行网络的支持下，在选好的城市区域里将住宅、商业和其他用途高密度混合在一起，实现土地的集约利用。研究发现，香港成功应用包括了五个以上的功能：住宅、商业、游憩、社区设施和交通设施等。这些项目中，住宅占据总面积的 30% ~ 65%。MILU 的概念也被植入了公共安置房计划之中。多重性的土地利用，以及五种或者更多的公共交通方式，再加上多层级的人行道网络，将会构建出城市所必需的多样性、活力和可能性（Lau，Gridharan & Ganesan，2005）。

重新思考汽车

梅赛德斯 - 奔驰出品的汽车斯玛特（Smart）是用可循环利用的材料制成的，车身长度不足 9 英尺。美国汽车的平均长度为 13.52 英尺（约为 4.12 米）。和世界上大多数国家一样，在中国，一般情况下，每辆车仅有司机一个人坐在车上。在中国及大多数其他国家，行驶的汽车都是靠汽油提供动力的，有时仅仅消耗 1% 到 2% 的能源来运输车里的人。

根据美国能源部门的相关报告，汽车所耗能源中，62.4% 在发动机中消耗，17.2% 闲置无用，5.6% 在动力传动系统中消耗掉了，配件消耗了 2.2%，仅有 12.6% 的能源是用来驱动汽车轮子的，而其中，轮胎的滚动阻力和空气动力阻力分别耗费了 4.2% 和 2.6% 的能源，也就是说，最终仅有 5.8% 的能源是用来克服惯性启动汽车，随后被刹车吸收，并作为热量耗散掉（Gill，2014）。

在这 5.8% 的能源消耗中，大部分是被用来移动车本身，而不是用于载哪个乘客。因此，汽车效率之低下令人震惊。就其目前情况而言，不大可能继续成为中国人日常出行的主要交通工具。

这是一个世界性的难题，但是在中国，情况更为严峻。斯玛特（Smart）和其他"迷你"汽车应该得到推广。政府可以在取得牌照和税收政策方面给予这类小型车车主一定的优惠。车辆管理和相关税收应该综合考虑乘坐的乘客数量、燃料消耗效率以及车辆重量、尺寸和环境影响等因素。在美国加州，10% 的低效率汽车所带来的空气污染至少占污染总量的一半。随着中国的汽车队伍不断老化，这将会成为一个问题。而且，许多老式卡车、拖拉机和其他低效车辆从排气管中排出大量尾气，进一步加剧了空气污染程度。应禁止它们上路并寻找替代的交通工具。

有很多办法可以鼓励车主同时搭载其他人。例如鼓励拼车、为乘坐超过一人的汽车提供专用车道，当然这些车道只用于公交汽车。20 世纪 70 年代，在前往英国谢菲尔德的旅途中，一个朋友带我坐了一趟当地公交车，他给我讲了新"社会主义"市政府的所作所为。干净的新车以一定频率穿梭于城市的各个角落。我坐上车，听到了音乐。司机身边没有投币箱——为了鼓励更多人选择公交出行，这条线路是由政府税收支持的。座椅很舒适，透过大大的车窗可以看见外面。从某种程度来说，乘坐公交本身就是一种休闲体验。想象一下吧，在中国乘坐清洁、高效且免费的巴士，与在交通严重拥堵的城市里开车相比，感受是完全不同的。在中国，把道路收回，用于休闲，需要更多的公共交通工具。平均每个工作日，北京地铁的乘客超过 1000 万人次，而中国很多城市还负担不起高昂的地铁系统。相对于建立其他形式的公共交通系统，干净、现代、频繁来往于城市大街小巷的公共汽车，显得经济得多。当人们无须支付车费且能够使用多个车门上下车时，公交会变得更快。

燃氢汽车

汽车设计史上正在发生一次变革，但也许它来得稍微晚了一些。以塔塔汽车公司为例，他们曾开发出了一种靠压缩空气提供动力的汽车。2015 年，丰田汽车公司将开始销售氢动力汽车（Auto. copm，2014）。丰田将首先在美国加利福尼亚销售这种汽车。加州当局已批准了超过 2 亿美元的资金，在 2015 年前兴建约 20 个新加"油"站，2016 年与 2024 年总数将分别达到 40 个和 100 个。现有的氢原料汽车有两种不同类型，其工作原理不同：一种使用装有氢的内燃机，而另一种使用氢燃料电池为车辆提供电力作为动力。依靠氢气和氧气，燃料电池获得持续的燃料供给，而且不会产生温室气体，几乎没有任何污染。不多的一点水会通过排气管排出，但它既不呛人，也不会加剧温室效应（E - How. com，2014）。这项技术带来的影响是显而易见的。不仅政府需要向新车购买者提供所有可能的激励措施促使其购买这类车辆，而且中国应该成为生产此类车辆的领导者。与其他国家一样，在中国，每 20 英里要耗油一加仑的别克汽车已经完全过时了。中国城市的大气污染不允许生活再按照以前的样子持续下去了。人们说，中国在经历了"大跃进"和"文化大革命"之后，正在"跨越"新的历史时期。中国的交通体系所需要的跨越，对其生存而言至关重要。

火车和地铁

在中国，铁路是一种主要的交通方式。2011 年，中国铁路每千米货物运载量达 29470 亿吨，输送了 9612.3 亿人次，均排名世界第一。中国铁路系统的大运载量使它成为中国经济的重要组成部分。中国用仅占世界 6% 的铁路资源实现了约占世界 24% 的铁路运输量。

目前中国大陆已有 15 个快速运输系统，另有 18 个正在建设中，20 个新的地铁系统正在规划中。随着四万亿经济刺激计划的实施，所有现有地铁系统都在大规模扩张，许多新的交通系统处于在建或规划状态。1969 年投入使用的北京地铁目前拥有 15 条线路，218 个站台，全长 372 公里。预计到 2020 年，北京地铁的总长度将增长到大约 1000 公里。天津地铁始建于 1970 年，当时计划建设形成拥有 7 条主线、长达 153.9 公里的交通网络。目前建成的部分共包含两条线路、轨道长度 26.18 公里及 22 个站台。上海地铁于 1995 年投入使用，截至 2010 年底，共有 12 条线路，233 个站台，轨道长度为 420 公里，是目前世界上最长的地铁系统。上海计划进一步对地铁系统进行扩建，轨道长度将达到 887 公里。广州地铁于 1997 年开通，截至 2010 年，共有 5 条线路，144 个站台，长达 236 公里，2020 年还将新增 400 公里。深圳地铁于 2004 年开始运行，最初只有两条线，19 个站台，轨道长度为 21.8 公里；2010 年它的里程超过 70 公里；到 2011 年 6 月，深圳地铁运营长度已延长至 177 公里。

表 9－1　中国各城市地铁建设情况

已有地铁的城市	地铁在建的城市	已有地铁的城市	地铁在建的城市
北　京	南　京	长　沙	青　岛
长　春	上　海	常　州	南　昌
成　都	沈　阳	福　州	南　宁
重　庆	深　圳	贵　阳	宁　波

已有地铁的城市	地铁在建的城市	已有地铁的城市	地铁在建的城市
大　连	苏　州	东　莞	温　州
佛　山	天　津	哈尔滨	无　锡
广　州	武　汉	合　肥	郑　州
杭　州	西　安		
昆　明			

和英国一样，在中国的一些城市里，地面交通的拥堵可能部分地被地铁缓解。

一周四天工作日制度

"要回街道"的另一部分难题应该是每周四天工作制的广泛普及。不让汽车上路，在一定程度上涉及在家里工作还是外出工作的问题。虽然中国的许多知名人士，都主张推行一周四天工作制度，但目前尚未实现。中国已经规定，一周工作 44 小时的话，需要按照正常时薪的150% 支付加班费，而且每周最多工作 48 小时。但实际上，法律很少得到实施。大多数中国人每周工作超过 44 小时，而周末或节假日加班通常都没有任何加班费（维基百科，2014）。

增加核心性休闲活动的机会

缓解汽车拥堵的方法之一是增加人们在家中及住宅区附近进行休闲活动的机会。正如在其他章节中所讨论的，提供更多的操场、屋顶花园、社区中心和其他休闲机会，意味着更少的人在非工作时间使用汽车。在中国的很多城市，公司拥有大院，人们生活于斯，一般会有一个小停车场，可以在公寓外种点蔬菜或清洗自己的车，这样堵在公路上的人就少了。在北京，我和我的中国朋友曾路过一个这样的地方，我们看到公寓住户就在窗外种菜养花。不用走太远就能种植辣椒、白菜和其他蔬菜。公园也在步行距离范围之内，人们在那里打太极，坐在凳子上喝茶，或者在树木花草间散步。小村子或者城市里的院子能给予人们归属感、拥有感，并有助于社会关系的建立。

对高速公路和休闲的重新思考

像许多其他正在快速城市化的国家一样，中国已经规划了高速公路系统，使车辆更快地从 A 点运行到 B 点。但当高速公路穿过一座城市时，往往会占据城市约 30% 的陆地面积。巨大的区域不可能完全让给低效且仅载有一个人的车辆使用，而给 20 个行人带来不便，孩子们没有玩耍的地方。中国的发达地区已经开始从休闲角度重新审视街道，只是变化的步伐需要加快。街道应该在日常休闲中发挥重要作用，而且应该像校舍一样，被视作一种社区资源。

要回街道：可能吗？

宋　瑞

我是在前往办公室的路上通过 iPhone 收到戈德比教授执笔的"要回街道"这一章的。车子行驶过的道路两旁，一些老人和往常一样在高架桥底下扭秧歌。这项休闲活动在老年人中颇受欢迎。不过，考虑到北京紧张的交通状况和严重的空气污染，我是不大建议我的父母这么做的。坦率地说，在阅读戈德比教授的文字之前，我从来没有想过要把休闲与街道联系在一起。这就是为什么我第一眼看到这个题目时对他的观点产生了质疑。这，可能吗？

戈德比教授给了我一个机会，可以从研究者和个人的双重视角回顾、反思这个问题。

在中国的大多数城市，交通状况都变得越来越糟糕。交通拥堵不仅是北上广等一线大城市颇为头疼的问题，也困扰着三亚等二三线城市。许多城市采用了各种方式限制车辆出行。例如在北京，现行措施是根据车牌尾号，每辆私家车每周中有一天不得在早 7 点到晚 8 点之间进入城区。从 2010 年起，白天北京市中心区域的停车费增加了一倍。从 2012 年起，北京大幅限制新车登记，并启用车牌摇号系统。为了拿到一个车牌，一些车主已经等了两年多。虽然采取了不同类型的措施，但是在北京的高峰时段，交通状况依然颇为糟糕。每天，人们要花很长时间在路上，因此空闲时间便被压缩了。2013 年，我主持的一项全国性调查显示，全国城市居民平均每天需要花费 1.30 小时上下班，而城镇居民和农村居民花在这方面的时间分别是 1.04 小时和 0.798 小时。再综合其他因素，城市、城镇和农村居民在工作日的平均空闲时间分别为 2.81 小时、2.93 小时和 3.33 小时。

30 多年前，我每天沿着一条土路步行去上小学。我和我的小伙伴们享受着阳光下的田园风光，或者跋涉在雨天泥泞的土路上。直到今天，我依然记得我所看到的、闻到的一切——绿色的玉米地，载着农民和农具的驴车，路边的野花和牛粪。27 年前，弟弟骑着自行车送我去车站乘公交车上初中。那是一所寄宿学校，我每隔两三个星期回一趟家。17 年前，我和朋友在北京第一次乘坐地铁。那时，北京地铁对我们来说，简直就是个迷宫。15 年前，我第一次坐飞机去昆明，那时我是旅游管理专业的硕士研究生，兼职做英语导游。10 年前，我和两位学界前辈飞赴斯里兰卡，为斯里兰卡驻华大使馆做熟悉旅游（fam tour），那是我的第一次跨境旅行。在过去十年里，我到访过美国、墨西哥、泰国、越南、韩国和欧洲各国，参加国际会议、学习或者去旅游。我定居北京已有 15 个年头，也在 7 年前考了驾照，但我从来不敢在这座城市里开车。北京的快速扩张一直饱受争议，然而依然有越来越多的年轻人涌入其中。这些年，建成了很多新的环城公路和地铁线。然而，这座拥有 2000 万常住人口的城市仍然饱受堵车问题的困扰。在一定程度上，发生在我和国人身上的交通方式的演变，反映了我们生活环境和生活方式的变化。当然，这种转变也同样地改变了休闲空间、休闲活动和我们的休闲行为。

汽车与中国人的生活

戈德比教授写到，汽车的普及标志着中国集体社会的终结。但是在我看来，远不止这些。过去，几乎所有的汽车都是由公司、机构、政府部门、学校等单位购买和拥有的。那时，只有身居高位的人才有机会坐小轿车。即使现在，中央政府还在努力防止公车私用。随着经济的快速发展，特别是 1998 年以来，汽车业、房地产业和旅游业被当作三个新的经济增长点，从此私人汽车数量显著增加。截至 2012 年底，中国私家车总量已超过 9.309 亿辆。这意味着每百户家庭拥有 23 辆汽车。与此同时，中国的高速公路总长度在 2011 年首度超过了美国，达 52800 英里。中国的城际高速公路总长度比美国的州际公路系统长 46729 英里。到 2012 年底，中国高速公路通车里程达到 424 万公里。汽车已经改变并将继续以不同的方式改变中国人的生活，当然也包括我们的休闲生活。

2012 年，戈德比教授和我的共同好友——河南大学的程遂营教授在北京、上海、广州、郑州和西安五座城市做了一次调查，受访人数共计 500 人。调查结果显示，这 500 名受访者在购买汽车后，用车目的里约有 40% 是享受休闲活动所带来的乐趣（详见表 9 - 2）。

表 9 - 2　私家车的用途调查

	选项	比例（%）
购买汽车的动机（可多选）	汽车舒适、时尚、便利及它的附加值	91.6
	方便上下班，接送孩子上下学，旅游，参观等	88.2
	对城市公共交通的不满意或者觉得乘巴士有些没面子	76.8
购买汽车后的使用目的	上下班或接送孩子	52.8
	去博物馆、参加展览、聚会、购物	21.4
	看电影、观看表演、赛事、运动	19.8
	商业活动及其他私人目的	6

资料来源：程遂营撰《私人汽车与我国国民休闲生活：现状、制约、对策与趋势》，待发表。

私家车悄然改变了中国人的生活。一方面，人们开始有机会参加远距离的休闲活动。有了车之后，人们去商场、博物馆、剧院，去郊外享受田园风光都变得更为便捷。例如，我们经常周末开车带着女儿去北京各个博物馆、奥林匹克森林公园或者郊区的一些公园——当然不是我开车。长假期间，我们也曾多次自驾车去外地旅行。坦率地说，我们的生活已经离不开汽车了，尤其是在休闲生活方面。另一方面，随着马路上的汽车越来越多，人们不得不花费更多时间在路上，真正属于自己的时间被不断压缩。我的许多同事每次要花3个甚至4个小时上下班。随着交通压力的增加，越来越多的土地和空间被用来建设交通基础设施，因此用于休闲的土地和空间就减少了。随着路上的车辆越来越多，行人再要想享受街头休闲的乐趣，就变得很困难甚至是危险了。每次当我带着女儿穿过繁忙的街道时，都会非常紧张和小心，因为有些司机在人行道前不会减速，更不用说停下车等行人通过斑马线了。司机们往往不耐烦等行人过马路。除了在禁止车辆通行的所谓"休闲街"之外，要在大城市的大多数街道上休闲，是很难的。戈德比教授说，私家汽车是集体社会的反面，从某种程度上说，这意味着隔离，但这仅仅是问题的一个方面。从另一方面看，私家汽车也是一个社交介质，是集体性休闲或游憩的一种方式。年轻人邀请朋友驾车去参加休闲活动。车友俱乐部很是流行，驾车人、乘车人都可以享受到乐趣。对于中国人的生活而言，私家汽车和其他现代产品一样，是把双刃剑。此外，对于有些中国人来说，汽车还不只是个交通工具，它是特权、社会地位和财富的象征，而这些则使事情变得更为复杂。

"主动交通" 与公共自行车

近来，一个新的概念——"主动交通"（active transportation，即人力运输方式）已被美国大众所接受（NRPA，2011）。目前最流行的"主动交通"方式是步行和自行车，当然滑板、划船、轮滑等也都可以归为其中。"主动交通"的好处大体可分为经济、健康和资源保护三大方面。人们相信，建造步道、自行车专用道和人行道能够创造就业机会，促进商业发展，提升"主动交通"基础设施周边的房地产的价值，并最终刺激当地经济。"主动交通"基础设施有助于构建健康社区，因为它鼓励居民在日常生活中参与到体育活动中去。此外，支持"主动交通"的基础设施能够保障行人和骑自行车者安全，减少人员伤亡，降低相关费用开支。作为机动交通工具的替代方式，步道、自行车专用道、人行道、绿道的使用将汽车排除在道路之外，从而减少了空气污染和水污染，减少了交通堵塞，减缓为应对车辆快速增长而进行的交通基础设施建设的步伐，因此促进了环境保护，提高了可持续发展能力。纽约市健康与心理卫生局建议纽约人每天锻炼身体，选择"主动交通"方式出行。与开车或打车上班的人相比，那些步行或骑车去上班的纽约人每天能有 40 分钟以上时间锻炼身体。

在中国，"主动交通"这一概念还很新，尚未被政府和公众所熟知。只有少数学者在研究"主动交通"与健康之间的关系。不过，杭州、北京、西安等城市已经建立了城市公共自行车系统，实际上这可被看作"主动交通"的一种尝试。2011 年，英国广播公司旅游频道曾报道称，杭州的公共自行车系统是全球八大最佳公共自行车服务系统之一。目前，杭州拥有世界上最大的公共自行车服务系统。到 2013 年，共有大约 3000 个租赁点，67000 辆自行车可供出租。到 2020 年，这个数字将扩大至 175000 辆。自行车租用的第一个小时是免费的。同时，还为租车人提供不同主题和特点的游玩路线。越来越多的中国城市，包括北京，正在效仿杭州创建自行车友好型城市，为居民和游客提供更加环保的交通方式。

街道与休闲

在中文里，"street"通常被翻译成"街道"、"道路"。有趣的是，街道在中国有许多不同含义。由于篇幅所限，这里我只讨论道路和休闲之间的关系，尽管休闲与社区街道之间的关系也是极其重要的。

曾几何时，"马路"确实是中国人从事某些休闲活动的地方，尽管当时的我们还不知道"休闲"这个词。农村孩子在两旁种满树木的乡村柏油路或土路上丢沙包、跳绳、滚铁环，玩得不亦乐乎。北京胡同里长大的孩子们喜欢在胡同里互相追逐。20 世纪 80 年代和 90 年代，压马路是年轻情侣谈情说爱最常见的方式。他们手拉手漫步，低声细语，互诉衷肠。不过估计今天 30 岁以下的年轻人都没听说过这个词——因为后来恋人们约会有了更为舒适的去处，也因为大街上的车辆越来越多，压马路变得不那么安全了。中国正经历着巨大的变化，城市快速扩张，越来越多的土地被用来建造高楼大厦，城市不断新建道路，以缓解快速增多的汽车所带来的交通压力。随着大量空间被汽车占据，在车水马龙的大街上骑车或步行变得越来越危险。休闲和街道之间的关系受到了挑战。戈德比教授提醒我们街道对休闲的重要性。他提及的 MILU 理论使我印象深刻。在中国，由著名学者吴良镛创建的城市有机更新理论正逐渐被人们接受。这对于重新思考街道对公民休闲与生活的重要性颇有裨益。当然，在这方面，我们还有很长的路要走。

城市绿地系统

绿色空间对社会、经济、文化和环境等维度的可持续发展而言，都是极为重要的，这一点已被世界所公认。城市绿地系统在提高城市居民生活质量方面具有多重功能。城市绿地在城市中的重要性已经获得广泛共识。生态学家、经济学家、社会学家和城市规划者将城市绿地定义为"城市中公共的或是私人开放的、有植被所覆盖的、直接或间接可供居民使用的区域"（V. Herzele & T. Wiedeman，2003）。城市绿地的设计、规划、管理及相关政策的执行，是环境可持续发展的重要命题，在地方和全球层面，都被高度整合到可持续发展之中（B. Tuzin，E. Leeuwen，C. Rodenburg & N. Peter，2002）。

在不同国家，绿地的分类方式有所不同。为了使城市绿地的效用达到最大，土地分配、基于居民和游客数量的绿地规模和数量、提高居民或游客对绿地的可进入性等各种方法，被用来应对不同国家、不同城市所面临的挑战（Shah Md. Atiqul Haq，2011）。大多数人声称，造访城市绿地是为了暂时远离日常生活的琐碎，缓解压力（T. Stein & M. Lee，1995）。为了满足城市居民在社会、经济、环境、心理等方面的需求，就需要制定一些基于用户感知的标准，在此基础上，充分利用土地资源，提供城市绿地及相关设施（S. Balram & S. Dragicevic，2005）。与绿地数量相关的术语有绿化率、绿化覆盖率和人均绿地面积等。表9－3显示了城市区域中不同类型绿地系统的最小规模标准。

表9－3　城市绿色空间的最低标准

功能	离家最远距离（米）	最小面积（公顷）
小区绿地（Residential green）	150	
社区绿地（Neighbourhood green）	400	1
住宅区绿地（Quarter green）	800	10（停车场：5公顷）
街区绿地（District green）	1600	30（停车场：10公顷）
城市绿地（City green）	3200	60
城市森林（Urban forest）	5000	>200（相对较小的城镇） >300（大城市）

资料来源：V. Herzele and T. Wiedeman，"A Monitoring Tool for the Provision for Accessible and Attractive Green Spaces," *Elsevier Sciences：Landscape and Urban Planning*，Vol. 63，No. 2，2003，pp. 109 - 126。

在中国，对于绿地系统的定义、范围和分类依然存在争议。2002年，当时的建设部（2010年更名为住房与城乡建设部）制定的城市绿地标准中，将城市绿地分为5大类，即公园、生产用绿地、防护用绿地、附属绿化、土地及其他绿地。这5大类又可细分为13中类和11小类。中国的城市空间体系从1949年之后逐步得到发展。最初，借鉴苏联的经验，在城市不同绿地系统中，设定市级、区级和社区层级的城市绿地服务半径和人均绿地面积标准。后来，植物园、公共绿地、果园、苗圃及农田也被纳入了绿地范畴，城市被带状森林公园、蔬菜基地等所环绕。1970年以来，明确了提高绿化覆盖率和平均绿地面积的任务。

为使公共绿地分布更为合理，政府采取了一系列积极措施，兼顾绿地的其他功能。此外，也建设了郊区环城绿化带。

居民对城市空间不足、分布不均衡和管理不善等问题的抱怨不时见诸报端。对北京、上海等人口密度极高的大都市而言，最主要的原因是土地稀缺以及土地不同用途之间的竞争。而在欠发达地区，主要原因可能是公共财政支持的不足。不过，空间限制、城市绿地建设与管理体系复杂而分散，在哪里都是不能否认的事实。按照广义概念，城市绿地系统包含以下组成部分：市政公园、社区公园、河流、溪流、沿海湿地、风景名胜区、森林公园、耕地、林地和自然保护区。不同的政府部门负责具体建设、维护和管理。在市级政府之上，则由国家或省级部门制定全国性或省域规范来管理城市绿地系统的不同组成部分，并对其中某些

表 9 – 4　中国城市绿地系统管理机构层级

国家	省级	市级	公园	社区公园	河流与溪流	沿海湿地	风景名胜区	森林公园	耕地	林地	自然保护区
建设部	建设厅	规划局	○	○	○	○	○	○	○	○	○
		市政或园林局	*	*	*		*				
国土资源部	国土资源厅	国土资源局	○	○	○	○	○	○	○ *	○	○
中央水利部	水利厅	水利局			*						
林业部	林业厅	林业局						*		*	
农业部	农业厅	农业局							*		
国家海洋总局	省级海洋主管部门					*					
国家环境保护总局	环保部门	环保局									*

＊ ＝主管保护与建设，° ＝主管规划

资料来源：Dingxi HUANG, Chuanting LU, Guanxian WANG, Integrated Management of Urban Green Space – the Case in Guangzhou China, 45th ISOCARP Congress 2009。

关键领域进行直接管理。绿地系统的空间边界、土地使用目的和建设活动分别由城市规划部门进行规划控制，由国土管理部门进行数量定额控制。这就需要不同部门在规划和实施过程中进行协调。这种协调是否有效率，决定了城市绿地管理的结果（Dingxi Huang et al，2009）。

一些城市已经采取措施应对这种复杂系统所带来的挑战。以广州为例，十几年前，广州市政府通过行政指令的形式提高全市整体环境质量。这一行动计划被称为"青山绿水，碧水蓝天"。该行动计划的草案完成后，向不同政府部门和区政府征求意见，以确保该任务是在负责主体的能力范围之内。定稿后的行动计划提出，要建立或改善全市 119 平方公里的绿色空间，包括在城市核心区总面积约为 33 平方公里的 14 块绿色空间。该计划在 2003 年得到顺利实施。市政府依靠行政力量进行统一部署，同时投资相对充足，使得任务得以完成。在其他一些城市，通过市政府的努力，越来越多不同类型、富有地方特色的城市空间得以建成。比如，南京拥有得天独厚的自然地理条件，根据城市中心的历史文化景观，该城市的绿地系统呈现条状；在苏州，水循环系统被用来构建绿地系统；而其邻居杭州，则充分利用四周山峰围绕的地理环境，因地制宜地建设绿地系统；2012 年，上海市委、市政府宣布将在 2015 年前新增 5000 公顷的绿化休憩用地以改善城市的环境，其中一半面积将分配给公共空间。据官方估计，上海人均公共绿地面积将从 2011 年底的 13.1 平方米上升至 2015 年的 13.5 平方米，居住在内环路内的市民出门不到 500 米就会有一个面积超过 3000 平方米的公共绿地。

"休闲街"和商业游憩区（RBD）

在中国，"休闲街"，也称为休闲娱乐街、商业休闲街，是个耳熟能详的词。几乎所有知名旅游城市都有这样的街道，通常都是行人专用的。20 世纪 90 年代，上海就已经开发了数十条风格各异的休闲街。例如，位于上海中心区域的新天地，集购物、餐饮与娱乐为一体，禁止车辆入内，以 20 世纪 20 年代大上海狭窄小巷里的传统石库门房子为基础进行了重建，一些毗邻的老房子被改造成书店、咖啡馆、餐馆和购物场所。在杭州——作为近几年为建设休闲城市而做出的努力之一——十大休闲街已逐步建成。临近城市苏州也正计划再建十条休闲街。休闲街的建设一般都是由当地政府推动的，目的是吸引更多的游客。不过，由此产生的交通混乱、文化真实性、低质商品卖高价以及产品雷同问题也颇令人担忧。

与大众熟知的"休闲街"相似但不完全相同的另一个概念是"商业游憩区"（Recreation Business District，RBD）。后者在规划部门和学界使用更为普遍。1970 年 Stansfield 和 Rickert 在描述度假胜地某些专为游客消费的特定区域的特征、形态和功能时首次提出了商业游憩区的概念。目前，商业游憩区被视为城市的特殊区域，汇集了各种不同的景点和设施，可以同时满足游客和当地居民的需求。在中国，有各种不同类型的商业游憩区，包括那些基于现代购物中心或所谓城市综合体的商业游憩区，富有特色的行人专用商业街，以及在历史街区基础上建成的商业游憩区等。例如，南锣鼓巷是北京中心区保存最为完好的历史街区之一，因其胡同、四合院、酒吧、咖啡馆、手工艺品店等闻名。沿着南北向长达 768 米的主街，蜿蜒分布了 16 个胡同。南锣鼓巷，不只是一个可以淘到中国特色小礼物、各种咖啡厅和酒吧等休闲场所遍布的地方，更是折射中国元代建筑规格的一面镜子。在成都，当地人和游客都喜欢到春熙路逛逛。那里有大型购物中心、百货公司、超市、路边小摊、精品店、咖啡馆和公共广场。成都另一个备受欢迎的街道是宽窄巷子，那里的建筑富有清代特色。宽窄巷子里有各种茶馆、纪念品店、路边艺术家、小吃摊和夜总会。总之，在许多城市，商业游憩区已经成为城市游憩系统的重要组成部分，为游客和居民提供旅游、游憩、娱乐、购物场所。在当地政府和市场的共同推动下，商业游憩区得以快速、广泛发展，成为中国城市的一个新的趋势。

交通与休闲：中国可以学些什么

交通和休闲之间的关系密切而重要，但这一点却鲜为人知且被广泛低估。很多休闲活动都和交通息息相关，从购物、探访亲友、体育运动到当地旅游和国际旅游。在欧洲，最大的交通增长是 20 世纪 90 年代后期的休闲度假所带来的，也就是当地人所熟知的"愿望交通（wish traffic）"（G. Wolfgang Heinze，1998），具体包括休闲交通（4 天以内的旅行）、度假交通（5 天及以上）以及"购买体验"。德国的交通运输统计数据显示，所有旅行中的 40%、所有人公里运输的 50% 都是休闲交通和度假交通。运输统计学家认为，由于其多面性特质，该领域还是被系统性地低估了。更重要的是，这些数字只能解释本国的交通情况。图 9-1 中显示了德国人认为可以对休闲交通进行有效控制的各种手段。

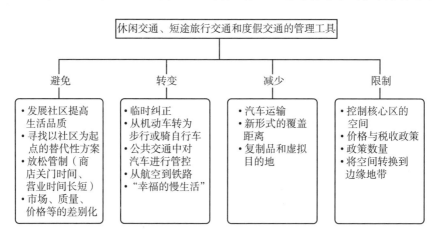

图 9-1　休闲交通、短途旅行交通和度假交通的管理工具

资料来源：Heinze，Kill（1997）. 转引自 G. Wolfgang HEINZE，Transport and Leisure，Report of the Hundred and Eleventh Round Table on Transport Economics，Held in Paris on 15th–16th October 1998。

在一些领域，美国一直被视为中国的老师，虽然这位学生心里有时不免糅杂着羡慕、嫉妒与不忿的复杂感受。2011 年 10 月，在戈德比教授的帮助下，我有幸参加了在亚特兰大举行的全国游憩与公园协会（NRPA）年会①。会上了解到，美国交通部门在为市民游憩、旅游和休闲活动提供便利方面做了大量工作。有报告显示，美国运输部下属单位——联邦公路管理局（FHWA）有一个项目叫作"联邦地面运输项目"（the Federal Surface Transportation Program）。该项目是修建共享道路和步道的最大资金来源。每年斥资 2 亿~3 亿美元用于建设步道，其中每年有 7000 万~9000 万美元用于游憩步道（NRPA，2009）。回顾历史，1991 年，美国国会表示要为那些在最大限度发挥交通对激活社区活力发挥重要作用的各种项目提供资金支持。具体方法是将"运输改善和游憩步道"项目纳入"多方式联运地面运输效率法案（ISTEA）"。该法律规定，向社区和游憩项目（如自行车道、人行道、步道、废弃铁路改造为步道、废弃高速路改造为步道等）提供资助。这标志着交通改革的开始。2005 年，美国国会又颁布了《安全、可靠、灵活、高效的交通公平法案：给使用者的遗产》（Safe，Accountable，Flexible，Efficient Transportation Equity Act：A Legacy for Users，SAFETEA - LU），确保提供总计 2441 亿美元的资金支持，用于高速公路建设、高速公路安全维护和公共交通建设。其中有两个交通项目对公园和娱乐部门极为重要：交通改善项目（Transportation Enhancements Program，TEP）和游憩步道项目（Recreational Trails Program，RTP）。1992 年以来，交通改善项目（TEP）贡献了 56 亿美元的联邦资金，用以支持超过 1.4 万个需要维护的路径、步道和自行车道。游憩步道项目（RTP）资助了 1 万多个项目，投入 8 亿美元作为联邦政府给各州的匹配资金，用于修建游憩步道。SAFETEA - LU 的条款和项目已经对所有美国人的生活产生了深远影响——从每天上下班、购物到享受公园、步道和用于健身和保健的公共用地。

---

① 全国游憩与公园协会（National Recreation and Park Association，NRPA）是一个非政府组织，其宗旨是促进公园、游憩和保护事业的发展，以提高所有人的生活质量。在美国已有 40 多年历史，目前会员达 4 万多个。

表9-5　交通改善项目（TEP）

资金分配类型	2007年平均 金额（美元）	1992~2007年累计 金额（百万美元）	1992~2007年 增长率（%）
1. 行人和自行车设施	340427	3912	48
2. 行人与骑自行车者的安全教育		33	1
3. 风景名胜或历史景观等风景使用权的获得		223	3
4. 风景名胜或历史古迹高速公路项目，包括观光和接待中心	500528	531	6
5. 绿化和其他景观美化	308089	1511	18
6. 历史文物保护		363	4
7. 历史交通建筑、结构、设施的复原和运营		825	10
8. 废弃铁路廊道的保护，以及将这些廊道改造为行人步道和自行车道	488232	609	7
9. 户外广告的目录整理、控制和移除		39	1
10. 考古规划与研究		90	1
11. 用于应对因高速公路的建设、投入使用而带来的水污染问题，减少交通工具使用引发的野生动物死亡率，保护野生动物的栖息地		104	1
12. 建立交通博物馆		39	1

　　中国正处于高速城镇化进程之中，交通基础设施投入增长迅猛。然而，在交通基础设施（包括公路、高速公路、高铁以及村道）的规划、建设和管理中，对人们的旅游、游憩和休闲需求还没有给予足够重视。目前，中国交通运输系统的重点还在于建设，而美国的关注点则是如何让使用者能以一种更为安全、便捷、舒适的方式享受它。值得庆幸的是，中国越来越多的地方政府已经意识到休闲和运输之间的重要关系。越来越多的绿道、生态走廊建成，交通与城市规划、游憩和休闲管理的一体化也已经开始。

　　我十几岁的时候，有两首名字颇为相似的歌曲很是流行。一首是名为《乡间的小路》的台湾民谣，另一首是名为《乡间小路带我回家》的美国歌曲。它们都唱出了怀旧的心情，让人悠闲地回忆起乡村的美丽风景。当然，尽管人们通常会虚幻地以为过去比现在要好，但是我们不可能再回到过去。越来越多的人从农村移居到城市。街道，就像是一座城市的血管，而街头的人们则像是一个个的细胞。在城市里，不管是沿街的绿地、休闲街、商业游憩区，抑或是可供骑行和散步的步道和小径，对于忙碌的城市人来说，都是极为珍贵的，能让他们从疲惫中得到放松。游憩或休闲应被视为街道的必备功能之一。是的，让人们重新回归街道吧。我知道这对城市规划者和管理者而言，将是一项具有挑战性的工作。尽管我怀疑当下我女儿是不是能够在这座人口稠密的城市街道上玩耍，但我仍然愿意相信，这个梦想并非遥不可及。

参考文献

Auto. com，Totota's Hydrogen powered Cars On Sale in 2015. http：//www. auto123. com/en/news/toyotas－hydrogen－powered－cars－on－sale－in－2015？artid＝163302.

B. Tuzin，E. Leeuwen，C. Rodenburg and N. Peter，2002. Paper presented at the 38th International Planning Congress on "The Pulsar Effect" Planning with Peaks，Glifada，Athens，21－26 September.

Dingxi Huang，Chuanting Lu，Guanxian Wang ，2009. "Integrated management of urban green space－the case in Guangzhou China"，45th ISOCARP Congress.

e－How. com，How Hydrogen Fuel Cell cars Work.

http：//www. ehow. com/video_ 4949919_ hydrogen－cars－work. html#ixzz2vBvVE3sO.

Gill，P. 2014. "How to Calculate Energy Loss In A Moving Car." EHOW. ：http：//www. ehow. com/how_ 6575972_ calculate－energy－lost－moving－car. html#ixzz2qU7B85rb.

G. Wolfgang HEINZE，"Transport and Leisure," Report of the Hundred and Eleventh Round Table on Transport Economics, held in Paris on 15th – 16th October 1998. http：//www. ted. com/talks/janette_ sadik_ khan_ new_ york_ s_ streets_ not_ so_ mean_ any_ more. html.

Lau, S. , Gridharan, R. and S. Ganesan. 2005. "Multiple and Intensive land Use： Case Studies in Hong Kong," *Habitat International*, Vol. 29, p. 527 – 546.

National Recreation and Park Association. 2009. *How Federal Transportation Funding Benefits Public Parks and Recreation.*

National Park and Recreation Association. 2011. *Parks and Recreation： Essential Partners in Active Transportation.*

S. Balram and S. Dragicevic. 2005. "Attitude towards Urban Green Spaces； Integrated Questionnaire Survey and Collaborative GIS Techniques to Improve Attitude Measurement," *Elsevier： Landscape and Urban Planning*, Vol. 71, No. 2 – 4, pp. 147 – 162.

Sadik-Khan, J. 2013. "New York's streets? Not so mean any more". Filmed Sep 2013 · Posted Oct 2013 · TEDCity2. 0.

Shah Md. Atiqul Haq. 2011. "Urban Green Spaces and an Integrative Approach to Sustainable Environment," *Journal of Environmental Protection*, 2, pp. 601 – 608.

Shen, S. and N. Shirouzu. 2014. "Chinese Auto Market Seen Cruising to Another Strong Year". Reuters on Yahoo Finance.

T. Stein and M. Lee. 1995. "Managing Recreation Resources for Positive Outcomes： An Application of Benefits Based Management," *Park and Recreation Administration Journal*, Vol. 13, No. 3, pp. 52 – 70.

Wikipedia. 2014. Transport in China. wikipedia. org/wiki/.

V. Herzele and T. Wiedeman. 2003. "A Monitoring Tool for the Provision for Accessible and Attractive Green Spaces," *Elsevier Sciences： Landscape and Urban Planning*, Vol. 63, No. 2, pp. 109 – 126.

第十章 休闲与环境

改善环境：我们最后的机会
改变环境：为了我们，依靠我们

改善环境：我们最后的机会

杰弗瑞·戈德比

一位中国朋友住在我家。尽管我一直鼓励她，但她似乎还是不太习惯直接饮用厨房或卫生间水龙头里流出的自来水。事实上，那水是可以直接饮用的，很安全。当然，最终她愿意喝了，但是吃饭时还是要喝热水，就像即使外面下着雪美国人通常也喜欢喝冰水一样。这些习惯都和智慧没什么关系，它仅仅反映了我们成长方式的不同。现如今，在中国，水、空气、土壤里的种子都可能存在安全问题。与快速发展的经济相伴而生的一个代价，就是环境的宜居性迅速降低。土壤里的镉、大量烟煤燃烧后的释放物、乡村和城市空气中的微粒物质、土壤的沙漠化，所有这些问题都在影响着人们的生命健康。

在中国，环境污染每天都在带来新的问题。今天我看到一篇关于污染和老年痴呆症之间关系的文章。身在中国的朋友们写信给我，谈及对空气污染问题的担忧：雾霾导致学校停课，并可能引发癌症的流行。中国巨大的经济奇迹，也付出了不菲的代价——环境危机。现在必须严肃对待和解决这个问题了。

环境问题的严峻程度

一次在上海附近乘坐游船，我听到一位中国女企业家议论船只正在行驶的河流有多脏。水上到处都是垃圾，这令她无比伤感。她清晰地记得小时候，河水是多么清澈。她说，"我好奇，世界上有没有什么机器，从水上过一下就能让它恢复纯净"。我们都沉默了。当然，世上根本没有什么神奇机器。

中国环境污染程度之深着实令人难以置信。50%的河流完全消失，仅存的河道中只有少数没有被污染。根据国家环保部提供的数据，差不多有2.8亿中国人饮用着不安全的水；将近一半的河流湖泊，都不适合人直接接触（国家环境保护部，引用自Sheng，2014）。在过去30年里，癌症死亡率增加了80%。每年有350万人被确诊为癌症患者，其中250万人死亡。在中国，有1.1亿人生活在距离有害工业生产场所不足1英里的地方。有400个癌症发病率很高的"癌症村"。

一位中国人对一家在线网站说，"每家农户都笼罩在对雾霾的恐慌之中"。污染严重，飞机停飞，道路被封，游客数量减少。世界卫生组织强调了雾霾对人类健康的直接危害，其发布的北京污染指数已经达到警戒线，PM2.5数值有时高达每立方米505微克。众所周知，PM2.5被人吸入后，能够扩散到血液之中，其最大安全值为每立方米25微克（网上邮件，2014）。

中国科学家声称，目前北京污染严重，其影响可与核冬天相比——之前人们预测，如果引爆足够多的核炸弹，就会将大量的细小颗粒散播到空气之中，遮天蔽日，改变气候，破坏食物供应。根据中国农业大学水力与土木工程学院何东翔（音）的说法，首都北京和六个北方省份就正处于这一过程之中。依赖于廉价高硫煤，将其作为中国主要能源，同时缺乏清洁煤炭技术，这些都是祸害中国城市、引发严重污染的罪魁祸首。当然，还包括汽车数量的剧增、不受政府监管的低效工厂排污和其他因素。

在过去一百多年时间里，美国对环境所造成的破坏超过了任何国家。美国文化的特点就是无限制地消费。如果只有北美还按照这种水平消费而其人口没有大幅度增加的话，地球也许还能存在下去。可是今天，中国是世界头号污染大国，二氧化碳排放量居世界第一。美国列第二（Wikipedia，2013）。尽管美国没能做好榜样，但是中国还有机会这么做——其实已经别无选择了。中国是世界上最大的太阳能板生产国，但大部分都用于出口。内蒙古有足够的风能，如果全部利用的话，实际上能够满足中国所有的能源需求。休闲质量通常都和环境条件密切相关，中国人又尤其热爱自然。然而遗憾的是，我们往往会伤害我们的所爱。必须更好地保护环境，否则世界就会燃耗殆尽。海平面的上涨将给上海和其他低海拔地区带来灾难性后果，当然同时也会造成北京和其他地方"沙漠化"程度的加剧，对此中国人可能感触更深。

一些经济学家认为，日益增加的中产阶层能够解决中国的环境污染问题。诺贝尔奖得主西蒙·库兹涅兹首先提出了库兹涅兹曲线，其基本原理是越富有就会越环保。他的理论是，随着工业化程度的提高，很多问题，例如收入不均、污染都会变得愈发严重。然而，当人们达到一定的收入水平，状况就会开始好转。根据该理论，中国目前的平均收入已经达到足够高的水平，中产阶层将推动政府去做些什么（fortune. cnn. com，2013）。不仅仅是中国，世界上其他国家和地区，也都必须马上采取行动，在一切都变得太迟之前，腾空跃起。

环境危机带来的威胁

中国以及世界的环境危机所威胁到的，不仅仅是地球上人类的命运。对于中国来说，环境危机和人口增长危机有些类似。计划生育政策当时就是针对人口增长危机提出的。也就是说，如果不迅速执行一整套必要的政策，中国人民就会面临灾难，或者说继续面对灾难。这听起来像是某种反讽——尽管一定程度上是政府政策和政策执行不利导致了这场灾难，但也只有强有力的中央集权的政府才可能有能力解决这个问题。

尽管自 19 世纪以来地球表面的平均温度升高了 0.3℃ ~ 0.6℃，但是同期中国的增长值则是 0.5℃ ~ 0.8℃。中国地表温度的升高，在喜马拉雅山地区最为显著。山地生态研究中心的研究人员许建柱（音）得出结论，目前青藏高原的气温按照每十年上升 0.3℃ 的速度在攀升，远比世界平均水平高出很多。这意味着长江上游地区将可能出现洪流，而下游地区的水量将减少。喜马拉雅山融化的冰川将可能造成 200 个冰川湖泊溢流，带来大范围的洪涝和山区的泥石流。这将摧毁重要的公路和桥梁。黄河和长江可能都会断流。尤其是低海拔的上海，将很可能发生洪涝灾害。过去 30 年里，上海不断蔓延发展，开采了越来越多的地下水（Sheng，2014）。因此，1921 ~ 1965 年间，上海的地面下沉了1.76 米。尽管上海政府已经停止开采地下水，但是土地开垦成为可能加速上海下沉的另一个因素，这使得上海面对海平面上升而言变得更为脆弱。香港也面临较大风险。生态多样性也受到威胁。沙漠化程度在加剧，已经到了危险的境地，这种局面将越来越多的人撵到城市里。

中国气象局对中国的气候变化趋势做出了如下预测：①中国北方的沙尘暴会越来越频繁和严重；②东部沿海地区的降雨量减少；③中国东部和南部的暴雪将越来越厉害。最引人注目的沿海地区气候变化是，由于热带气旋加剧而造成海洋表面温度的升高（Chih，2009）。

实际上，如果还想活下去的话，在中国和世界上其他地方，都不得不对生活做出重新安排。尽管气候变化背后的科学结论已经有了，但最大的未知是，环境变化的乘数效应到底有多大。也就是说，环境变化的运算法则是什么？这种乘数效应有很多鲜明例证。北极的白冰将阳光反射回太空，但是随着温度升高，冰块融化，冰层下面的冻土带将吸收更多的阳光，使得周围大片陆地更快变热。当气温过高或者暴风雨过猛导致森林中的树木死亡，死亡的树木更有可能着火，从而向空气中排放大量的烟雾。这些乘数效应的速度，将决定人类的生死存亡。

环境污染对休闲的影响

当空气污染加剧，有些中国人选择宅着，而其他一些人，比如每天在浙江大学附近临时搭起的桌子旁打牌的男士们，则继续像往常一样出去玩儿。对于一些人来说，如果可能的话，最好还是进行一些自我保护；而对于另外一些人而言，和过去一样照常生活似乎更好。尽管在许多发展中国家，由于采用会在居所内产生烟雾的燃料做饭，室内污染通常比室外污染更严重，但是在中国，室内则比室外要好一些。因此，很多中国度假酒店都有一个巨大的、有屋顶的区域，用于前台接待、举办婚礼或者上百人参加的精彩聚会——这样人们就不用去室外了。一位酒店专业的教授告诉我，她开发了一个针对家庭的休闲项目，大家相聚一堂，一起做游戏，享用各种餐点，享受家庭天伦之乐——当然都是在室内。

由于越来越多的人待在室内，把看电视当作休闲活动的人肯定会越来越多。网上活动、室内健身、室内种植等也都如此。在某些情况下，通过笔记本电脑进行可视化社交拜访，从而取代登门拜访，这种情况可能会越来越多。一方面是因为空气污染，另一方面也是由于对私家车的限制。

很多中国人出门时都会戴上口罩。其实大多数口罩在对付空气污染方面都没什么效果。美国疾病控制中心指出，很多这类口罩尽管能防止感冒患者朝别人打喷嚏，但在阻止吸入微小污染颗粒方面，几乎没什么作用。防止吸入微小污染颗粒，需要的是呼吸口罩，而不是医用口罩（Pollution - China. Com，2009）。空气净化器和其他净化空气的设备将会越来越普及。

也许我可以通过再次提醒读者如下事实，来结束这段令人伤感的讨论——中国是世界上最大的太阳能板生产国；如果能充分利用，内蒙古拥有足够的风能来供给全国所需要的能源；中国自己有能力再次"腾跃"，这次腾跃，将是中国必须完成的、5000 年历史上最为重要的一次。

旅游对环境的影响

中国的旅游，包括国内旅游和国际旅游在内，经历了惊人的增长。严峻的空气污染问题已经开始改变这种趋势。

> 根据国家旅游局提供的数据，2013 年 1 月至 6 月，进入中国的外国游客总人次（包括商务游客和常住人口）比上年同期减少了 5%，不足 1300 万人次。总体而言，来自亚洲、澳洲、欧洲和美洲的游客都在减少。北京入境游客数量的下降更为惊人。根据北京旅游发展委员会提供的数据，2013 年上半年，到京外国游客减少了 15%，仅为 190 万人次（Watt，2013）。

2014 年，美国驻华使馆发布的空气监测指数将北京列为"有害"等级，建议人们避免任何户外活动，当然更不用说观光了（LILIGO，2014）。世界卫生组织正敦促中国政府更多地为游客做点事情。2013 年，中国 74 个城市中只有 3 个达到了官方确定的空气质量最低标准，其中就包括全国最受欢迎的旅游目的地——北京。使问题更为严峻的是，潜在游客通过电视、笔记本电脑目睹了中国城市中的雾霾。公众对这一问题的认识日益提高，这可能会影响到中国旅游业的发展。另一方面，这也意味着会有更多的中国人出境旅游，去寻求那些空气更好、更能接触自然的旅游目的地。

污染问题能否迅速得到缓解

如果中国的污染问题不能得到解决，其他事情都免谈。当然，这句话对全世界都通用，只是在中国问题更加严重罢了。

　　世界自然基金会（World Wildlife Fund）2014 年的一份报告［由能源变革研究院（the Energy Transition Research Institute）完成］，使用强大的计算机建模技术并基于今天已经被证实的技术，模拟了四种不同的情景：基准线情景、高效率情景、高度可再生情景、低碳混合情景。研究中，利用高级中国网格模型（China Grid Model）对到 2050 年中国每小时的电力供应和需求进行了测算。其结论是：如果采取保护措施和可再生能源，在不造成经济增长减速的情况下，到 2050 年，中国的电力系统中将有 80% 能够实现可再生化，其成本比继续依赖煤炭要低很多。个人以为，在这里，或许"能够"一词应该换成"必须"。

　　　　"通过全面实现节能、高效、可再生能源，中国将有潜力向世界证明，在迅速大幅度减少排放从而避免空气污染和气候变化的同时，依然可能保持经济的增长"。世界自然基金会气候和能源项目中国部主任卢伦燕说。这项研究说明，"只要有强烈的政治意愿，中国就能够在未来 30 年里继续保持繁荣，同时在能源使用方面减少对煤炭的依赖"（Lu，2014）。

　　要实现这一点，中国不仅需要迅速发展可再生能源，而且必须同时大力采取高效能措施，降低用电需求。如果要求越来越多的设备和工业设施执行相关标准，那么到 2050 年每年的电力消耗就能最大限度地减少一半。这样，就能在全球为这些产品确立一个黄金标准（gold standard），从而促使电力体系朝着以可再生能源为基础的方向转变。

　　　　"该研究使得中国领导者能够把技术可行性和经济可靠性的问题各放在一边。是时候把精力集中在如何执行正确的政策，建立正确的机制来确保中国人和中国经济都能够获得干净的、可再生的电力这个问题上了。"卢伦燕说，"该报告说明，今天的技术能够让中国接近自然基金会提出的远景目标——未来只依靠可再生能源"（Lu，2014）。

"中国和美国都正处在十字路口，两国领导人都需要做出选择——未来是一个依靠洁净的、可再生能源提供动力的健康社会，还是一个被空气污染和气候变化的弊端所充斥的灰暗世界"，世界自然基金会美国部副总裁Lou Leonard说道，"今年，所有国家都在巴黎对话之前制定新的全国气候目标。我们的领导人必须选择那个更为光明的未来。对于中国领导人来说，选择是很简单的。这份报告说明，可再生能源是可行的。中国能够利用现在的技术，一方面缩减能源成本，另一方面实现新的大胆的目标。"

我写这段话的时候，我们当地的报纸上正好有一期"争论"，议题是一个石油和煤炭行业提出的骗人说法——我们并不真的知道人类行为是否正在改变着气候。我们当然知道，那些坏人、那些为了钱而说谎的人，正在贻害我们子孙获得生存和繁荣的机会。

改变环境：为了我们，依靠我们

宋 瑞

2014 年春，一位居住在美国的朋友要到访北京，专程写信问我是否需要呼吸口罩。得到肯定回答后，她赶紧跑到家附近的超市去买。遗憾的是，超市里没有那种类型的口罩——因为没人需要。然而对于居住在北京的人来说，那种口罩几乎是生活必需品。一年前有段时间，空气污染极其严重，中国知名电商淘宝提供的数据显示，"口罩"一词的搜索量剧增了 530%。和身边的大多数朋友一样，我已经习惯了每天早上查看空气质量指数，并据此决定是否送女儿上学。北京郊区顺义一家国际学校斥资 500 万美元，建造了一个巨大的防空气污染体育馆。另外一些国际学校也正在想尽一切办法为学生提供安全的学习环境。其中一所国际学校最近宣布要建造一个包括室外篮球场在内的巨大的体育设施。我家房子不大，已经购买了一台空气净化器，正考虑是否再买一台性能更好一些的。一位乔迁新居的朋友在新房子里安装了新风系统。在北京空气指数"爆表"的时候，我曾不止一次地带着女儿躲到其他城市去。显然，我们不可能一直躲下去，也没有太多的地方可躲了。以"空气罐头"为噱头进行营销的目的地越来越多。有些人赞赏这种富有创意的点子，但是对此，我却深感沮丧甚至是悲哀。

中国社会对环境污染问题的关注

戈德比教授就中国污染问题的很多方面提供了具有说服力的证据。

中国的环境破坏和退化包含了很广泛的内容，从空气污染、生物多样性减少、耕地流失、渔业资源耗尽、荒漠化、湿地消失、草地退化、日益频繁且规模越来越大的人为的自然灾害，到物种入侵、过度放牧、土壤侵蚀、垃圾堆积和水污染。这些问题正给中国带来严重的经济损失、社会冲突和健康危害。尽管污染不仅限于城市，但中国的城市的确是环境问题的最大制造者之一，也是污染最为严重的地区之一。目前全球污染最严重的 20 个城市中，中国占了 16 个。尽管中国领导人认识到环境问题的严重性，并采取了一些纠正措施，但如何全面、严格实施环保政策仍然是重要挑战。

公众日益关注中国的空气质量和水质量问题。皮尤研究中心 2013 年 3 月 4 日到 4 月 6 日期间进行了一次面对面的调查，来了解中国公众最为关注的一些问题。调查显示，随着中国财富的不断增加，数以百万计的人成为中产阶层，环境等问题成为人们关注的重点。

表 10 - 1　中国公众关心的问题：2008 ~ 2013 年

问题	认为问题严重的比例（%）			
	2008 年	2012 年	2013 年	2008 年 ~ 2013 年的变化
食品安全	12	41	38	+ 26
制造出来的产品的质量	13	33	31	+ 18
药品安全	9	28	27	+ 18
养老保险	13	28	30	+ 17
空气污染	31	36	47	+ 16
官员腐败	39	50	53	+ 14
教育	11	23	24	+ 13
水污染	28	33	40	+ 12
贫富差距	41	48	52	+ 11
医疗	12	26	23	+ 11
工人劳动条件	13	23	23	+ 10
交通	9	18	19	+ 10
犯罪	17	25	24	+ 7

问题	认为问题严重的比例（%）			
	2008 年	2012 年	2013 年	2008 年～2013 年的变化
破产老板	21	32	27	+6
失业	22	24	27	+5
电力短缺	4	8	8	+4
物价上涨	72	60	59	−13

资料来源：皮尤研究中心。

政府在环境保护方面所做的努力

尽管有人指责中国政府不重视环保问题，但是实际上，早在改革开放初期中国政府就开始关注到环境保护的重要性。1973 年召开的第一次全国环境保护大会将环境保护问题提到了议事日程。1983 年召开的第二次全国环境保护大会则明确强调，要更好地协调经济发展和环境保护之间的关系。由于环境问题日益严峻，中央政府在第十一个五年计划（2006～2010）和第十二个五年计划（2011～2015）中都把经济增长和环境保护的平衡放在首要位置。2007 年提出了"生态文明"的概念。2012 年召开的十八大还将"生态文明"写进了党章，成为既有四大发展政策——经济、政治、社会、文化——之后的第五个重要支柱，即所谓的"五位一体"。2008 年，原来的国家环保总局升格为国家环境保护部，直接隶属于国务院，此后逐步推进了管理、环保、控制、监管和执法体系的一体化。时至今日，全国人大已经颁布了 10 个环境法律和 30 个资源保护法律。地方人大和政府制定了 700 多个地方性的环保法规，国务院的相关部委颁布了百余个环境管理条例，其中有 69 个由国家环境保护部颁布。2012 年 2 月，国务院发布新修订的《环境空气质量标准》中增加了 PM2.5 检测指标。2013 年 9 月，新的《大气污染防治法》发布。2013 年 12 月，国家发改委发布首份国家适应气候变化蓝图，确定了 2020 年前要实现的一系列目标。自 2014 年 1 月开始，中央政府要求 1.5 万家工厂（包括大型国有企业）实时公布其空气排放和水排放的数据。中国政府表示，未来五年，将斥资 2750 亿美元用于净化空气。

从理论上看，这些努力为防止环境污染提供了有力的法律支持，然而遗憾的是，其实际效果似乎不尽如人意。

环境危机对每个人生活和休闲的影响

尽管中国已经制定了大量与环境保护有关的法律法规，但是执行不力、以经济发展为重的现实导致空气、水、土壤等方面的污染、资源过度开采、环境退化等问题日益严重（CCEID，2013）。所有这些都在某种程度上影响着每个人的生活，从类似"癌症村"这样的死亡威胁到"北京咳"这样的潜在隐患。

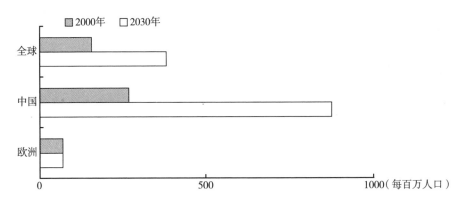

图 10 - 1 城市空气污染导致的死亡人数

资料来源：美国国家航空和太空管理局（NASA）。

在西方，环境和人类之间的关系正在成为游憩和休闲领域所关注的一个重要话题（Karla A. Henderson, et al, 2001）。奥尔多·利奥波德（Aldo Leopold，1973）在其经典著作《沙乡年鉴》（*Sand County Almanac*）中提到，"我们滥用土地，因为我们把它视作属于我们自己的商品。如果我们把它视为我们隶属其中的社区的话，我们就有可能开始心怀热爱与尊重地去使用它了"。遗憾的是，这种视角的研究在中国还不多，尤其是在当前环境下。就环境污染对人们的休闲生活到底有哪些影响，目前还没有全面的、精确的数据和分析。不过，我们的一项调查可以提供冰山一角的线索。我们完成的《2013 年中国国民休闲状况调查》显示，空气污染和其他与环境相关问题成为一些中国人参与休闲的制约。37.7% 的受访者同意或非常同意，他们不能尽享休闲，主要是因为环境问题。只有 26.2% 的受访者不同意。我们中国社会科学院旅游研究中心于 2014 年春完成的另一项网络调查显示，93% 的受访者曾经遭遇雾霾。57.16% 的受访者曾经因为雾霾而改变行程，其中 39% 的人取消旅行计划，而 29% 的人延迟出行，26% 的人为了躲避恶劣天气而逃到其他地方。92% 的受访者会选择所谓的"清肺"旅游产品。24% 的受访者认为情况比较严重，他们会选择移居别的地方或者在其他地方购买第二居所。

我们必须携手解决环境污染问题

"美丽中国"首次被写入十八大报告，预示着中国将超越和摈弃以往的外延式发展模式，摒弃个人和企业的不理性消费，加速向新的绿色、可再生能源和低碳模式转变。为了应对当前和未来的挑战，建设"美丽中国"，寻找一条能够令社会发展和环境保护共生平衡的道路就显得极为必要了。为此需要调动各方面的力量，采取各种各样的方式。在此过程中，应该制定激励政策鼓励公众参与环境保护，积极传播有关环境保护的信息，推进相关教育，在全社会培养、形成环境友好的习惯和行为，建立可持续的消费模式。

表 10 - 2　建设"美丽中国"过程中不同主体采取的行动

政府	企业	个人和社区	社会组织
不同领域和部门共同决策 制定协调性的、灵活政策以确保社会、经济、环境政策并行运行而不会发生冲突	企业环境行为应该满足法律法规要求 企业应该积极制定政策来解决环境和社会问题	积极选择可持续的生活方式 通过各种方式参与环境和社会活动	为个人和企业参与环保活动提供支持 参与政策政策制定和决策 作为第三方，监督环境和社会领域法律法规的执行

资料来源：摘译自 China's Environmental Protection and Social Development，CCICED，2013。

作为个人，我们所能做的，就是朝着更具可持续性的方向反思并重建我们的生活方式。应该认识到，我们用以维持生活质量的所有东西，不仅仅会耗费金钱，还会在地球上留下生态足迹。世界自然基金会的报告显示，如果地球上的每个人——从美国到埃塞俄比亚——都按照平均水平来消费的话，我们已经用完了 1.1 个地球。换言之，我们使用地球生态体系的速度远比它所能恢复和补充的速度要快。如果我们都按照美国式的生活方式来生活的话，我们还需要另外五个地球。因此，提倡可持续性的生活方式是很有必要的。可以此作为起点，认真思考我们日常生活中所购买和使用的所有东西所带来的环境影响。我们所购买的东西、所吃的食物、所居住的房子、我们的旅行方式……所有这些，对地球而言，都不是无关紧要的。中国一些地方已经禁止使用一次性筷子。看起来这只是一个小小的举动，但是想想看，过去每一天，全国会消耗掉 3 亿双一次性筷子啊。

曾几何时，父母为了让我们吃饱肚子而奋斗。而今，我们担心自己的孩子没法呼吸到干净的空气，吃到安全的食物。一方面，我们的生活质量提高了，另一方面，我们的环境破坏却导致生活质量下降了。我们或许有权利指责政府、企业，但是作为公民，数以亿计的我们其实可以做得更多，从拒绝使用塑料袋、少开车、在可能的情况下调低空调温度，到拒绝任何不可持续的生产和消费方式。

中国有句人人耳熟能详的口号——"保护环境，从我做起"。其实有很多方式，可以保护地球。以下列举一些简单而有用的例子：

——做好垃圾分类；

——不使用一次性筷子和纸杯；

——不购买过度包装的产品；

——在可能的情况下，重复使用纸张和购物袋；

——在可能的情况下，购买当地生产的产品；

——使用节能灯；

——室内装修尽量简单；

——少使用洗涤剂；

——不食用野生动物；

——减少纸尿裤的使用；

——使用无铅汽油；

——举报任何破坏环境的行为；

——尽可能使用公共交通；

——将废旧电器送到回收站；

——制定一个家庭节能核查表；

——植树。

那是个晴朗之日，戈德比教授领着我们逛他的花园。巨大的院子里种了很多蔬菜。芭芭拉专门向我展示了他们用厨余垃圾制作的有机肥料。大部分客人——包括中国访问学者和一位韩国博士生——都对他们的大"实验室"很感兴趣，在那里，没有杀虫剂，水都是循环使用的。对于戈德比教授和芭芭拉而言，种植和园艺就是一种休闲活动。显然，这是一个可持续生活方式的绝好例证。

参考文献

China's Environmental Protection And Social Development，China Council for

International Cooperation on Environment and Development（CCICED），*Task Force Summary Report*，CCICED 2013 Annual General Meeting，November 13 - 15，2013，http：//www. cciced. net/encciced/event/AGM ＿ 1/2013agm/speeches2011/201311/P020131106443218117388. pdf.

Karla A. Henderson，M. Deborah Bialeschki，John L. Hemingway，Jan S. Hodges，Beth D. Kivel，and H. Douglas Sessoms（ed）. 2001. *Introduction to Recreation and Leisure Services*（8th edition），Venture Publishing.

Kate Scott. 2009. "A Literature Review on Sustainable Lifestyles and Recommendations for Further Research"，Stockholm Environment Institute，Project Report，http：//www. sei - international. org/mediamanager/documents/Publications/Policy - institutions/europeanecoefficienteconomyfinal. pdf.

Lai，C. 2009. "Climate Change Impacts on China's Environment：Biophysical Impacts". Wilson Center. Feb. http：//www. wilsoncenter. org/publication/climate - change - impacts - chinas - environment - biophysical - impacts.

LILIGO - The Travellers' Blog. March 21，2014. "China Air Pollution Chokes" Tourism. http：//www. liligo. co. uk/travel - blog/travel - news/2014/03/31/chinas - air - pollution - chokes - tourism - 14851/.

Lu，L. Feb. 19，2014. "Groundbreaking analysis shows China's renewable energy future within reach". World Wildlife Federation USA.

Pollution—China. com. 2012. "Are Surgical masks Effective Against Pollution". http：//www. pollution - china. com/Blog/Surgical - masks. html.

Shen，R. （2008，October 5）. "Shanghai highrises could worsen threat of rising seas." *Reuters*. www. reuters. com/article/2008/10/06/us - summit - shanghai - sinking - idustre 49502k20081006.

Sheng，K. April 4，2014. "China's Poisonous Waterways." *New York Times*，Sunday Review. http：//www. dailymail. co. uk/sciencetech/article - 2568531/Beijings - toxic - air - pollution - severe - resembles - nuclear - winter - lack - sunlight - hampering - plant - photosynthesis. html? ITO = 1490&ns ＿ mchannel = rss&ns＿ campaign = 1490.

Watt，L. August，2013. "Air Pollution Takes Toll on Chinese Tourism." Wunderground. http：//www. wunderground. com/news/air - pollution - takes - toll - chinas - tourism - 20130813.

第十一章 休闲与未来

畅想未来
铸就未来

畅想未来

杰弗瑞·戈德比

宾夕法尼亚州中部正下着雨。我们刚收到凯燕（音）的来信。她是我们的好朋友，今年 5 岁。她每个月都会写信给我们，借此练习英语。她信中写到，奶奶的膝盖做完手术后好了许多，她自己有了一个大头蜜蜂样的新闹钟，粉色的，她很喜欢。读完她的信，我又上了会儿网，看那些煤炭公司、石油公司扯谎，告诉大家我们真的不了解气候变化，而且没必要担心这个问题。我随即写了封短信给其中一家公司，揭穿他们为钱而撒谎的事实。我的思绪转向中国和它的未来。

交通

无人驾驶汽车在北京的马路上行驶。2013 年之前，美国两个州——加利福尼亚州和科罗拉多州就已经宣布无人驾驶汽车是合法的。此时，无人驾驶车辆在中国和世界上其他很多地方也都开始变得稀松平常。智能汽车载着人们从一个地方到另一个地方，人可以坐在车里看书。这种车以压缩空气或者氢气为燃料，二者几乎都没什么污染。不过，中国人更喜欢以电动自行车代步，电动车周围有保护壳，靠微芯片导航。只要驶入自行车道，剩下的事儿就交给电动车了。地下高铁一次能将数千人从上海送往北京，高速铁路系统横贯全国，形成了一个个巨大的 X 形，沿途每个车站都创造出了一个新的城市。城市设有清洁能源公交车专用车道，不允许其他车辆驶入。可怕的空气污染几乎消失，步行的人越来越多。

土壤污染仍旧存在，但大型的土壤灌溉项目正在实施。水质污染也有所减轻，政府对所有生产过程实行严格的管制。负责监管污染的官员如不能履行职责，就会被判刑。政府、公司和公民组织共同努力，制定一系列新的规范，煤炭几乎不再是工厂生产的燃料资源，以前被扔掉的所有材料都得到循环利用。法律禁止丢弃垃圾，95%的垃圾被循环利用，也为工厂创造了利润。

中国开始使用自己生产的太阳能板。政府规定，所有公寓楼的能源至少要有一半是靠太阳能板、保温和智能设计获取的，否则不予获准建设。这个百分比很快会提高。中国的环境问题正在推动公民社会的形成，很多新的市民组织开始涌现。这些群体与政府、企业合作，确保人们对于干净空气、水和土壤的需求受到足够重视。他们有时公开交流，有时通过网络通信。中国的政治自由度已经提高。

在占总人口65%的农村，自动驾驶的无污染汽车将人们送往连接大城市的轻轨和高铁。不少轻轨和高铁车辆离地表数英寸行驶。这意味着中国对水泥和混凝土的需求减少了，有利于环境保护。家庭的货物运输越来越多地采用无人驾驶飞机——一种小型无人驾驶的飞行器完成。其飞行或者由飞行器中的电脑自动控制，或者由身处地面或其他飞行器里的飞行员遥控。在农村，多数人通过网上购物。小型无人驾驶飞机带着衣物、食物和其他东西飞往那些交通不便的偏远地方。到农村生活，几乎成了一种时尚，而太阳能公寓让住户们变得更加独立。

环境

中产阶级竭力推动政府采用各种可再生能源，在内蒙古野生牧场进行大量投资，在许多干旱却阳光充足的地方放置太阳能板，大量使用隔热、保温材料、废水利用和其他改进措施。所有东西都循环利用，而且没有垃圾排放——餐厅、工厂、公寓楼都没有，完全没有。公众教育起了很大作用。中国已成为洁净能源和循环利用的领导者，部分原因是中国能够快速地跨越式发展。这些努力一部分是对来自其他国家的公司所做出的回应，它们确定了零污染、零损耗的目标。中国依然在与其竞争。

移民

中国出现了大量移民。同时，也有数百万人从非洲、东欧和其他亚洲国家迁入中国。中国人口向农村分散，穷人以及受教育程度高的人外迁，所有这些让移民进入中国成为现实。极低的出生率已导致劳动力不足，因此欧洲大部分地区都欢迎中国年轻人的加入。以一种也许邓小平都没有预见过的方式，中国真正向世界开放了。汉族人口的比例逐渐降低，生活方式、信仰和习俗的更加多样化。

日本人口从 1500 万减少到 800 万，很多中国人移民去了日本。其他中国人移民去了北美和西欧、澳大利亚和新西兰。同时，跟随政府对非洲的兴趣，很多人移民去了非洲。也有从泰国、越南和一些西方国家移民来中国的，主要前往一些高科技聚集和投资机会多的地方。同样，在庞大的华裔美国人群体中，不少人都会定期回到中国。

很多百万富翁移民去了温哥华、悉尼、旧金山或者其他有中国人的地方。中国政府开始整治腐败，很多即将移民的人发现，他们的钱在中国的银行里被冻结了，如果还没把钱转移到国外银行的话。

食物和农业

在中国，品尝美食当然还是人们最喜爱的休闲活动，但如今食物变得更加国际化。中国每个城市都有世界级的美食，既有来自当地的，也有来自意大利、墨西哥、法国、泰国、韩国、日本和其他国家的。很多国家都在出售中国红酒。中国人的口味根深蒂固，但食物正变得更加国际化，尤其对于年轻人而言。现如今的中国年轻人，大都经历过麦当劳和肯德基年代。如今有数以千万的素食主义者，有机食物备受推崇，但也价格不菲。Beyond Meat 公司在中国市场很大，由植物蛋白组成的人工肉也很流行。政府大力提倡素食，因为素食主义者对环境的需求更少，而且通常更加健康，因此也能降低健康成本。随着人口老龄化，健康成本已经成为一个大问题。人们期待更多医疗保健，而在一个以消费者为主导的社会里，他们通常也能如愿。

20 世纪早期，由于有毒化学物，中国的安全农业用地大量减少。根据国家环保部 2014 年出版的一本书，1/6 的中国可耕地（大约 5000 万亩）遭受了土壤污染。《土壤污染和身体健康》一书提及，每年收割的农作物中有超过 1300 万吨受到重金属污染，2200 万亩农地被农药污染。这个问题在中国的大米之乡湖南省尤其严重（Wong，2013）。只有当政府决定在市民组织的帮助下对生产过程进行革命性变革，只有当人们接受环保教育之后，这个问题才能有所缓解。人们找到能够移除土地里部分有毒化学物的植物，进行大规模的土壤清洁，一些土地不再耕用，这些措施都很重要。但是，土壤污染问题仍然存在，而且可能会持续较长时间。

住房

中国城市的公寓综合体变化最大。在政府和当地市民组织的带领下，公寓能够向人们提供各种核心性休闲活动：人们可以在屋顶花园游玩，还可以在那儿的绿荫下喝茶；每个社区都有专门的地方可以举行各种庆祝或其他特殊活动，法律规定，公寓综合体必须有这样的地方；热天时，孩子们可以在公寓楼外的冷水喷雾装置下玩耍；教授艺术和爱好的老师到居民楼给人们教授休闲技能；人们下班后可以在交通方便的临近街道聚会，这些街道都禁止车辆进入，人们坐在政府和市民组织提供的椅子上，看着孩子们跑来跑去，放风筝，比赛跑步，看太阳在头顶渐渐消失。街头贩卖机出售食品，街头音乐家演奏着传统中国音乐和西方音乐。住房如今变得更合规。开发商贿赂后想建什么就建什么的时期已经结束。新的建筑必须符合严格的政府规定和能效标准。对那些没有考虑能效的建筑进行改造也是个大问题。这涉及按照补贴价格提供更多隔热材料、太阳能板、更有效的窗户、水表、电表以及其他环境改进措施。

健康

中国已经意识到，公民的健康对于经济发展非常重要。政府把治理污染当作第一要务，因为污染在中国是第一大健康问题。当经济从生产型转向为服务型、生产力提高时，中国人的健康就成为最重要的话题。为此，政府将开展各种保健预防项目，也得到了公司的支持。中国政府卖掉了烟草公司，并采用新规定限制抽烟，通过为戒烟者提供经济奖励来禁止吸烟。人们深刻理解了清洁和健康的联系，而卫生是更大的问题。每年都颁发清洁城市奖。中国的报纸上刊登着这样的标语："我们会比周边国家更干净。"不少治疗在网上完成，无须旅途劳顿，医生就可以查看病人并和他们交谈。空气、水和土壤污染依然影响着很多人的健康。呼吸道疾病增多，和有毒物质有关的癌症也更多。在数以千计的可移动设备里，人们对癌症和其他疾病进行普查。这些设备在不同的市区和郊区地点移动，给人们打疫苗、进行医学测试，提供预防知识。

农村

在农村，大部分居民步行可达的范围内都建有大型社区中心，提供很多服务，包括看病、基于孟加拉乡村银行（Grameen bank）构想的各种服务（孟加拉乡村银行的理念是给穷人提供无担保小额贷款，这些贷款和传统银行的违约率差不多）、农业资讯、托儿所和其他服务。这些中心也是休闲场所，人们在这里学习特定休闲活动的技能，并可以玩耍。很多郊区居民如今都住在有竹制屋顶的房子里或者给穷人建造的模块化集成房屋中。此类房屋大部分由住家自己建设，政府提供补贴。其电力主要来源于太阳能板以及邻近的太阳能农场。基础设施得到改善，更加复杂高级的农业、旅游业和生产促进了农村经济的发展，因此人们涌向城市的步伐放缓了，一些人如今从城市迁往农村。

城市向农村的迁移引发一些产业在农村重新落户，周围形成一些小型城市。很多小城只有 10 万人口。中国政府曾相信中国的未来在于城市，而现在相信，未来在于农村和大量人口重新分布、严格控制规划的小型城市。智能化设计、高科技以及让人们有知情权，才能保证农村的成长和发展。在这些小城市，生活方式不是西化的。汽车相对来说比较少见。和大自然的亲近是最重要的。公共交通免费，依靠税收支持，而且是环保的。公共交通系统已变得"以消费者为导向"。乘客想要什么，就能得到什么。许多公共交通系统的使用者认为他们比拥有汽车的人更聪明，因为后者不仅要承受塞车之苦，而且还得为此付出沉重的价格代价。获得驾照的费用更高，购买汽车的程序变得更加烦琐，要获得开车的权利就更不容易了。

大规模定制

21 世纪早期，现代化国家的技术变化围绕生物模型和以"差异化更佳"为原则的生物学组成（Kelly，1994）。"工作怎样完成"的革命正带来一场"工作提供了什么"的革命：基于大量扩增的顾客信息而形成的大规模定制服务（Godbey，2006）。举个例子来说，开始考虑根据病人的用药史和身体条件来定制药品。

在中国，很多组织已经经历过这种大规模定制化，因为在很多方面中国都是一个多样化的国家。其他组织和机构，比如公立学校，也即将经历大规模定制化。不仅每个公立学校对学习的快慢、长短和顺序进行定制化，而且每个学生会按照基于自己和父母需求而形成的独特时间安排去上课学习。标准化考试不再那么重要。公立学校根据学生个人情况定制课程，而儿童和青少年的休闲活动和玩耍方式则会遵循一种更加多样化的模式，通常都以家庭为单位来定制。中国人对网络工具的使用复杂多样，从智能手机到手提电脑，这就使得定制化成为可能。除非决心不进行定制化，那么这种可能性就一直存在。果真如此的话，中国就会以一种更加辩证的状态存在——一个考虑了个体需求的集体化社会。

每个生物都有其独特的时间观念。工业社会的理想是平等地对待每个人，然后以一个通用的时间模式对人进行严格管制。而现在中国的理想是适宜地对待每个人，这意味着需要充足的个人信息来分辨每个人对时间的独特需求（Goldman，Nagel & Preiss，1995）。中国人的日常生活将重新得到组织，时间模式和安排因人而异。在一个非中央集权的社会里，平等对待人民毫无意义，因为我们不是可以互相替换的零件。适宜地对待每个人会更有意义，我们甚至可以变得更加多样化。这一根本转变正在重新塑造着中国的休闲供给和旅游服务。

非政府组织

在城市和农村，市民组织扮演着与教育、社会、环境和休闲活动相关的志愿者和提倡者的角色。如今市民组织在中国的地位越来越重要。民政部简化了相关手续，大量市民组织涌现，加快了和谐社会的建设进程。有些情况下，不同市民组织意见相左。举个例子来说，一个组织提倡中国经济持续增长，认为无须考虑环境影响，而另一个团体则认为环境健康是第一位的。这些市民组织影响着城市和农村的休闲活动，为人们提供更多游玩、运动、跳舞、个人爱好和其他休闲活动的机会。

老龄化

当中国的老龄化人口接近 25% 时，就需要考虑通过新的方式来解决与老人相关的问题。尤其是"老人就得像老人的样子"（act old）这样的文化倾向正在淡化。很多六七十岁的中国人还在约会。很多人继续工作，政府为其提供鼓励，规定老年人可以兼职或按季度工作。这些新规定能够使一些老人受益。

休闲

休闲是中国人生活中颇受期待的部分。学校如今不再过于强调为考试而死记硬背，而是更多地让学生去探索和体验中国以及其他地方的生活。学校开设各种休闲技能课程，从体育运动到诗歌写作。在公立学校，创造力成为最受嘉奖的能力。政府已经完成了大部分的改革日程，腐败现象已大幅减少。按照要求，城市和农村的公寓楼都开辟有花园屋顶、儿童玩耍区和一个"社区房"——每 100 个公寓就有一个"社区房"，供所有住户休闲之用，由居委会决定其休闲用途。

中国人的休闲已成为传统活动和非传统活动的混合物，可供人们选择的范围非常广。"黄金周"时间被分散开来。"黄金周"期间，人们可以自己申请想要休假的具体日期。当然，大部分人不会集中在政府安排的而不是他们自己想要的日子里休假。这就解决了大规模旅行和拥挤的问题。当然，这个解决方案依然会存在问题，因为协调家庭旅游和回家探亲会变得很复杂。

此刻，是宾夕法尼亚州斯泰特科利奇市早晨六点半。醒时来，我的心仍在中国。我在这里所描述的梦终将实现。看起来它只是个梦，但是中国有很多梦想家，他们都在努力追求未来。我试图通过大脑去理解中国发生了什么，但实际上往往是我的心理解了。当中国人民、政府、公司和家庭都认为每个中国人的生活应该和日本人、美国人、英国公民或者新西兰人的生活一样富有价值的时候，休闲就会来到中国。只有这样，人们才有机会完全享受有意义的休闲。不仅中国人，而且世界上的任何人，都有必要去理解这一点。因为在很多方面，中国的未来预示着世界的未来。希望中国和世界的未来都充满光明，希望每个人都拥有休闲。

铸就未来

宋　瑞

戈德比教授为我们描绘了一幅关于中国的绝妙图景：无人驾驶汽车和小型电动自行车在道路上驰骋，地下高铁将北京和上海连接在一起，全国大部分污染问题已经得到解决，至少有所减轻，百分百的资源循环利用实现了环境的零污染，公寓具备为居民提供核心性休闲活动的功能，流动老师向居民传授与休闲相关的技能，等等。

正如我在第二章所提到的，本书两位作者拥有不同的背景。在最后这一章节，我们的差异将再次得以展现。

作为美国未来学家，戈德比教授对中国未来的描述为我们呈现了一幅精彩纷呈的画面。像一位科幻小说家，他运用大量想象力，带领我们去拥抱一个更加美好的未来，告诉我们即将会经历什么。而我，作为一名中国研究人员，则试图提供趋势背后的数字和现实。戈德比教授擅长从广阔的视角和人类长期社会发展进程出发去展望未来。实际上这正是人类历史的永恒话题，无论是乌托邦还是在西方文明中理想国，抑或是中国经典文献中的"大同世界"，都是如此。这种视角如同一盏明灯，指引我们用希望和信任拥抱充满变数的未来。然而，作为一个土生土长、依旧而且将永远生活在中国的所谓"年轻"学者，我拥有足够的"特权"，以批判的眼光去审视未来，关注沿途可能遇到的一切阻碍、困难与挑战。博学的戈德比教授善于从社会、环境、经济等大背景出发对发展趋势做出预测。而我的知识有限，只能聚焦在自己熟悉的一些议题上。

人口老龄化

人口结构变化将是影响社会发展的（当然包括个人和社会的休闲方式）最为关键的因素之一。中国大陆的人口数据见表 11 – 1。

表 11 –1　中国大陆人口结构

指标	1953 年	1964 年	1982 年	1990 年	2000 年	2010 年
人口（百万）	594.4	694.6	1008.2	1133.7	1265.8	1334
出生率（人/每千人）	37.0	39.3	22.3	21.1	14.0	12.6
死亡率（人/每千人）	14.0	11.6	6.6	6.7	6.5	7.1
自然增长（人/每千人）	23.0	27.8	15.7	14.4	7.6	5.5
家庭规模（人）	4.3	4.4	4.4	4.0	3.4	3.1
65 岁以上的人口比重（%）	4.4	3.6	4.9	5.6	7.0	8.9
0～14 岁的人口比重（%）	36	39.9	33.6	27.7	22.9	16.6
总生育率（%）	5.8	5.8	2.6	2.3	1.7	1.5
女性平均寿命（岁）	—	—	69.3	70.5	73.3	76
男性平均寿命（岁）	—	—	66.3	66.8	69.6	72
婴儿死亡率（%）	138.5	84.3	34.7	32.9	28.9	13.8
出生性别比（女婴 = 100）	104.88	103.86	108.47	111.3	116.86	118.06
文盲率（%）	—	33.6	22.8	15.9	6.7	4.1
城市人口比例（%）	13.0	18.3	20.9	26.4	36.2	49.7
人均 GDP（元）	—	—	528	1644	7858	25575

数据来源：中国国家统计局。

一些专家学者曾预测，在 2014 年前，如果计划生育政策逐渐放开，"单独二胎政策"（夫妻双方有一方是独生子女即可生育二胎）的实施将使中国总人口峰值在 2030 年达到 14.5 亿（Z. Zhai，2010）。如果直接实施全面放开二胎政策①，那么中国的总人口峰值在 2030 年将达到

---

① 计划生育指当夫妻双方皆为独生子女时，则可以生育两个孩子。单独二胎政策指的是夫妻双方中有一方为独生子女的即可生育两个孩子。全面放开二胎政策指所有家庭都享有生育两个孩子的权利。

15 亿，而在二孩晚育方案下，我国人口总数将在 2038 年达到峰值 14.8 亿。

在人口缓慢增长和变化过程中，最值得关注的问题是人口老龄化。2000 年，我国已踏入老龄化社会门槛（即 65 周岁及以上人口占总人口比例达 7%）；2010 年，65 岁及以上的人口总数达到 1.188 亿，而这一数字在 2000 年仅为 100.45 万。值得注意的是，中国的老龄化发生在社会经济发展的初期，明显早于欧洲各国与邻国日本当时的发展阶段。过去十年里，一些学者已经警示，应关注刘易斯拐点的到来。简单地说，所谓刘易斯拐点就是指劳动力不再是无限供给的时点。例如，中国社会科学院著名学者蔡昉等人（Cai & Wang，2005）在一份研究报告中估计，用来定义人口红利的人口抚养比将下降。1982～2000 年间，人口抚养比对人均 GDP 增长的贡献率达到 26.8%。他们还指出，2013 年当人口抚养比停止下降并开始增加后，人口红利将不复存在。通过研究人口的年龄结构、劳动力需求趋势、普遍的劳动力短缺、普通工人工资上涨等方面的变化情况，蔡昉（Cai，2008a、2008b）指出，人口红利的刘易斯拐点的确已经到来。在人均收入相对较低的情况下出现的"未富先老"现象，将对我国的经济增长方式、收入分配方式、劳动市场供应、医疗卫生系统以及社会的休闲安排产生全面而深刻的影响。

休闲的益处已得到广泛证实：参与有意义的休闲活动可令老年人受益，获得身体、认知和精神上的幸福（Sherry. L. et al.，2008）。为了更好地理解、解释休闲与老龄化的关系，西方研究者运用社会学和社会心理学的相关理论进行研究，包括连续性理论（continuity theory）、活动理论（activity theory）、社会情感选择理论（socio-emotional selectivity theory）、带有补偿的选择性最优化模型（selective optimization with compensation）、"成功老去"的创新理论（the Innovation Theory of Successful Aging）等。休闲在老龄化过程中发挥着至关重要的作用。然而，问题是，当经济增长放缓，各级政府决策者是否已经做出了一体化的安排。在此，有很多问题需要思考。例如，各类养老方式和养老设施

（包括家庭养老、社区养老、养老院养老、慈善机构养老等）都应该提供游憩治疗（therapeutic recreation）和日常休闲服务。那么按照什么方式去提供？不同地区、年龄、阶层和生活条件的老人，其休闲需求有什么特点？如何满足？对此，城市规划部门、社区机构和民政部门应携手研究、系统评估，并予以满足。尤其是数量不断增加的留守老人，他们的身体需求和心理需求更应得到关注。老年人权益保障法应该覆盖娱乐与休闲方面的内容。

更加原子化和多元化的家庭结构

生育政策、人口老龄化、人口流动性和住房状况是影响家庭结构的重要因素。近年来，中国的家庭结构逐渐表现出转型社会和二元社会的特征。例如，核心家庭显著减少，单人家庭和丁克家庭增多[①]。现代化进程促进了城市家庭结构小型化的趋势，而单独居住的需求则强化了这一趋势。在农村地区，家庭关系在居民生活中依然占据主要位置，以此弥补社会福利和社会保障的不足。伴随劳动力日益频繁的流动，城市和农村地区的直系家庭都在增加。其中"抚幼"型的直系家庭增加，而"养老"型的直系家庭减少（王跃生，2013）。另一个值得关注的现象是倒金字塔形的家庭结构，或者说"4－2－1"的家庭结构，"4"代表双方父母，"2"代表夫妻，这个家庭中唯一的孩子（或家庭的中心）便是"1"。在这种家庭结构下，夫妻二人挑起整个家族的重担，赡养老人，抚养幼儿。同时，越来越多的老年人独自生活。这些都说明，需要更多的社会服务和公共服务。

传统上，对于中国人而言，家庭是最重要的生产和消费单元。很多休闲活动都是家庭成员共享的。迄今为止，我们尚未明确、全面地研究过这些趋势将如何影响中国人的休闲参与模式。但是很显然，当政府及

---

① 根据户籍制度的相关规定，户籍是一个家庭的法律证明。因此，的确存在所谓的单人家庭。

相关行业规划或推广休闲服务和休闲设施时，家庭结构是不容忽视的重要因素。

大规模的农民进城

2010 年第六次全国人口普查结果显示，中国约有 200 多万流动人口。随着城市化进程的加快，农村进城人口规模将空前浩大，中国人口的地理分布将重新布局。如果目前趋势持续下去，城市人口将从 2010 年的 6.65 亿扩大到 2025 年的 9.26 亿，并在 2030 年突破 10 亿大关（J. Woetzel et al.，2008）。这意味着，中国的城市将在未来 20 年中增加 3.35 亿人口。这个数字甚至超过了美国的总人口数。大多数的新增城镇居民（2.4 亿~2.6 亿）都是从农村进入城市的新移民。这种增长无疑会加大城市的压力。这意味着，2025 年人口规模超过 100 万的城市将达到 219 个。而今天，欧洲只有 35 个城市达到如此规模。此外，其中将有 24 座城市拥有超过 500 万的人口（J. Woetzel et al.，2008）。正如我们在第六章中所讨论的，休闲是城市最重要的功能之一。当越来越多的人涌入城市，对城市管理者、规划者和居民而言，如何找到满足居民休闲娱乐需求的合理方式，是一个不小的挑战。

越来越多的农民工从农村进入城市，在城市寻找更好的生活，由此产生了一个新的群体——留守人群。留守人群是留守在农村的群体，他们务农劳作、看守房子、照看其他家庭成员。留守儿童、留守妇女、留守老人的福利问题已经成为一个突出的社会问题。在学术和政策领域，留守人群被描述成被动的、依赖的"弱势群体"。他们的生活，包括生理和心理的健康、情感的慰藉以及休闲的需求，都应该得到充分重视。尽管进入 21 世纪以来，尤其是 2005 年以后，政府倡导新农村建设并加快"工业反哺农业，城市支持农村"的步伐，但我们依然不能否认和遗忘，快速城市化和中国对现代化的追求依然建立在农村的巨大支持甚至牺牲的基础之上。

城市社会：从以单位为基础到以社区为基础

中国城市转型的另一大特征是单位体系的弱化和取而代之的社区建设。我国于 20 世纪 90 年代初推出了以社区为基础的社区建设运动，给城市社区带来了显著变化（David Bray，2006）。过去，个人通过单位参与政治，获得经济收入、社会保障和生活保障（如医疗保健、住房、子女教育、娱乐及其他福利）。自 20 世纪 80 年代以后，单位逐步消减其社会福利职能，社会从以单位为基础转向以社区为基础。政府启动了各种社区建设项目，用以重塑社会公共结构。不同于单位体制对个人的严格管理，新的社会制度旨在强调居民自治，加强政府、居民和各种社会组织之间相互依存的关系。这种趋势将影响休闲设施和休闲服务的供给。本书第七章所讨论的诸多问题将在未来变得更加重要。

日益扩大的不平等

中国的不平等问题日益严峻，已经成为影响社会和经济发展的一个重要问题。庞达瑞克（Pundarik Mukhopadhaya，2013）在对中国统计年鉴的数据进行分析后发现，中国的基尼系数已经从 1980/81 年的 0.327 提高至 2008 年的 0.508，而且城乡收入差距远大于城市内的不平衡。富裕地区与贫困地区之间的差距不断扩大，带来了很多问题。与此同时，城乡地区、不同群体之间的不平等也不断加剧。

经济地位的不平等与休闲生活的不平等有着密切而复杂的关系，虽然对此我们还没有进行过系统、深入的理论和实证分析，但是很显然，经济地位的不平等在一定程度上是导致休闲参与和休闲消费不平等的原因之一。如果人们无法平等地拥有惬意的休闲体验，那么事实上的和心理上的不平等就会被进一步放大。例如，对"特权阶层的休闲设施"的批判从未停止过。2014 年初，许多城市明令禁止公园经营私人会所和高端的娱乐设施。这就是公共休闲设施被滥用的典型表现。

中产阶层的崛起

近十年来，中产阶层在中国得到了快速发展。尽管在什么是中产阶层、其门槛标准如何等问题上还存在争议，但不可否认的是，中产阶层的规模确实已经不小了。有人认为，仅中国城市的中产阶层人口就比今天整个美国的人口总数还多。2000 年，中国城市家庭中，中产阶层的比例仅为 4%。到 2012 年，这一数字飙升至总人口的 2/3，到 2022 年，将稳定在 45% 左右（He Li，2006）。讨论中国人的休闲生活时，必须考虑到中产阶层人口规模及其影响力不断扩大这一事实。传统上，人们认为中产阶层喜欢炫耀性消费。他们渴望获得身份认同，追求隐私、舒适和排他性。他们不仅为外国品牌、出境游买单，而且是一切新兴的时尚娱乐和休闲活动的忠实追随者，从高尔夫运动到生活方式杂志，从极限运动到木板支撑（plank）。

技术革命

技术悄然改变了人们的生活方式和休闲方式。正如丹尼尔等人（Deniel D. McLean et al.，2008）所说。

——科技将继续影响我们的工作和休闲；

——每一代人与上一代人相比，都受过更好的教育，更适应社会，并且更加依赖于科技；

——技术进步影响着许多娱乐和休闲活动的支付能力、可进入性以及所需的技能水平；

　　——科技让"大规模定制"成为可能；

　　——新的活动将围绕设备创新和产品开发展开；

　　——技术创造全新的娱乐用途。

　　总体而言，科技通过各种方式影响了并将继续影响我们的休闲生活。技术带来效率的提高，使得生存必需时间减少。新的自由时间带来对现代休闲活动的需要。然而，技术进步也助长了人们的惰性。电子科技让人们更加方便地度过业余时间，同时也可能导致无所事事和被动式使用。例如，越来越多的人乘坐交通工具时倾向于通过智能手机漫无目的地浏览，而不是读书。凭借先进的技术，人们创造出新的休闲服务和休闲用品。利用耐克公司的 Nike + 品牌，用户能够设定目标，看到并上传其实际的运动成绩。现代科技还促进了休闲的便利化和"私人化"。例如，"魔术带"（Magic Band）是客人进入迪士尼园区、购买并开启迪士尼酒店房间的凭证。它是公园门票，也是一张信用卡和一把酒店钥匙。"魔术带"（Magic Band）还只是 My Magic Plus 体验的一部分。后者允许客人在游览迪士尼公园和进入度假村前按个人喜好安排行程，包括预订晚餐等等。一切都是通过一个新的网站和 APP 应用程序完成的。可穿戴式设备，尤其是那些高科技的小玩意儿，如智能手表、眼镜、手镯等，在中国越来越受到追捧。2013 年，中国的可穿戴设备运输达到 765 万台，覆盖娱乐、休闲、医疗和保健等各大领域。可穿戴健身设备能够让人们收集和共享其健身相关信息。这将对人们锻炼身体的方式产生很大影响，而且这种趋势会更加明显。耐克的运动腕带（Nike's Fuel Band）可以通过测量全身运动，记录下你一天的运动量。Babolat Play 是世界上第一只智能网球拍，手柄上的传感器可以衡量一个球员的力量、技术、挥杆和击球的影响。通过它的 APP 应用程序，用户可以跟踪和调整自己的运动情况。技术使得跳伞和滑雪板（不管是依靠飞机、降落伞还是缆车）等运动步入寻常人家。技术已经使生活变得如此简单，我们将不得不依赖它。

休闲的国际化

随着中国与国际社会的互动越来越多，经济和文化上的全球化同样也反映在人们的业余生活中。越来越多的外国人来中国定居，体验中国式的休闲生活方式，但也影响着中国人的休闲态度和休闲行为。越来越多的外国品牌进驻中国。上海迪士尼乐园将在 2015 年底开园，环球影城计划在北京市通州区建立一个好莱坞的电影主题公园。后者将覆盖206400 平方米的国土面积，斥资 120 亿元（约合 19.5 亿美元），建成后将成为亚洲第三大主题公园。习近平主席在 2013 年博鳌论坛上表示，在未来五年，全球将接待超 4 亿人次的中国出境游客。

想象着 2035 年的某一天，一辆无人驾驶汽车载着我来到北京郊区公寓附近的休闲中心。我在那儿学习爵士鼓和国画。之后，我和我的私人医生、休闲顾问一起商量、确定下一年的休闲活动计划和日程安排。微风吹来，轻抚着我手中《寻找中国的休闲》一书。随后，我赶往社区学校，与那些孙子辈的学生们进行交流。孩子们非常好学，提了好多问题，比如过去 20 年发生的种种现象，原因是什么，你在这个巨大的转变过程中做了些什么，等等。希望在那天到来之前，我已经找到了答案。

参考文献

Cai，Fang. 2008a. *Lewis Turning Point：A Coming New Stage of China's Economic Development*，Social Sciences Academic Press（China）.

Cai，Fang. 2008b. "Approaching a Triumphal Span：How Far Is China Towards its Lewisian Turning Point?" UNU – WIDER Research Paper No. 2008/09.

Cai，Fang and Dewen Wang. 2005. "China's Demographic Transition：Implications for Growth"，in Garnaut and Song（eds）*The China Boom and Its*

Discontents，Canberra：Asia Pacific Press.

Daniel D. MaLean，Amy R. Hurd，Nancy Brattian Rogers（ed），2008. Kraus's Recreation and Leisure in Modern Society，Eighth Edition，Jones and Bartlett Publishers.

David Bray. 2006. Building "'Community'：New Strategies of Governance in Urban China"，*Economy and Society*，35：4，530－549.

Fairbanks，J. and M. Goldman. 1998. *China—A New History*—Enlarged Edition. Cambridge，MA：Belnap Press of Harvard University Press.

Godbey，G. 2006. *Leisure and Leisure Services in the 21st Century*：*Toward Mid Century*. State College，PA：Venture Publishing.

Goldman，S.，Nagel，R. and Preiss，K. 1995. *Agile Competitors and Virtual Organizations*. New York：van Nostrand Reinhold.

Haas，w. 2014. "The Future of China：What Will 2050 Be Like for the Growing Superpower?" Yahoo. com.

He Li. 2006. "Emergence of the Chinese Middle Class and Its Implications,"*Asian Affairs*：*An American Review*，33：2，67－83.

Judith Banister，David E. Bloom，and Larry Rosenberg，2010. "Population Aging and Economic Growth in China"，PGDA Working Paper No. 53，http：// www. hsph. harvard. edu/pgda/working. htm.

J. Woetzel，J. Devan，L. Jordan，S. Negri，D. Farrell. 2008. "Preparing for China's Urban Billion"（McKinsey Global Institute，New York）；www. mckinsey. com/mgi/reports/pdfs/China_ Urban_ Billion/MGI_ Preparing_ for_ Chinas_ Urban_ Billion. pdf.

Pundarik Mukhopadhaya. 2013. "Trends in Income Inequality in China：The effects of Various Sources of income"，*Journal of the Asia Pacific Economy*，18：2，304－317.

Sherry L. Dupuis Ph. D. & Murray Alzheimer. 2008. "Leisure and Ageing Well"，*World Leisure Journal*，50：2，91－107.

Wong. E. December 30，2013. "Pollution Rising：Chinese Fear for Soil and Food". *New York Times*.

Z. Zhai，2010. China's Demographic Trends Under Different Fertility Policy Scenarios（National Population and Family Planning Commission，Beijing）.

王跃生：《中国城乡家庭结构变动分析——基于 2010 年人口普查数据》，《中国社会科学》2013 年第 12 期。

附录1 世界怎样看待中国：
皮尤全球态度调查

皮尤研究中心（Pew Research Center）在近10年间持续进行皮尤全球态度调查。该调查涵盖了大约40个国家。最新调查显示，美国在全球的形象比中国更为正面。

表1 各国民众针对中国的态度：2007~2013年

单位：%

国别	2007年	2008年	2009年	2010年	2011年	2012年	2013年	2007~2013年变化程度
美国	42	39	50	49	51	40	37	-5
加拿大	52	—	53	—	—	—	43	-9
西班牙	39	31	40	47	55	49	48	+9
波兰	39	33	43	46	51	50	43	+4
俄罗斯	60	60	58	60	63	62	62	+2
意大利	27	—	—	—	—	30	28	+1
英国	49	47	52	46	59	49	48	-1
捷克共和国	35	—	—	—	—	33	34	-1
法国	47	28	41	41	51	40	42	-5
德国	34	26	29	30	34	29	28	-6
希腊	—	—	—	—	—	56	59	
黎巴嫩	46	50	53	56	59	59	56	+10
土耳其	25	24	16	20	18	22	27	+2

续表

国别	2007 年	2008 年	2009 年	2010 年	2011 年	2012 年	2013 年	2007～2013 年变化程度
巴勒斯坦	46	—	43	—	62	—	47	+1
约旦	46	44	50	53	44	47	40	−6
以色列	45	—	56	—	49	—	38	−7
埃及	65	59	52	52	57	52	45	−20
突尼斯	—	—	—	—	—	69	63	—
印度尼西亚	65	58	59	58	67	—	70	+5
巴基斯坦	70	76	84	85	82	85	81	+2
马来西亚	83	—	—	—	—	—	81	−2
韩国	52	48	41	38	—	—	46	−6
日本	29	14	26	26	34	15	5	−24
澳大利亚	—	52	—	—	—	—	58	—
菲律宾	—	—	—	—	—	—	48	—
阿根廷	32	34	42	45	—	—	54	+22
墨西哥	43	38	39	39	39	40	45	+2
智利	62	—	—	—	—	—	62	0
委内瑞拉	—	—	—	52	49	50	65	—
巴西	—	—	—	52	49	50	65	—
玻利维亚	—	—	—	—	—	—	58	—
萨尔瓦多	—	—	—	—	—	—	52	—
乌干达	45	—	—	—	—	—	59	+14
肯尼亚	81	—	73	86	71	—	78	−3
塞内加尔	—	—	—	—	—	—	77	—
尼日利亚	—	—	—	76	—	—	—	76
南非	—	37	—	—	—	—	48	—

　　大部分自 2007 年至今都有调查数据的国家，对中国的印象没有太大变化。中国只被一半（19/38）国家（中国除外）所喜爱。其中支持程度最高的 5 个是亚洲国家马来西亚（81%）、巴基斯坦（81%），和非洲国家肯尼亚（78%）、塞内加尔（77%）和尼日利亚（76%）。中国在拉丁美洲国家中也享有较高的评价，比如委内瑞拉（71%）、巴西

（61%）和智利（62%）。

38 个国家中有 16 个（多于一半）把中国视为合作伙伴而不是对手。15 个国家中的大多数人——包括大部分美国人（58%）——既不把中国当作合作伙伴也不当作对手。只有在 4 个国家——日本（40%）、菲律宾（39%）、意大利（39%）和土耳其（36%）——有相当一小部分人把中国当成他们国家的对手。

表 2　将中国视为合作伙伴而不是对手

单位：%

国别	中国更像是……		
	合作伙伴	对手	两者皆否
加　拿　大	20	8	67
美　　　国	20	18	58
俄　罗　斯	53	11	28
希　　　腊	36	11	51
捷 克 共 和 国	30	6	61
德　　　国	28	10	61
西　班　牙	25	8	65
波　　　兰	24	13	57
法　　　国	21	10	69
英　　　国	18	7	72
意　大　利	12	39	44
突　尼　斯	51	9	27
约　　　旦	48	13	34
黎　巴　嫩	36	18	44
埃　　　及	28	18	46
巴　勒　斯　坦	26	12	51
土　耳　其	16	36	30
以　色　列	15	13	67
巴　基　斯　坦	82	1	2
马　来　西　亚	78	3	10
印　度　尼　西　亚	53	3	36

续表

国别	中国更像是……		
	合作伙伴	对手	两者皆否
澳 大 利 亚	36	6	56
韩 国	27	17	53
菲 律 宾	22	39	35
日 本	11	40	47
委 内 瑞 拉	74	9	9
智 利	62	6	26
萨 尔 瓦 多	58	6	33
阿 根 廷	52	6	30
巴 西	50	10	36
玻 利 维 亚	42	9	35
墨 西 哥	41	24	27
塞 内 加 尔	78	4	7
肯 尼 亚	77	8	12
尼 日 利 亚	71	4	9
加 纳	70	11	13
乌 干 达	58	5	9
南 非	52	11	25

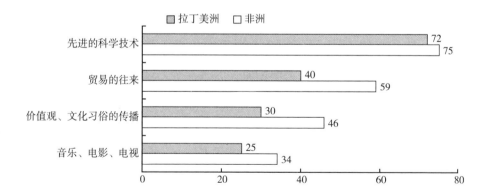

图1 中国软实力在非洲与拉丁美洲的主要表现形式：科技而非音乐

有证据表明，中国的全球影响，至少在中国软实力的某些方面，是受到尊重的，尤其是在非洲国家和年轻人当中。但是，这些人中有相当部分对其中一些事情没有表达意见。中国的科学技术进步在非洲（中位数75%欣赏中国的这些方面）和拉丁美洲（72%）得到了最广泛的欣赏。在所有其他方面，非洲人比拉丁美洲人更倾向于对中国软实力表示肯定。非洲人（中位数59%）特别喜欢中国人做生意的方式。但是，中国价值观念、习俗和中国文化产品——例如音乐，电影和电视——对非洲和拉丁美洲大部分人都缺乏吸引力。

科学和技术是中国最受欢迎的软实力。非洲和拉丁美洲各国的多数人对此都持有积极看法。85%的尼日利亚人，80%的萨尔瓦多人和委内瑞拉人，还有77%塞内加尔人、加纳人、肯尼亚人，以及75%的智利人，都钦佩中国的科学技术进步。

也许是欣赏中国强劲的经济增长，也许是因为中国已经成为一个重要的贸易投资伙伴，也许是因为其他原因，与中国的贸易往来对非洲人民具有特殊的吸引力。被调查的6个国家中有5个国家，有过半民众表示欣赏中国的商业头脑。这包括76%的尼日利亚人，68%的肯尼亚人和65%的塞内加尔人。只有南非人对中国生意的意见有所分歧，43%的人表示喜欢，43%的人不喜欢。拉丁美洲的人看法却不同。在许多拉丁美洲国家里，相当高比例的人对与中国的贸易往来没有发表意见。

不管在非洲还是在拉丁美洲，中国的流行文化都不是很受喜爱，部分原因是被调查的13个国家中7个国家的相当一部分人没有表达意见。而在那些发表意见的人中，中国的音乐、电影和电视不被6个国家的多数人所喜爱。这6个国家包括：巴西（75%），阿根廷（68%），萨瓦尔多（61%），南非（60%）。只有尼日利亚（54%），喜欢这类中国出口产品的人最多。13个被调查的国家中，只有3个——塞内加尔（62%）、尼日利亚（58%）和肯尼亚（54%）——超过半数人认为在他们国家传播中国思维和习俗是件好事。8个被调查国家的过半数人——所有被调查的拉丁美洲国家和一个非洲国家——认为中国带来的影响是件坏事。这些国家包括加纳（60%）、巴西（58%）和智利（57%）。

表3 中国价值观与文化习俗在国外的传播大多不被认可

单位：%

国别	中国的音乐、电影、电视			中国价值观与文化习俗的输出		
	喜欢	不喜欢	无法表示意见	好事	坏事	无法表示意见
阿根廷	11	68	21	28	55	17
玻利维亚	37	44	19	30	51	19
巴西	19	75	6	36	58	6
智利	25	50	25	27	57	16
萨尔瓦多	28	61	11	37	50	13
墨西哥	19	56	25	27	55	18
委内瑞拉	38	58	4	37	51	12
加纳	42	51	6	31	60	9
肯尼亚	36	45	19	54	34	11
尼日利亚	54	32	14	58	24	18
塞内加尔	32	54	14	62	25	14
南非	22	60	19	37	46	17
乌干达	28	46	26	31	46	23

表4 年轻人更喜欢中国

单位：%

国别	各年龄层对中国的好感程度			
	18~29岁	30~49岁	50岁及以上	差异
土耳其	47	30	13	+34
美国	57	35	27	+30
波兰	59	41	35	+24
阿根廷	63	57	42	+21
法国	55	41	37	+18
英国	58	51	42	+16
菲律宾	54	50	38	+16
加拿大	52	48	36	+16
巴西	72	65	57	+15
萨尔瓦多	58	54	43	+15

续表

国别	各年龄层对中国的好感程度			
	18～29 岁	30～49 岁	50 岁及以上	差异
意 大 利	38	31	23	+ 15
玻 利 维 亚	64	55	50	+ 14
突 尼 斯	66	65	53	+ 13
捷克共和国	43	31	32	+ 11
委 内 瑞 拉	77	69	67	+ 10
俄 罗 斯	68	65	58	+ 10

　　未来，中国最大的全球财富也许是它在全球年轻人中的吸引力。在38 个被调查的国家中，16 个国家的年轻人明显比老年人更喜欢中国。这些国家包括北美洲国家，9 个被调查的欧洲国家中的 6 个和 7 个拉丁美洲国家中的 5 个。

表 5　年轻人更赞赏中国先进的科学技术

单位：%

国别	各年龄层赞赏中国先进的科学技术的比例			
	18～29 岁	30～49 岁	50 岁及以上	最年轻者与最年长者之间的差距
玻 利 维 亚	79	74	53	+ 26
阿 根 廷	80	75	61	+ 19
巴 西	75	69	59	+ 16
塞 内 加 尔	83	76	68	+ 15
南 非	64	66	49	+ 15
萨 尔 瓦 多	88	77	74	+ 14
尼 日 利 亚	88	86	76	+ 12
委 内 瑞 拉	86	78	76	+ 10

中国软实力的某些方面看起来特别吸引年轻人。在很多非洲和拉丁美洲国家，18～29岁的人欣赏中国的科技力量。尼日利亚、萨瓦尔多、委内瑞拉、塞内加尔和阿根廷的8/10甚至更多年轻人把科技进步当作中国软实力的正面特质。

中国的流行文化在年轻一代中也更受欢迎。至少在一些国家里，年轻人比年纪大的人更欣赏这种中国软实力。

在尼日利亚（61%）和加纳（51%），超过半数18到29岁的人喜欢中国音乐、电影和电视，在玻利维亚（44%）和塞内加尔（41%）相当一小部分年轻人也如此。

表6 中国的流行文化更吸引年轻人

单位：%

国别	各年龄层喜欢中国音乐、电影、电视的比例			
	18～29岁	30～49岁	50岁及以上	最年轻者与最年长者之间的差距
塞内加尔	41	32	15	＋26
乌干达	36	27	15	＋21
玻利维亚	44	38	24	＋20
尼日利亚	61	50	43	＋18
加纳	51	35	33	＋18
萨尔瓦多	35	26	21	＋14

附录 2　休闲服务组织所扮演的角色

文化中立的提供者

作为中立机构，休闲服务组织致力于提供或赞助其客户感兴趣的任何休闲活动、设施或服务。在扮演这个角色时，人们假定该机构无权将自己的价值观强加于其顾客身上，并致力于满足顾客已有的休闲兴趣，而不是创造新的兴趣方向。该机构的主要任务是准确识别顾客需求，并为顾客提供其感兴趣的休闲体验。居民的休闲意愿可以通过社会调查、居民议会或理事会、公众听证会等方式进行测度，或者通过参与各种休闲活动来搜集有关信息。如前所述，服务机构将不可避免地将自己的价值观带入决策制定过程，但是，应当尽量减少自己的价值观对整个项目的影响。

社会变化的推动者

一些休闲服务机构试图通过休闲活动改变人们的行为或社会状况。这种变化超越了创造针对既定活动的兴趣。在"社会工程"中，休闲活动是达到某种目的所采用的手段；它是改变社会（或者说是人们所希望的，改善社会）的工具或技术。一些休闲服务组织利用高尔夫或网球，来吸引人们购买公寓。男孩俱乐部通过赞助青少年的课余项目，来帮助他们避免犯罪行为。乡村公园的自然项目，初衷是改变孩子们对野外的态度，并培养他们对自然的责任感。面向员工的游憩项目通常是为了帮助公司吸引潜在的雇员，并提振现有员工的士气，从而提高公司的工作效率。一个休闲服务组织要想有效运作，必须要有清晰的组织目标。有时，人们认为设置目标没有什么用处。例如，让老年居民"有事可干"这一目标就遭人诟病，被认为是老年人无所事事，必须"找"一些事情给他们干。

休闲机会的协调者

作为一个社区中休闲机会的协调者，休闲服务组织致力于使公民参与休闲活动的机会最大化。在扮演这个角色时，组织主动把商业机构、个人和公共休闲服务机构联合起来，从而使他们之间可以实现信息共享，避免重复劳动，并采取一些措施实现每个代理机构项目和设施的共享。作为一个休闲机会的协调者，休闲服务机构努力使居民了解其所在社区所能提供的全部休闲项目。通常情况下，他们会着重提醒新来的居民，告诉他们社区内有哪些休闲活动。作为一个协调者，它的角色要求其自身采取一种"系统化"的做事方式，而不是单兵作战，或者是与其他的成员产生冲突。在许多情况下，居民只会对某个特定的休闲活动感兴趣，而不是它的赞助商或提供者。例如，一个游泳的人可能更加关注是否能以较少的花费，在一个干净、维护良好的泳池里游泳，而不是哪个机构维护泳池的日常运营。可以想象的是，许多不同的休闲服务机构都可以提供这种优越的、与社区比邻的商业化运营的泳池，例如，基督教青年会、城市休闲公园、公立学校，等等。因此，最理想的状态是，服务机构彼此之间有足够的沟通与协商，以避免提供重复的休闲项目。但并不是所有人都同意这一观点，例如，Grodzins P. Grodzins（1966）就认为，各个休闲服务机构之间功能的重叠也是不错的状态。

为那些对游憩有依赖性的群体提供服务

在这里，假设休闲服务机构应当主要面向那些高度依赖中介机构来寻找有意义的休闲体验的人们，或者是那些没有太多选择的人们提供服务。有些人很幸运，他们可能更加健康，收入、流动性和受教育程度都较高，因此，他们有各种各样的选择休闲活动的机会。即使这些人也可能通过休闲服务机构来获得休闲体验，但他们对休闲服务机构的依赖程度，与那些健康、收入、流动性和受教育程度稍差的人截然不同。休闲服务机构尝试通过在娱乐、休闲项目、开放空间和相关领域方面的调整和改进，来弥补由于客观原因造成的机会上的不平等。当然，以上健康、收入、受教育程度等指标并不是决定依赖程度高低的绝对因素。许多人认为，穷人也可能享受各种类型的休闲体验。然而，在儿童娱乐休闲问题上，很明显的一点是，对于那些生活在城市贫民区的孩子来说，由于可供他们娱乐的设施狭小而拥挤，他们的休闲机会十分有限，因此，相关部门应当有针对性地为他们提供公园、游乐场，以及休闲活动项目。那些残疾人也可以在社区组织的帮助下享受到各种类型的休闲活动，但类似的帮助并不总是能够及时获得。一个公共休闲服务机构，在提供游憩服务时应当遵循的一个基本原则就是，它应该是一个"最终依靠"，也就是帮助并满足那些别无选择和无从选择的人的需求和愿望。类似地，包括政府在经济衰退和萧条时，为那些失业的人提供就业机会。

改善物理环境

许多服务机构都有一个基本的职责，就是保护和改善环境。许多类型的休闲活动都需要特定环境条件的支撑，而这种环境是个人在城市或郊区环境中无法获得的。此外，休闲体验的质量也与环境质量高度相关。在一个被污染的湖里划船与在一个干净、清亮的湖里划船，体验是截然不同的。类似的休闲活动被称作"资源依托型"活动，如划船、野营、背包、狩猎和爬山。休闲服务机构有各种类型的场地和设备来满足上述活动需求。同时，一些休闲服务机构还为改善社区生活质量提供一些必要的服务和设施，如栽种可供人们纳凉的树木、开辟公园绿地、保护历史建筑、设立自然保护区、保护野生动物等。

改善健康状况

许多休闲服务机构都为服务对象提供改善或保持健康状况的服务。例如，一些为员工提供的休闲服务，都旨在改善员工的身体素质。同时，它们还会组织一些社会活动、节事、旅行或其他的活动，来引导员工保持一种健康的生活方式。这一角色已变得越来越重要。其中，最为普遍的一种形式，就是帮助人们缓解压力和增强锻炼。

休闲教育和咨询服务的提供者

在很多情况下，休闲服务机构都会为他们的服务对象提供有关休闲机会的各种信息和资讯，并传授人们一些休闲活动的技能，包括空手道和插花等。无论是在社区还是在其他环境下，休闲服务机构都会为残疾人或者有其他问题而妨碍其享受休闲活动的人提供咨询服务。而专门从事疗养休闲服务的企业，则可以为那些患有生理和发育疾病、情绪障碍的人，或对药物有依赖性的人，因犯和假释者，在医院或疗养院的病人，以及其他许多人提供专业服务。

对制度的适应

当人们从相对独立、私人的居住环境迁移到一个大型、群居性的居住环境中时，他们的休闲资源，甚至有时他们的休闲方式都会发生较大的改变。游憩场所、公园，以及休闲服务机构的制度和规章也会随之改变，还会包含高等学府、军队、养老院、监狱，以及其他群居环境所具有的机构。因此，当人们的居住环境改变时，会带来人们休闲方式甚至是使用休闲设施或服务能力的一些变化，甚至是问题。休闲服务能够为人们克服上述问题提供帮助。

旅游的促进者和便利者

许多休闲服务机构还提供与旅游或其他旅行活动相关的宣传和运作服务。他们可能只是简单地宣传某一个旅游目的地，协调召开会议，管理旅游景区，组织旅游活动或线路，或者是干脆负责旅游零售商业务。所有这些服务，对于世界上最大的产业——旅游产业的正常发展而言，都是非常必要的。

附录3 国民旅游休闲纲要
（2013～2020 年）

国务院办公厅关于印发
国民旅游休闲纲要（2013～2020 年）的通知

国办发〔2013〕10 号

各省、自治区、直辖市人民政府，国务院各部委、各直属机构：

《国民旅游休闲纲要（2013～2020 年）》已经国务院同意，现印发给你们，请认真贯彻执行。

国务院办公厅

2013 年 2 月 2 日

（此件公开发布）

国民旅游休闲纲要

（2013～2020 年）

为满足人民群众日益增长的旅游休闲需求，促进旅游休闲产业健康发展，推进具有中国特色的国民旅游休闲体系建设，根据《国务院关于加快发展旅游业的意见》（国发〔2009〕41 号），制定本纲要。

一、指导思想和发展目标

（一）指导思想。以邓小平理论、"三个代表"重要思想、科学发展观为指导，按照全面建成小康社会目标的总体要求，以满足人民群众日益增长的旅游休闲需求为出发点和落脚点，坚持以人为本、服务民生、安全第一、绿色消费，大力推广健康、文明、环保的旅游休闲理念，积极创造开展旅游休闲活动的便利条件，不断促进国民旅游休闲的规模扩大和品质提升，促进社会和谐，提高国民生活质量。

（二）发展目标。到 2020 年，职工带薪年休假制度基本得到落实，城乡居民旅游休闲消费水平大幅增长，健康、文明、环保的旅游休闲理念成为全社会的共识，国民旅游休闲质量显著提高，与小康社会相适应的现代国民旅游休闲体系基本建成。

二、主要任务和措施

（三）保障国民旅游休闲时间。落实《职工带薪年休假条例》，鼓励机关、团体、企事业单位引导职工灵活安排全年休假时间，完善针对民办非企业单位、有雇工的个体工商户等单位的职工的休假保障措施。加强带薪年休假落实情况的监督检查，加强职工休息权益方面的法律援助。在放假时间总量不变的情况下，高等学校可结合实际调整寒、暑假时间，地方政府可以探索安排中小学放春假或秋假。

（四）改善国民旅游休闲环境。稳步推进公共博物馆、纪念馆和爱国主义教育示范基地免费开放。城市休闲公园应限时免费开放。稳定城市休闲公园等游览景区、景点门票价格，并逐步实行低票价。落实对未成年人、高校学生、教师、老年人、现役军人、残疾人等群体实行减免门票等优惠政策。鼓励设立公众免费开放日。逐步推行中小学生研学旅行。各地要将游客运输纳入当地公共交通系统，提高旅游客运质量。鼓励企业将安排职工旅游休闲作为奖励和福利措施，鼓励旅游企业采取灵活多样的方式给予旅游者优惠。

（五）推进国民旅游休闲基础设施建设。加强城市休闲公园、休闲街区、环城市游憩带、特色旅游村镇建设，营造居民休闲空间。发展家庭旅馆和面向老年人和青年学生的经济型酒店，支持汽车旅馆、自驾车房车营地、邮轮游艇码头等旅游休闲基础设施建设。加强公园绿地等公共休闲场所保护，对挤占公共旅游休闲资源的应限期整改。加快公共场所无障碍设施建设，逐步完善街区、景区等场所语音提示、盲文提示等无障碍信息服务。

（六）加强国民旅游休闲产品开发与活动组织。鼓励开展城市周边乡村度假，积极发展自行车旅游、自驾车旅游、体育健身旅游、医疗养生旅游、温泉冰雪旅游、邮轮游艇旅游等旅游休闲产品，弘扬优秀传统文化。大力发展红色旅游，提高红色旅游经典景区和精品线路的吸引力和影响力。开发适合老年人、妇女、儿童、残疾人等不同人群需要的旅游休闲产品，开发农村居民喜闻乐见的都市休闲、城市观光、文化演艺、科普教育等旅游休闲项目，开发旅游演艺、康体健身、休闲购物等旅游休闲消费产品，满足广大群众个性化旅游需求。鼓励学校组织学生进行寓教于游的课外实践活动，健全学校旅游责任保险制度。加强旅游休闲的基础理论、产品开发和产业发展等方面的研究，加大旅游设施设备的研发力度，提升旅游休闲产品科技含量。

（七）完善国民旅游休闲公共服务。加强旅游休闲服务信息披露和旅游休闲目的地安全风险信息提示，加强旅游咨询公共网站建设，推进机场、火车站、汽车站、码头、高速公路服务区、商业集中区等公共场所旅游咨询中心建设，完善旅游服务热线功能，逐步形成方便实用的旅游信息服务体系。完善道路标识系统，健全铁路、公路、水路、民航等的旅游交通服务功能，提升旅游交通服务保障水平。加强旅游休闲的安全、卫生等保障工作，加强突发事件应急处置能力建设，健全旅游安全救援体系。加强培训，提高景区等场所工作人员、服务人员和志愿者无障碍服务技能。创新人才培养模式，提高旅游休闲高等教育、职业教育质量，加快旅游休闲各类紧缺人才培养。

（八）提升国民旅游休闲服务质量。制定旅游休闲服务规范和质量标准，健全旅游休闲活动的安全、秩序和质量的监管体系，完善国民旅游休闲质量保障体系。倡导诚信旅游经营，加强行业自律。加强跨行业、跨地区、多渠道的沟通和协调，打击欺客宰客、价格欺诈等严重侵害消费者权益的违法行为。发挥社会监督和舆论监督作用，畅通旅游休闲投诉渠道，建立公正、高效的投诉处理机制。依法维护经营者和消费者的合法权益，维护公平竞争的旅游休闲市场环境。

三、组织实施

（九）加强组织领导。发展改革和旅游部门负责实施本纲要的组织协调和督促检查。各相关部门要将旅游休闲纳入工作范畴，发挥工会、共青团、妇联等人民团体以及相关行业协会的作用，共同推动国民旅游休闲活动发展。

（十）加强规划指导。要把国民旅游休闲纳入各级国民经济和社会发展规划，以及相关行业和部门的发展规划。加强对各地旅游休闲发展的分类指导，鼓励有条件的地方编制适合本地区旅游休闲发展专项规划。城乡规划要统筹考虑旅游休闲场地和设施用地，优化布局。

（十一）加大政策扶持力度。逐步增加旅游休闲公共服务设施建设的资金投入。鼓励社会力量投资建设旅游休闲设施，开发特色旅游休闲线路和优质旅游休闲产品。鼓励和支持私人博物馆、书画院、展览馆、体育健身场所、音乐室、手工技艺等民间休闲设施和业态发展。落实国家关于中小企业、小微企业的扶持政策。

（十二）加强监督管理。地方各级人民政府要按照本纲要的要求，加强旅游市场管理，强化综合执法，确保旅游休闲的相关法律法规和标准规范得到有效实施。

图书在版编目（CIP）数据

寻找中国的休闲：跨越太平洋的对话/宋瑞，（美）戈德比（Godbey，G.）著.—北京：社会科学文献出版社，2015.4
ISBN 978-7-5097-7170-9

Ⅰ.①寻…　Ⅱ.①宋…②戈…　Ⅲ.①闲暇社会学–研究–中国
Ⅳ.①D669.3

中国版本图书馆 CIP 数据核字（2015）第 042169 号

寻找中国的休闲：跨越太平洋的对话

著　　者／宋　瑞　［美］杰弗瑞·戈德比（Geoffrey Godbey）

出 版 人／谢寿光
项目统筹／邓泳红
责任编辑／周映希

出　　版／社会科学文献出版社·皮书出版分社（010）59367127
　　　　　地址：北京市北三环中路甲 29 号院华龙大厦　邮编：100029
　　　　　网址：www.ssap.com.cn
发　　行／市场营销中心（010）59367081　59367090
　　　　　读者服务中心（010）59367028
印　　装／三河市尚艺印装有限公司

规　　格／开　本：787mm×1092mm　1/16
　　　　　印　张：18.75　字　数：267 千字
版　　次／2015 年 4 月第 1 版　2015 年 4 月第 1 次印刷
书　　号／ISBN 978-7-5097-7170-9
定　　价／69.00 元